车辆工程专业研究生系列教材

深度学习及自动驾驶应用

DEEP LEARNING

AND ITS APPLICATIONS IN AUTONOMOUS DRIVING

◎ 徐国艳　王章宇　周帆　编著

机械工业出版社

CHINA MACHINE PRESS

本书主要讲述了汽车自动驾驶技术概述、深度学习基础及实践、卷积神经网络、网络优化与正则化、目标检测和图像分割 CNN 模型、注意力机制与 Transformer、生成对抗网络、强化学习等内容，以及深度强化学习理论及在自动驾驶领域的工程实践。本书从深度学习入门基础、深度学习高阶技术，到深度学习前沿技术，层层递进提高。本书还基于产教融合和科教融合，将自动驾驶领域产业级工程项目和科研成果转化为教学案例及实践项目。

本书可作为自动驾驶、智慧交通、智能电动车辆专业研究生教材，也可以作为高年级本科生教材；由于汽车、交通都与人们生活密切相关，因此本书也适合自动驾驶相关行业以及其他需要了解和掌握深度学习知识的研发人员参考。

图书在版编目（CIP）数据

深度学习及自动驾驶应用/徐国艳，王章宇，周帆编著.—北京：机械工业出版社，2024.3

车辆工程专业研究生系列教材

ISBN 978-7-111-75472-5

Ⅰ.①深⋯　Ⅱ.①徐⋯②王⋯③周⋯　Ⅲ.①机器学习-应用-汽车驾驶-自动驾驶系统-研究生-教材　Ⅳ.①U463.61-39

中国国家版本馆 CIP 数据核字（2024）第 063216 号

机械工业出版社（北京市百万庄大街 22 号　邮政编码 100037）
策划编辑：何士娟　　　　　责任编辑：何士娟　王　婕
责任校对：潘　蕊　梁　静　封面设计：张　静
责任印制：常天培
固安县铭成印刷有限公司印刷
2024 年 4 月第 1 版第 1 次印刷
184mm×260mm・18.75 印张・1 插页・428 千字
标准书号：ISBN 978-7-111-75472-5
定价：168.00 元

电话服务　　　　　　　　　　　网络服务
客服电话：010-88361066　　　　机　工　官　网：www.cmpbook.com
　　　　　010-88379833　　　　机　工　官　博：weibo.com/cmp1952
　　　　　010-68326294　　　　金　书　网：www.golden-book.com
封底无防伪标均为盗版　　　　　机工教育服务网：www.cmpedu.com

PREFACE

前　言

2024年政府工作报告指出，要大力推进现代化产业体系建设，加快发展新质生产力；充分发挥创新主导作用，以科技创新推动产业创新，加快推进新型工业化，提高全要素生产率，不断塑造发展新动能新优势，促进社会生产力实现新的跃升。

在汽车行业，新质生产力体现在"新四化"，自动驾驶不仅可以提高交通效率，降低事故风险，还能为用户带来全新的出行体验。无人运输凭借无人化、自动化为劳动者重新定义生产工具。无人运输将极大降低生产过程中的人力成本，替代驾驶人的工作，同时为劳动者提供远程驾驶、云控调度员等新技术岗位，促进劳动力升级，从而解放生产力。汽车自动驾驶主要涉及环境感知、决策规划、控制执行三大领域，其发展是人工智能、5G通信、激光雷达、高精地图等多项技术协同发力的结果。自动驾驶加速推进，以深度学习为代表的人工智能是主要驱动力。深度学习算法模型不断完善，让自动驾驶的判断力和理解力更强，可以助力智能汽车完成更实时准确的环境感知与定位、决策与规划、控制与执行等任务，提高汽车行驶的安全性。

本书以培养学生利用深度学习方法创新性解决自动驾驶领域工程实践能力为教学目标，系统讲述了深度学习基础、高阶和前沿技术理论及工程实践，内容包括自动驾驶技术概述、深度学习基础及实践、卷积神经网络、目标检测和图像分割CNN模型、注意力机制与Transformer、生成对抗网络、深度强化学习理论等。另外，本书还基于产教融合和科教融合，将自动驾驶及相关领域产业级工程项目和科研成果融入教材实践应用案例。本书主要特点有：

（1）理论性和实践性强。本书详细讲解了深度学习方法中从基础的LeNet-5到前沿的Transformer等系列模型的基本理论及工程实践方法，通过科教融合和产教融合，将科研成果和产业级工程项目融入教材，有利于提高学生的理论创新和工程实践能力。

（2）资源丰富，实用性强。通过配套微视频、线上实践项目实现教材的数字化功能，配套的教学资源多样化，有利于学习者展开高效率的学习，同时可充分利用信息平台的便捷性，及时把深度学习新技术和最新科研成果加入电子资源中。

非常感谢北京踏歌智行科技有限公司为本书提供了矿区自动驾驶工程实践案例项目。本书编写过程中还得到了北京航空航天大学研究生蔡捍、王昊、王闯、刘目卓、刘明达、刘文韬、夏启的帮助和支持，在此向他们表示深切的谢意。

本书在编写过程中参阅了大量教材、文件、网站资料及有关参考文献，并引用一些论述和例文，部分参考书目列于书后，但由于篇幅有限，还有一些参考书目未能一一列出，在此谨向相关作者表示谢忱和歉意。

由于编者水平有限，书中不足之处在所难免，诚望广大读者不吝赐教，提出宝贵意见。

编著者

二维码使用说明及清单

本书附加资源为55个视频讲解和8个压缩包（项目数据集及代码）。
获取方式：
1. 关注微信公众号"天工讲堂"。
2. 选择"我的"—"使用"。
3. 刮开封底处的"刮刮卡"，获得"兑换码"。
4. 输入"兑换码"和"验证码"，即可以 0.5 折优惠价格购买全部附加资源！
5. 进入微信小程序"天工讲堂"。在"我的"中登录后，可在"学习"中看到兑换的课程或资源。

首次兑换后，扫码即可获取视频资源、数据集和代码。

1. 视频资源二维码清单
（可以根据对应章节号观看视频资源）

素材名称	二维码	素材名称	二维码	素材名称	二维码
2.1.1 神经网络基本简介		2.2.3 损失函数		2.5 基于DNN的自动驾驶数据集分类	
2.1.2 单层感知机		2.2.4 优化方法		3.1 全连接神经网络的问题	
2.1.2 单层感知机-实例2.1		2.2.5 误差反向传播算法		3.2.1 卷积神经网络基本结构	
2.1.3 多层感知机		2.2.6 计算图		3.2.2 卷积层	
2.2.1 信号前向传播		2.3 深度学习框架		3.2.3 池化层	
2.2.2 激活函数		2.4 DNN车辆识别项目		3.3.1 LeNet	

（续）

素材名称	二维码	素材名称	二维码	素材名称	二维码
3.3.2 AlexNet		5.2.3 Faster RCNN		7.2 长期依赖和门控RNN	
3.3.3 VGGNet		5.3.1 YOLO		7.3 深层循环神经网络	
3.3.4 GoogleNet		5.3.2和5.3.4 SSD和RetinaNet		7.4 双向循环神经网络	
3.3.5 ResNet		5.3.5 YOLO后续版本		7.5 结合注意力机制的RNN结构	
3.4 CNN斑马线检测项目		5.4 Anchor Free目标检测方法		7.6 基于LSTM网络的车辆换道行为预测	
3.5 基于残差网络的自动驾驶数据集分类		5.6 基于YOLOv5的自动驾驶数据集目标检测		7.7 基于循环神经网络的车辆轨迹预测	
4.1 优化方法		6.1 图像分割的基本概念		8.1 Transformer概述	
5.1 目标检测概述		6.2 图像分割基本理论		8.2 Transformer基本理论	
5.2.1 RCNN		6.7 基于DeepLab V3+的自动驾驶数据集图像分割		8.4 Vision Transformer介绍	
5.2.2 SPPNet和Fast RCNN		7.1 循环神经网络概述		8.6 基于Vision Transformer的矿区自动驾驶场景目标检测	

二维码使用说明及清单

（续）

素材名称	二维码	素材名称	二维码	素材名称	二维码
9.1 生成对抗网络概述		10.1 强化学习概述		10.7 基于强化学习的小车爬坡	
9.2 生成对抗网络基本理论		10.2 强化学习基础理论			
9.5 基于生成对抗网络的城市驾驶场景数据生成		10.3 表格型强化学习方法			

2. 项目数据集及代码压缩包二维码
（可以根据对应章节号获取数据集及代码资源）

素材名称	二维码	素材名称	二维码	素材名称	二维码
2.5 项目数据集及代码		6.7 项目数据集及代码		9.5 项目数据集及代码	
3.5 项目数据集及代码		7.7 项目数据集及代码		10.7 项目代码	
5.6 项目数据集及代码		8.6 项目代码			

CONTENTS

目 录

前言
二维码使用说明及清单
第1章　汽车自动驾驶技术概述 ………………………………………………… 1
　　1.1　汽车自动驾驶技术分级及发展现状 ……………………………………… 2
　　　　1.1.1　汽车自动驾驶的分级 …………………………………………… 2
　　　　1.1.2　汽车自动驾驶技术发展现状 …………………………………… 4
　　1.2　汽车自动驾驶技术架构 …………………………………………………… 8
　　　　1.2.1　自动驾驶环境感知技术 ………………………………………… 8
　　　　1.2.2　自动驾驶决策规划技术 ………………………………………… 10
　　　　1.2.3　自动驾驶控制执行技术 ………………………………………… 11
　　1.3　汽车自动驾驶领域深度学习应用概述 …………………………………… 11
　　　　1.3.1　深度学习与传统机器学习的区别 ……………………………… 11
　　　　1.3.2　深度学习的研究及应用进展 …………………………………… 12
　　　　1.3.3　深度学习在自动驾驶环境感知中的应用 ……………………… 15
　　　　1.3.4　深度学习在自动驾驶决策规划中的应用 ……………………… 15
　　　　1.3.5　深度学习在自动驾驶控制执行中的应用 ……………………… 16
　　思考题 …………………………………………………………………………… 17

第2章　深度学习基础及实践 …………………………………………………… 18
　　2.1　神经网络简介 ……………………………………………………………… 19
　　　　2.1.1　神经网络基本概念 ……………………………………………… 19

2.1.2　单层感知机 …………………………………………………… 19
　　2.1.3　多层感知机 …………………………………………………… 23
2.2　深度学习理论基础 ………………………………………………………… 23
　　2.2.1　信号前向传播 …………………………………………………… 24
　　2.2.2　激活函数 ………………………………………………………… 25
　　2.2.3　损失函数 ………………………………………………………… 27
　　2.2.4　优化方法——梯度下降法 ……………………………………… 28
　　2.2.5　误差反向传播 …………………………………………………… 30
　　2.2.6　计算图 …………………………………………………………… 36
2.3　深度学习框架 ……………………………………………………………… 38
　　2.3.1　TensorFlow ……………………………………………………… 38
　　2.3.2　PyTorch ………………………………………………………… 39
　　2.3.3　PaddlePaddle …………………………………………………… 39
2.4　实践项目：DNN 车辆识别项目 …………………………………………… 40
2.5　实践项目：基于 DNN 的自动驾驶数据集分类 …………………………… 43
思考题 ……………………………………………………………………………… 45

第3章　卷积神经网络理论及实践 ……………………………………………… 46
3.1　全连接神经网络的问题 …………………………………………………… 47
3.2　卷积神经网络理论基础 …………………………………………………… 49
　　3.2.1　卷积神经网络基本结构 ………………………………………… 49
　　3.2.2　卷积层 …………………………………………………………… 51
　　3.2.3　池化层 …………………………………………………………… 55
3.3　典型的卷积神经网络模型 ………………………………………………… 56
　　3.3.1　LeNet …………………………………………………………… 56
　　3.3.2　AlexNet ………………………………………………………… 58
　　3.3.3　VGGNet ………………………………………………………… 59
　　3.3.4　GoogleNet ……………………………………………………… 61
　　3.3.5　ResNet …………………………………………………………… 64
3.4　实践项目：CNN 斑马线检测项目 ………………………………………… 66
3.5　实践项目：基于残差网络的自动驾驶数据集分类 ……………………… 67
思考题 ……………………………………………………………………………… 69

第4章　网络优化与正则化 ……………………………………………………… 71
4.1　优化方法 …………………………………………………………………… 72
　　4.1.1　梯度下降法 ……………………………………………………… 72

4.1.2　随机梯度下降 ……………………………………………………… 73
　　　4.1.3　Momentum 方法 …………………………………………………… 73
　　　4.1.4　Nesterov 加速梯度下降 ……………………………………………… 74
　　　4.1.5　自适应学习率方法 …………………………………………………… 75
　　　4.1.6　自适应估计 Adam 方法 ……………………………………………… 75
　4.2　局部最优点问题 ……………………………………………………………… 76
　4.3　参数初始化方法 ……………………………………………………………… 77
　　　4.3.1　参数初始化方法 ……………………………………………………… 77
　　　4.3.2　基于固定方差的参数初始化 ………………………………………… 78
　　　4.3.3　基于方差缩放的参数初始化 ………………………………………… 78
　　　4.3.4　正交初始化 …………………………………………………………… 79
　4.4　数据预处理 …………………………………………………………………… 80
　　　4.4.1　数据清理 ……………………………………………………………… 80
　　　4.4.2　数据变换 ……………………………………………………………… 82
　4.5　逐层归一化 …………………………………………………………………… 83
　　　4.5.1　权重和数据转换下的不变性 ………………………………………… 83
　　　4.5.2　层归一化的基本原理和特点 ………………………………………… 84
　4.6　超参数优化 …………………………………………………………………… 84
　　　4.6.1　手动超参数优化 ……………………………………………………… 85
　　　4.6.2　自动超参数优化 ……………………………………………………… 85
　　　4.6.3　超参数优化的常用工具 ……………………………………………… 87
　4.7　网络正则化 …………………………………………………………………… 88
　　　4.7.1　显式函数正则化方法 ………………………………………………… 88
　　　4.7.2　随机化正则化方法 …………………………………………………… 89
　　　4.7.3　缩小解空间正则化方法 ……………………………………………… 90
　思考题 ……………………………………………………………………………… 91

第5章　基于 CNN 的自动驾驶目标检测理论与实践 …………………………… 93
　5.1　目标检测概述 ………………………………………………………………… 94
　　　5.1.1　目标检测的基本介绍 ………………………………………………… 94
　　　5.1.2　目标检测方法的发展 ………………………………………………… 94
　　　5.1.3　目标检测数据格式与评估指标 ……………………………………… 97
　5.2　两阶段目标检测方法 ………………………………………………………… 99
　　　5.2.1　RCNN …………………………………………………………………… 99
　　　5.2.2　SPPNet 和 Fast RCNN ………………………………………………… 100
　　　5.2.3　Faster RCNN …………………………………………………………… 103

5.2.4　进阶的两阶段算法 105
5.3　单阶段目标检测方法 106
　　　5.3.1　YOLO 106
　　　5.3.2　SSD 108
　　　5.3.3　YOLOv2 109
　　　5.3.4　RetinaNet 111
　　　5.3.5　YOLO 后续版本 112
5.4　Anchor Free 目标检测方法 112
　　　5.4.1　CornerNet 113
　　　5.4.2　FCOS 和 CenterNet 114
5.5　自动驾驶目标检测技术应用及案例介绍 116
　　　5.5.1　自动驾驶目标检测技术应用概述 116
　　　5.5.2　自动驾驶障碍物危险等级预测案例介绍 117
5.6　实践项目：基于 YOLOv5 的自动驾驶数据集目标检测 127
思考题 129

第 6 章　基于 CNN 的自动驾驶场景图像分割理论与实践 131

6.1　图像分割概述 132
　　　6.1.1　图像分割的分类 132
　　　6.1.2　图像分割方法的发展 133
　　　6.1.3　图像分割数据格式与评估指标 135
6.2　FCN 全卷积神经网络 136
　　　6.2.1　上采样过程 137
　　　6.2.2　特征融合 139
6.3　U-Net/Seg-Net 140
　　　6.3.1　U-Net 网络 140
　　　6.3.2　Seg-Net 网络 141
6.4　DeepLab 系列 142
　　　6.4.1　DeepLab V1/V2 142
　　　6.4.2　DeepLab V3/V3+ 145
6.5　图卷积网络方法 148
　　　6.5.1　图卷积的定义 148
　　　6.5.2　Beyond Grids 149
　　　6.5.3　GloRe 150
　　　6.5.4　GINet 152
6.6　自动驾驶图像分割技术应用及案例介绍 153

6.6.1　自动驾驶图像分割技术应用概述……153
6.6.2　矿区自动驾驶路面特征提取案例介绍……154
6.7　实践项目：基于 DeepLab V3+ 的自动驾驶数据集图像分割……162
思考题……164

第 7 章　循环神经网络及自动驾驶车辆换道行为预测应用……165
7.1　循环神经网络概述……166
7.2　长期依赖和门控 RNN……167
　　7.2.1　RNN……167
　　7.2.2　LSTM……168
　　7.2.3　GRU……170
7.3　深层循环神经网络……172
　　7.3.1　Deep Transition RNN……173
　　7.3.2　Deep Output RNN……173
　　7.3.3　Stacked RNN……173
7.4　双向循环神经网络……174
7.5　结合注意力机制的 RNN 结构……175
　　7.5.1　Seq2Seq……175
　　7.5.2　增加注意力机制的 Seq2Seq……176
7.6　基于 LSTM 网络的车辆换道行为预测……177
　　7.6.1　自动驾驶车辆换道行为预测应用概述……177
　　7.6.2　自动驾驶车辆换道行为预测案例介绍……180
7.7　实践项目：基于循环神经网络（GRU/LSTM）的车辆轨迹预测……187
思考题……188

第 8 章　基于 Transformer 的自动驾驶目标检测理论与实践……189
8.1　Transformer 及自动驾驶应用概述……190
　　8.1.1　注意力机制与 Transformer 基本概念……190
　　8.1.2　Transformer 在自动驾驶中的应用概述……191
8.2　从编码器-解码器结构到注意力机制……192
8.3　Transformer 模型……195
　　8.3.1　Transformer 的输入和输出……195
　　8.3.2　Transformer 的结构组件……196
　　8.3.3　Transformer 模型的训练……201
8.4　Vision Transformer 模型……203
　　8.4.1　Vision Transformer 简介……203

        8.4.2　Vision Transformer 的整体结构 ………………………………………… 203
　8.5　基于 Transformer 的视觉和激光雷达融合目标检测案例介绍 ……………… 206
        8.5.1　基于图像的特征提取……………………………………………………… 207
        8.5.2　基于点云的特征提取……………………………………………………… 208
        8.5.3　基于图像与点云特征的融合与检测……………………………………… 209
        8.5.4　实验验证…………………………………………………………………… 211
　8.6　实践项目：基于 Vision Transformer 的矿区自动驾驶场景目标检测 ……… 212
　思考题 …………………………………………………………………………………… 215

第 9 章　生成对抗网络及驾驶场景数据生成实践 ……………………………………… 217

　9.1　生成对抗网络概述 …………………………………………………………………… 218
        9.1.1　生成对抗网络基本原理…………………………………………………… 218
        9.1.2　生成对抗网络在自动驾驶领域中的应用概述…………………………… 219
　9.2　生成器与判别器 ……………………………………………………………………… 220
　9.3　生成对抗网络的主要分支 …………………………………………………………… 223
        9.3.1　基本生成对抗网络（Vanilla GAN） ……………………………………… 223
        9.3.2　条件生成对抗网络（Conditional GAN） ………………………………… 224
        9.3.3　卷积生成对抗网络（Deep Convolution GAN）………………………… 225
        9.3.4　增强生成对抗网络（Adversarial Autoencoder，AAE）………………… 226
　9.4　生成扩散模型（Diffusion Model）………………………………………………… 227
　9.5　实践项目：基于生成对抗网络的城市驾驶场景数据生成 ………………………… 229
　思考题 …………………………………………………………………………………… 232

第 10 章　强化学习理论及自动驾驶应用实践 ………………………………………… 233

　10.1　强化学习概述 ……………………………………………………………………… 234
         10.1.1　强化学习简介…………………………………………………………… 234
         10.1.2　强化学习分类…………………………………………………………… 235
         10.1.3　强化学习在自动驾驶中的应用概述…………………………………… 236
　10.2　强化学习基础理论 ………………………………………………………………… 238
         10.2.1　马尔可夫决策过程……………………………………………………… 238
         10.2.2　强化学习算法原理……………………………………………………… 239
　10.3　表格型强化学习方法 ……………………………………………………………… 242
         10.3.1　Q-learning ……………………………………………………………… 242
         10.3.2　Sarsa …………………………………………………………………… 244
　10.4　值函数强化学习方法 ……………………………………………………………… 247
         10.4.1　DQN ……………………………………………………………………… 247

   10.4.2 DDQN ·· 249

   10.4.3 DRQN ·· 250

  10.5 策略梯度强化学习方法 ·· 252

   10.5.1 actor-critic ··· 252

   10.5.2 PPO ·· 254

   10.5.3 DDPG ·· 256

   10.5.4 TD3 ·· 257

   10.5.5 SAC ·· 260

  10.6 强化学习自动驾驶领域应用案例 ·· 263

   10.6.1 基于DDPG的无人车智能避障案例 ······················ 263

   10.6.2 基于强化学习的无人驾驶车辆轨迹跟踪控制案例 ·········· 267

  10.7 实践项目：基于强化学习的小车爬坡 ····································· 272

  思考题 ··· 280

参考文献 ··· 281

第1章

汽车自动驾驶技术概述

自动驾驶汽车是指搭载先进车载传感器、控制器、执行器等装置，具备复杂环境感知、自主决策、运动控制等功能，可实现"安全、高效、舒适、节能"行驶，最终替代人类驾驶员并实现自主驾驶的新一代汽车。自动驾驶汽车是汽车电子、智能控制、人工智能以及互联网等技术融合发展的产物，高级别的自动驾驶汽车不需要人类驾驶员操控转向盘、踏板或其他车辆控制装置，因为它可以自主感知周围环境，并根据这些信息做出智能决策，以遵守交通规则、适应交通流量和处理各种驾驶场景。

自动驾驶技术因为具有提升交通安全、增强道路通畅、减少燃油消耗的巨大潜力，受到学界和业界的广泛关注。麦肯锡报告显示自动驾驶的全面普及可将交通事故发生率降低至原来的1/10。兰德公司预测自动驾驶汽车可提升30%的交通效率，减少67%的碳排放量，潜在的经济与社会效益显著。因此，自动驾驶系统的应用与普及有望全面改变人类的出行方式与社会结构。自动驾驶技术涉及交通运输、科技研发、城市规划、农业、物流和法律等多个领域，其应用前景十分广阔。然而，自动驾驶要实现广泛的商业化和普及，还需要克服许多技术、安全和社会接受性方面的挑战。

1.1 汽车自动驾驶技术分级及发展现状

1.1.1 汽车自动驾驶的分级

2013年，美国交通部下辖的美国国家公路交通安全管理局（National Highway Traffic Safety Administration，NHTSA）率先发布了自动驾驶汽车的分级标准，主要包括5个级别，见表1.1。2014年，美国汽车工程师学会（Society of Automotive Engineers，SAE）发布了J3016标准，并在2016年和2018年分别进行了两次修订。J3016标准将汽车自动驾驶技术划分为6个级别，见表1.1。每个级别对应了自动驾驶系统在控制车辆程度上的不同能力。NHTSA和SAE的自动化等级划分基本相同，不同的是SAE把NHTSA的L4级别分成了L4和L5两个级别。当前大部分商业化自动驾驶技术仍处于Level 2或Level 3，Level 4的自动驾驶技术正在逐步发展，而实现完全自动驾驶（Level 5）则仍面临许多技术、法律和社会挑战。不同国家和地区对于自动驾驶技术的监管和法规也存在差异，因此在实际应用中，自动驾驶技术仍需逐步演进和推进。

我国于2021年制定了GB/T 40429—2021《汽车驾驶自动化分级》，该标准与SAE J3016标准中的分级相似，但在具体细节上有所不同。GB/T 40429—2021基于驾驶自动化系统能够执行动态驾驶任务的程度，根据在执行动态驾驶任务中的角色分配以及有无设计运行条件限制，将驾驶自动化分成0~5级，见表1.2。在高级别的自动驾驶中，驾驶员的角色向乘客转变。

第1章 汽车自动驾驶技术概述

表1.1　SAE和NHTSA对自动驾驶汽车的分级

NHTSA分级	SAE分级	自动化程度	定　　义	汽车驾驶操作	驾驶环境监控	动态驾驶任务接管	自动驾驶驾驶模式
L0	L0	无自动化	人类驾驶员全程操控汽车，但可以得到示警式或须干预的辅助信息	驾驶员	驾驶员	驾驶员	无
L1	L1	辅助驾驶	利用环境感知信息对转向或纵向加减速进行闭环控制，其余工作由人类驾驶员完成	驾驶员及自动驾驶系统	驾驶员	驾驶员	部分驾驶模式
L2	L2	部分自动化	利用环境感知信息同时对转向和纵向加减速进行闭环控制，其余工作由人类驾驶员完成	自动驾驶系统	驾驶员	驾驶员	部分驾驶模式
L3	L3	有条件自动化	由自动驾驶系统完成所有驾驶操作，人类驾驶员根据系统请求进行干预	自动驾驶系统	自动驾驶系统	驾驶员	部分驾驶模式
L4	L4	高度自动化	由自动驾驶系统完成所有驾驶操作，无需人类驾驶员进行任何干预	自动驾驶系统	自动驾驶系统	自动驾驶系统	部分驾驶模式
L4	L5	完全自动化	由自动驾驶系统完成所有的驾驶操作	自动驾驶系统	自动驾驶系统	自动驾驶系统	所有驾驶模式

表1.2　中国《汽车驾驶自动化分级》

分级	名　　称	车辆横、纵向运动控制	目标和事件探测与响应	动态驾驶任务接管	设计运行条件
0级	应急辅助	驾驶员	驾驶员及系统	驾驶员	有限制
1级	部分驾驶辅助	驾驶员	驾驶员及系统	驾驶员	有限制
2级	组合驾驶辅助	驾驶员及系统	驾驶员及系统	驾驶员	有限制
3级	有条件自动驾驶	系统	系统	动态驾驶任务接管用户（接管后为驾驶员）	有限制
4级	高度自动驾驶	系统	系统	系统	有限制
5级	完全自动驾驶	系统	系统	系统	无限制

其中，0级为应急辅助，车辆横向及纵向运动控制均由驾驶员完成。1级为部分驾驶辅助，驾驶自动化系统在其设计运行条件内能够持续地执行车辆横向或纵向运动控制。2级为组合驾驶辅助，除上述功能外，还具备部分目标和事件探测与响应的能力。在0~2级自动驾驶中，监测路况并做出反应的任务都由驾驶员和系统共同完成，并需要驾驶员接管动态驾驶任务。3级为有条件自动驾驶，驾驶自动化系统在其设计运行条件内持续地执行全部动态驾驶任务，动态驾驶任务接管用户，能够以适当的方式执行动态驾驶任务接管。4级高度自动驾驶和5级完全自动驾驶的驾驶自动化系统在其设计运行条件内，能够持续地执行全部动态驾驶任务和执行动态驾驶任务接管。当系统发出接管请求时，若乘客无响应，系统具备自

动达到最小风险状态的能力。在 4 级和 5 级自动驾驶中，驾驶员完全转变为乘客的角色，车辆甚至可以不再装备驾驶座位。此外，0~4 级自动驾驶的设计运行条件均有限制，5 级驾驶自动化排除商业和法规因素等限制外，在车辆可行驶环境下没有设计运行条件的限制。

1.1.2　汽车自动驾驶技术发展现状

1. 国外自动驾驶汽车的发展现状

自动驾驶技术的研究早在 20 世纪初期就有报道。1925 年 8 月，一辆名为"美国奇迹"的无线遥控汽车正式亮相，该车由美国陆军电子工程师 Francis P. Houdina 通过无线电遥控的方式，实现车辆转向盘、离合器、制动器等部件的远程操控。之后的很多年里，自动驾驶被摆上各种车展，以概念车示人。比如通用汽车在 1956 年推出的 Firebird Ⅱ，就是世界上第一辆安装了自动导航系统的概念车，神似火箭头的造型很容易让人联想到已经实现自动驾驶的飞机。20 世纪 50 年代初，美国巴雷特电子公司（Barrett Electronics）开发出世界上第一台自动引导车辆系统（AGVS），最初是用在超级市场送货中心的遥控小车上，后来在机械加工厂的生产线上崭露头角。当然，它也为汽车制造、装配立下了运输上的汗马功劳。

自 20 世纪 70 年代开始，欧美等发达国家开始率先投入研究自动驾驶汽车。1984 年，美国国防高级研究计划署（The Defense Advanced Research Project Agency, DARPA）与陆军合作，发起自主地面车辆（ALV）计划，设计了一辆八轮车，在校园中能够自动驾驶，但车速并不快。2004—2007 年间，DARPA 连续组织了三届无人驾驶汽车竞赛，在推动自动驾驶技术方面发挥了重要作用，图 1.1 所示为 DARPA2005 竞赛冠军斯坦福大学的 Stanley 赛车。虽然一些竞赛并未取得预期的成果，但这些竞赛为无人驾驶技术的发展和应用奠定了基础，激发了无数科学家和工程师的创新和探索。

图 1.1　DARPA2005 竞赛冠军斯坦福大学的 Stanley 赛车

20 世纪 80 年代开始，美国卡内基·梅隆大学、斯坦福大学、麻省理工学院等著名大学都先后加入无人驾驶汽车的研究工作中。其中，美国卡内基·梅隆大学研制的 NavLab 系列智能车辆最具有代表性。它进行了多次自动驾驶测试，其中包括在高速公路上的自动驾驶行驶，开发的 NavLab-11，最高车速达到了 102km/h。这些测试为自动驾驶技术的发展和应用提供了宝贵的经验和数据，并推动了自动驾驶技术的研究进展。

欧盟国家也对智能车做了大量的研究，1987—1995 年期间，德国慕尼黑联邦国防大学研发了 VAMT 和 VITA 智能车，该车最高车速为 158km/h，可以实现车辆自动超车、跟随等功能。2001 年，欧盟开展了 CyberCars/CyberMove 智能车项目，该系列智能车采用激光扫描技术，可以完成障碍检测、车辆跟踪和自主导航。1998 年，意大利帕尔马大学研发出 ARGO 智能车，2010 年，ARGO 试验车沿着马可·波罗的旅行路线，全程自动驾驶来到中国上海参加世博会，行程达 15900km。2013 年，ARGO 试验车在无人驾驶的情况下成功实现了识别交通信号灯、避开行人、驶过十字路口和环岛等。

除了科研院校在无人驾驶领域的积极研究外，奥迪、福特、沃尔沃、日产、宝马等众多汽车制造厂商也于 2013 年开始相继在无人驾驶汽车领域进行布局。这些传统汽车制造企业多采用渐进提高汽车驾驶自动化水平和积极研发无人驾驶技术的并进发展路线。

2018 款奥迪 A8 是全球首款量产搭载 L3 级别自动驾驶系统的车型，其安装有 24 个车载传感器，可以在 60km/h 以下车速时实现 L3 级自动驾驶。2015 年 10 月，特斯拉推出了半自动驾驶系统 Autopilot，Autopilot 是第一个投入商用的自动驾驶系统。目前，特斯拉的量产车均已安装 Autopilot 并可在线升级，这是在已量产车上完成了自动驾驶硬件准备。

通用公司在 2010 年上海世博会上首次展示了 EN-V 系列电动车辆的概念原型。这些概念车辆基于未来城市出行的愿景，旨在解决城市交通拥堵和环境污染等问题。EN-V 定位是一种小型、环保的电动车辆，设计用于解决城市拥堵和环境污染等问题。EN-V 的设计理念以共享和互联为基础，通过互联网和自动驾驶技术实现更智能、高效、安全的城市出行。2016 年，通用汽车收购了自动驾驶技术创业公司 Cruise Automation，正式进入无人驾驶领域。2018 年 1 月，作为通用汽车旗下自动驾驶部门的 Cruise Automation 发布了新一代无人驾驶汽车——Cruise AV。Cruise AV 没有转向盘、加速踏板和制动踏板，安装了 21 个普通雷达、16 个摄像机和 5 个激光雷达来感知车辆周围的环境和障碍物。

以谷歌为代表的新技术力量也纷纷入局自动驾驶领域。这些企业多采用"一步到位"的无人驾驶技术发展路线，即直接研发 SAE L4+级别的无人驾驶汽车。谷歌于 2010 年启动了"谷歌自动驾驶项目"，旨在研发一种能够自主驾驶的汽车，并能够在现实道路上行驶。谷歌的自动驾驶团队开始将自动驾驶技术应用于一些改装过的汽车，并进行了测试。他们在不同地区进行大规模的测试，积累了大量的自动驾驶行驶数据，并不断改进和验证自动驾驶系统的性能。2016 年，谷歌将自动驾驶项目整合到 Alphabet Inc. 旗下的一个子公司——Waymo。Waymo 在自动驾驶汽车的研究和开发方面取得了显著的成就，并不断推进自动驾驶技术的商业化和实际应用。

2016 年 5 月，Uber 无人驾驶汽车在位于美国宾夕法尼亚州匹兹堡市的 Uber 先进技术中心正式上路测试。Uber 首次路测使用的无人驾驶汽车是一款福特 Fusion 混合动力汽车，同时进行采集测绘数据并试验自动驾驶功能。nuTonomy 是一家于 2013 年从麻省理工学院分离出来的创业公司，2016 年 8 月，它成了新加坡第一家在试点项目下推出自动驾驶出租车的公司。在新加坡的测试中，nuTonomy 在自动驾驶汽车上配备了 6 套激光雷达检测系统，前面安装有 2 个摄像机，用于识别障碍物、检测交通信号灯变化。

2. 国内自动驾驶汽车的发展现状

相对于欧美国家，我国智能车的研究起步较晚，国防科技大学从 20 世纪 80 年代末开始先后研制出基于视觉的 CITAVT 系列智能车辆。至 1992 年，由国防科技大学、北京理工大学等五家单位联合研制成功了 ATB-1（AutonomousTestBed-1）无人车，这是我国第一辆能够自主行驶的测试样车，其行驶速度可以达到 21km/h。清华大学在国防科工委和国家"863"计划的资助下，从 1988 年开始研究开发 THMR 系列智能车。THMR-V 智能车能够实现结构化环境下的车道线自动跟踪、准结构化环境下的道路跟踪，复杂环境下的道路避障以及视觉临场感知遥控驾驶等功能，最高车速达 150km/h。1992 年以后，吉林大学先后研发出了 JUIV 系列智能车，其中 JLUIV-4 使用交流电提供动力，提升了视觉采集技术，使得视野范围更大，图像采集速度加快。

为推动创新研发无人驾驶汽车，国家自然科学基金委员会启动了"视听觉信息的认知计算"重大研究计划，从 2009 年起，每年举办一届"中国智能车未来挑战赛"，推动中国的无人驾驶车辆"驶出实验室，驶向实际环境"。2012 年，军事交通学院研制出"猛狮 3 号"智能车，获得"中国智能车未来挑战赛"冠军，其在高速公路上进行试验，完成了车辆跟随、换道、超车等功能。中国智能车未来挑战赛的参赛队伍由少到多，车上配置的传感器由多到少，无人驾驶汽车的速度不断提升，功能不断强化，并从试验场地走向了真实道路。从单纯的实验室研究到校企合作，这种转变促进无人驾驶汽车技术取得了长足的发展。

不同于国外车企以自主研发为主，我国汽车制造厂商多采取与国内科研院所、高校合作研发无人驾驶技术的方式。一汽集团于 2007 年与国防科技大学合作，2011 年 7 月，由一汽集团与国防科技大学共同研制的红旗 HQ3 无人驾驶汽车，完成了 286km 的面向高速公路的全程无人驾驶试验，人工干预的距离仅占总里程的 0.78%。2015 年 4 月，一汽集团正式发布了"挚途"技术战略，标志着一汽集团的智能汽车技术战略规划正式形成。

2015 年 8 月，宇通大型客车从郑开大道城铁贾鲁河站出发，在完全开放的道路环境下完成自动驾驶试验，共行驶 32.6km，最高速度为 68km/h，全程无人工干预，这是国内首次大型客车高速公路自动驾驶试验。2018 年 5 月，宇通客车在其 2018 年新能源全系产品发布会上宣布，已具备面向高速结构化道路和园区开放通勤道路的 L4 级别自动驾驶能力。

以百度为代表的高科技公司也相继加入了无人驾驶汽车领域的研究。百度公司于 2013 年开始了百度无人驾驶汽车项目，其技术核心是"百度汽车大脑"，包括高精度地图、定位、感知、智能决策与控制四大模块。2015 年 12 月初，百度无人驾驶汽车在北京进行自动驾驶测跑，实现多次跟车减速、变道、超车、上下匝道、掉头等复杂驾驶动作，完成了进入高速到驶出高速不同道路场景的切换，最高车速达到 100km/h。

2015 年 12 月 14 日，百度宣布正式成立自动驾驶事业部。2016 年，百度智能车获得美国加州车辆管理局的批准，可以进行无人车辆道路测试。2021 年下半年，百度正式组建智能汽车事业部，将多年积累的能力和经验全面应用在量产乘用车领域，助力车企共同拥抱汽车智能化浪潮。自此，百度先后推出了自主泊车 Apollo Parking、行泊一体领航辅助驾驶 ApolloHighway Driving Pro、城市域领航辅助驾驶 Apollo City Driving Max 等覆盖低、中、高组合的全系列智驾产品，目前已在多款明星车型上实现量产。

百度自动驾驶出租车 2020 年 10 月 11 日起在北京开放，约车平台为"萝卜快跑"。"萝卜快跑"是百度 Apollo 带来的全新升级的自动驾驶出行服务平台，主要使用自动驾驶汽车 Robotaxi，如图 1.2 所示，开展自动驾驶甚至完全无人驾驶运营。截至 2023 年，萝卜快跑已在北京、上海、广州、深圳、重庆、武汉、长沙、阳泉、乌镇等城市开通。

图 1.2　百度自动驾驶汽车（Robotaxi）

另外，我国还有不少科技公司在自动驾驶领域取得了不错的成绩。比如"经纬恒润"的产品覆盖智能泊车、智能行车、安全预警三大领域。"地平线"是国内率先实现大规模前装量产的车载智能芯片公司，领跑 ADAS 一体机、智能座舱、智能驾驶（行泊一体）域控制器等细分市场。"蘑菇车联"采取"单车智能+车路协同"技术路线，以系统性思维打造了"车路云一体化"自动驾驶方案，实现技术与数据闭环，在自动驾驶行业竞争中形成优势。"轻舟智航"采取"技术应用深度和广度"双擎发展战略。一方面，以公开道路 L4 级别自动驾驶能力为"动力引擎"，不断探索更多落地场景，驱动城市交通出行效率提升；另一方面，以自动驾驶量产规模化落地为"创新引擎"，借助更多装机量实现产品和技术的打磨。专注于矿区自动驾驶技术的"踏歌智行"，入选国家级专精特新"小巨人"企业，自研感知、规控、协同、云控、运维五大核心技术，有效应对极端自然环境、特殊路面、庞大车辆、复杂路况与生产工艺流程等矿区独有的应用场景。

可以说，自动驾驶已经成为中国展现国家技术实力、创新能力和产业配套水平的新质生产力，呈现出蓬勃向上的新格局。近年来，我国先后推出一系列支持政策，极大地推动了自动驾驶技术发展和商业化落地。2020 年 2 月，国家发展和改革委、工信部等 11 个部委联合下发的《智能汽车创新发展战略》提出，加速发展高级别自动驾驶。2023 年 11 月，交通运输部发布《自动驾驶汽车运输安全服务指南（试行）》，旨在适应自动驾驶技术发展的趋势，鼓励自动驾驶车辆商用。同时，北京、深圳、重庆等多地陆续出台政策法规，推动自动驾驶车辆的商业化运营和上路。国家政策的大力扶持，给自动驾驶发展注入强心剂，有力推动了行业发展进程。

1.2 汽车自动驾驶技术架构

自动驾驶技术架构如图1.3所示，主要涉及环境感知、决策规划、控制执行三大领域。其中：环境感知主要是利用激光雷达、毫米波雷达、超声波传感器以及车载高清摄像头等传感器获取汽车行驶过程中的外界环境信息；决策规划主要通过收集的数据，对车辆的下一步行为做出判断和指导；控制执行主要通过信号指令控制汽车的加速、制动、转向等执行机构，完成车辆横向和纵向控制。

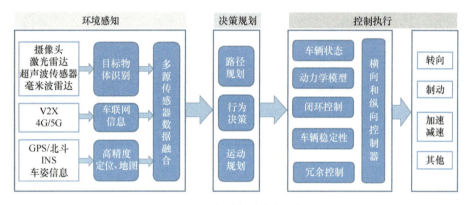

图1.3 自动驾驶技术架构

1.2.1 自动驾驶环境感知技术

环境感知技术是自动驾驶系统中至关重要的组成部分，它负责通过传感器获取车辆周围环境的信息，以实时感知和理解道路条件、障碍物、交通标志、行人和其他车辆等各种元素。这些感知信息是自动驾驶决策和规划的基础，帮助车辆做出正确和安全的驾驶决策。汽车自动驾驶环境感知方法主要有如下几种。

1）摄像头：摄像头是被动式传感器，它的基本工作原理是通过光学透镜和图像传感器，将周围环境的光线转化为数字图像信号。这些图像信号可以传输到车辆的处理单元，通过计算机视觉技术进行图像处理和分析，从而实现车辆对周围环境的感知和理解，实现车道线检测、交通标志识别、行人检测等功能。摄像头提供了丰富的视觉信息，能够感知道路、交通标志、行人、其他车辆和障碍物等。相比于其他传感器，摄像头通常成本较低，适用于广泛应用和大规模生产。但摄像头产生的图像数据庞大，对计算机视觉算法和硬件的要求较高，需要高效的图像处理和分析能力，在强光、弱光和恶劣天气条件下性能可能下降。

2）激光雷达：激光雷达是一种主动式传感器，它通过发射一束激光脉冲，并通过接收返回的激光反射信号来计算目标物体的距离和位置。激光雷达通常通过旋转或使用多束激光来扫描周围环境获取周围环境的三维点云数据，这些点云数据可以用于构建高精度的地图、检测障碍物和进行目标识别，从而实现全方位的感知。激光雷达可以提供高精度的距离测量和高分辨率的点云数据，从而实现精确的障碍物检测和地图构建。激光雷达能够在很短的时间内完成一次扫描，并即时提供感知数据，适用于实时的自动驾驶决策和控制。它还可以在相对较远的距离内探测目标物体，使自动驾驶车辆能够更早地感知到障碍物和其他车辆。激光雷达在不同环境和光照条件下都比较稳定，不受天气条件的影响，如雨、雪、雾天气都能够提供可靠的数据。但激光雷达成本高，对不透明物体的感知能力有限。

3）毫米波雷达：毫米波雷达也是一种主动式传感器，它使用毫米波频段（通常是24GHz或77GHz）的电磁波来探测周围环境，从而提供高精度、长距离的障碍物检测和距离测量。毫米波雷达可以在较远的距离内探测到障碍物，使车辆具有更长的检测范围，从而提前预警和做出反应。毫米波雷达不仅可以检测静态的障碍物，还能检测移动目标，如行人、自行车和其他车辆的运动状态。毫米波雷达通常具有较低的功耗，并且在与其他传感器合作时不易受到干扰。但相比于激光雷达，其空间分辨率较低。毫米波雷达的信号在大雨、暴风雨、大雪等恶劣天气条件下的性能可能会受到干扰和衰减，从而影响雷达的探测和测距能力。毫米波雷达通常无法穿透非金属、不透明物体，如墙壁、建筑物等，这可能导致在某些情况下，雷达无法探测隐藏在这些物体后面的障碍物。毫米波雷达的角度分辨率相对较低，无法提供精细的目标识别和轮廓信息，这可能对某些复杂场景的理解和分析造成一定的限制。

4）超声波传感器：超声波传感器是一种常用于测量距离和检测障碍物的被动式传感器。它利用超声波在空气中传播的特性，测量从传感器发射到目标物体反射回来的超声波的时间差，从而计算出目标物体与传感器的距离。超声波传感器适用于一些相对简单的场景，如低速驾驶、停车辅助等，它可以帮助车辆在近距离范围内感知周围环境。相比于其他传感器，超声波传感器通常成本较低，适用于经济实惠的自动驾驶解决方案。然而，超声波传感器的探测范围相对有限，通常在几米到十几米之间，因而它不适用于高速驾驶和大范围感知。

5）全球卫星导航系统：常用的全球卫星导航系统有美国的全球定位系统（Global Positioning System，GPS）、俄罗斯的GLONASS、欧盟的Galileo和中国的北斗系统。这些卫星导航系统为全球用户提供准确和可靠的导航和定位服务，可用于获取车辆的精确位置信息，可与高精度地图相匹配，从而提供更准确的定位和导航。全球卫星导航系统的基本工作原理是卫星向地面发射无线电信号，通过接收器接收这些信号，并计算从卫星到接收器的距离，通过对接收到信号的时间差和卫星位置信息进行计算，可以确定自身的位置坐标（经度、纬度、海拔）和精确时间。但卫星导航系统可能会受到信号干扰或遮挡，导致定位误差增大。

6）惯性导航系统（Inertial Navigation System，INS）：惯性导航系统是一种能够独立地、持续地、实时地提供车辆的位置、速度和方向信息的导航系统，它利用加速度计和陀螺仪等惯性传感器来测量车辆的加速度和角速度，估计车辆的位置和姿态。惯性导航系统不依赖于外部信号源，如卫星定位系统或地面基站，因此在遭遇信号中断或干扰时仍然可以提供导航信息，而且惯性导航系统能够实时地提供导航信息，不需要预先建立地图或进行数据处理。但惯性导航系统的测量误差会随着时间累积，导致位置和方向信息的误差逐渐增大。

7）车联网：车联网通过无线通信技术将车辆与互联网连接起来，比如借助5G通信技术在高速、大容量、低延迟等方面的优势，为车联网提供更快速、可靠的数据传输，实现车辆与车辆（V2V）、车辆与基础设施（V2I）、车辆与云端（V2C）之间的实时数据交换。自动驾驶车辆可以通过车联网技术与周围车辆、交通基础设施和云端进行通信，获取实时的交通信息、路况和地图数据等，从而更好地感知和理解道路环境，做出智能决策。

总体而言，每种传感方式都有各自的优势和适用范围，一辆自动驾驶汽车往往需要配备多种传感设备，通过多传感器融合的方式，综合利用各种传感器的优势，实现全面、可靠的环境感知、高精度的定位和导航。多传感器带来的信息数据量比较大，所以感知技术的数据处理需要大量的计算资源，因此车辆通常配备高性能的车载计算平台，用于实时处理和分析感知数据。

1.2.2　自动驾驶决策规划技术

在自动驾驶汽车中，决策规划是一个关键的环节，它根据车辆的感知信息和环境状况做出决策，规划出车辆的行驶路径和行为，以实现预定的目标和任务。决策规划需要综合考虑安全性、效率、舒适性和法规等多个因素，确保车辆能够在不同的交通场景中合理、安全地驾驶。决策规划需要高度复杂的算法和智能决策模型来应对各种交通场景和复杂情况。为了确保车辆在真实世界中安全可靠地行驶，决策规划需要经过大量的仿真测试和实际道路测试，不断优化和改进。

决策规划的主要任务包括路径规划、速度规划、交通行为决策和冲突处理等。路径规划是决策规划的核心部分，它决定车辆的行驶路径。路径规划算法根据车辆的当前位置、目标位置和环境信息，计算出一条安全且符合规则的路径。考虑到不同的场景和交通条件，路径规划可以是全局路径规划（从起点到目标点的整体路径规划）或局部路径规划（针对避障和动态障碍物的路径调整）。速度规划决定车辆的行驶速度。根据当前交通情况、道路条件、障碍物等信息，速度规划算法可以调整车辆的速度，以保持安全距离、避免碰撞，并尽可能地提高行驶效率。车道规划决定车辆在道路上的行驶车道。车道规划算法可以根据交通标志、道路标线和导航目标，将车辆引导至合适的车道。交通行为决策涉及车辆在复杂交通环境中的行为。例如，车辆应该何时加速、减速、换道、超车、停车等。这些决策需要考虑周围车辆的行为和交通规则，以确保车辆在交通流中安全地行驶。决策规划还需要处理可能发生的冲突情况，例如避让其他车辆、避免与行人相撞等。冲突处理算法应确保车辆在冲突情况下能够及时采取安全行动。

1.2.3 自动驾驶控制执行技术

自动驾驶汽车的控制执行是指将经过决策规划阶段得出的行驶路径和行为决策转化为实际的车辆操作，使汽车能够按照规划的路径和速度进行行驶。控制执行是自动驾驶系统中的最终环节，负责将决策转换成车辆的物理动作。为了确保车辆能够安全、稳定地行驶，控制执行需要精确、高效的控制算法，并与其他系统（如感知、决策和规划）紧密协调，实现整体自动驾驶功能。自动驾驶汽车的控制执行需要经过大量的测试和验证，确保其在各种实际交通场景中的稳定性和可靠性。

自动驾驶汽车的控制执行主要任务包括纵向（驱动、制动）、横向（转向）和横纵向综合控制。纵向控制是指通过对驱动和制动的协同控制，实现利用加速度或减速度对目标车速或目标转矩的精确响应。横向控制主要是指通过对电动助力转向系统（EPS）进行转角或转矩控制，实现汽车的自动转向功能。控制执行要根据车辆当前的状态和位置，确保车辆按照规划的路径准确行驶，避免偏离或碰撞障碍物。在特殊情况下（例如紧急情况或路面条件不佳），控制执行需要采取措施确保车辆的稳定性和安全性。控制执行需要实时监控车辆的状态和周围环境，并采取必要的安全措施，确保车辆在任何情况下都能保持安全。

1.3 汽车自动驾驶领域深度学习应用概述

自动驾驶发展进程与人工智能技术发展是高度相关的，尤其是深度学习在自动驾驶技术中的应用，极大地推动了自动驾驶技术的发展和实际应用。深度学习在自动驾驶技术中的应用，可以帮助智能汽车实现更实时准确的环境感知、精准的定位、决策与规划、控制与执行等任务，提高了车辆的安全性。

1.3.1 深度学习与传统机器学习的区别

深度学习（deep learning）作为机器学习领域的重大分支，不仅深刻影响着机器学习领域的走向，更是实现人工智能的一条有力途径。深度学习与传统机器学习方法的显著差异是，它使用多层非线性处理单元级联进行特征提取和转换，实现了多层次的特征表示与概念抽象的学习。深度学习避免了传统机器学习方式下对特征工程的要求，可以轻松地实现端到端的训练，并且在大数据下展现出明显的效果优势。深度学习在语音、计算机视觉和自然语言处理等领域取得的成功，也使机器学习更加接近人工智能的初始目标。

深度学习更容易发挥大数据优势。应用传统机器学习方法，当数据量达到一定规模后，效果提升会迅速变缓。而深度学习方法则更适配大数据训练，如图1.4所示。在工业界的深度学习应用中，往往都对应着更为海量的数据。比如对于机器翻译，会有上亿规模的平行语料。更多的数据确实带来了更好的效果。深度学习具有强大的特征抽象和表示能力。深层神经网络模型中间层可实现对图像、文本、语音等信号的特征抽象，学习到可计算的特征表示。这些中间特征表示，具有很强的通用性。因此，深度学习更容易支持多模态学习和多任务学习，这也为大规模通用预训练模型迁移学习提供了可能。深度学习强大的特征表示能力也带来端到端训练的显著特性。如图1.5所示，在传统机器学习方法下，一般需要独立的特征提取阶段；而在深度学习下，只需要输入原始的图像、语音和文本信息，即可直接训练。

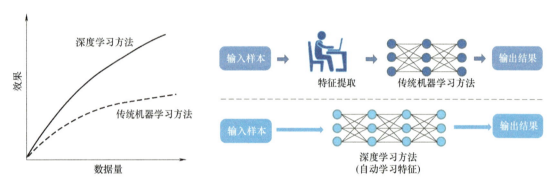

图1.4　深度学习的大数据优势　　图1.5　传统机器学习与深度学习在特征工程上的区别

1.3.2　深度学习的研究及应用进展

深度学习是神经网络发展到一定时期的产物，也和人工智能发展一样起伏，如图1.6所示。最早的神经网络模型可以追溯到1943年McCulloch和Pitts提出的MP神经元数学模型，其大致模拟了人类神经元的工作原理，但需要手动设置权重，使用十分不方便。1958年，Rosenblatt教授提出了单层感知机模型（Perception），这个可以看作是第一代神经网络模型，相比MP模型，该模型能更自动合理地设置权重，能够区分三角形、正方形等基本形状，让人类觉得有可能发明出真正能感知、学习、记忆的智能机器。但由于其基本原理的限制，同样存在较大的局限，难以展开更多的研究。1969年，Minsky教授等证明了单层感知机模型只能解决线性可分问题，无法解决异或XOR问题，并且否定了多层神经网络训练的可能性，甚至提出了"基于感知机的研究终会失败"的观点，此后十多年的时间内，神经网络领域的研究基本处于停滞状态。

20世纪80年代，计算机技术飞速发展，计算能力相较以前也有了质的飞跃。1986年，RuMelhart教授团队提出了反向传播算法（Back Proppagation，BP）。BP算法的提出引领了神经网络研究的第二次高潮。1986年，Hinton等提出了第二代神经网络，将原始单一

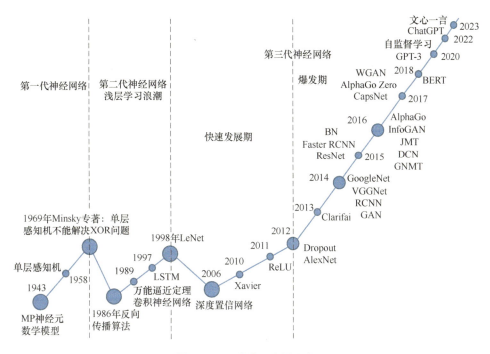

图 1.6　深度学习发展历程

固定的特征层替换成多个隐藏层,激活函数采用 Sigmoid 函数,利用误差的反向传播算法来训练模型,能有效解决非线性分类问题。1989 年,Cybenko 和 Hornik 等证明了万能逼近定理(universal approximation theorem):任何函数都可以被三层神经网络以任意精度逼近。同年,Yan LeCun 等发明了卷积神经网络用来识别手写体,当时需要 3 天来训练模型。1991 年,反向传播算法被指出存在梯度消失问题。此后十多年,各种浅层机器学习模型相继被提出,包括 1995 年 Cortes 与 Vapnik 发明的支持向量机,神经网络的研究被搁置。

2006 年,Geoffrey Hinton 等人提出了深度置信网络(Deep Belief Networks,DBN),通过逐层贪婪预训练和微调的方法,成功地训练深层网络。这个过程为深度学习的复兴奠定了基础。受到反向传播算法和 DBN 的启发,深度学习开始以多层神经网络为基础,并在计算机视觉领域迅速取得突破。2010 年,美国国防部 DARPA 计划首次资助深度学习项目。2011 年,Glorot 等提出 ReLU 激活函数,能有效抑制梯度消失问题。深度学习在语音识别上最先取得重大突破,微软和谷歌先后采用深度学习将语音识别错误率降低至 20%~30%,是该领域 10 年来最大突破。

2012 年,Hinton 和他的学生 Alex Krizhevsky 将 ImageNet 图片分类问题的 Top5 错误率由 26% 降低至 15%,从此深度学习进入爆发期。2013 年,欧洲委员会发起模仿人脑的超级计算机项目,同年 1 月,百度宣布成立深度学习研究院。Dauphin 等在 2014 年,Choromanska 等在 2015 年分别证明局部极小值问题通常来说不是严重的问题,消除了笼罩在神经网络上的局部极值阴霾。2014 年,谷歌收购了深度学习研究团队 DeepMind,进一步推动了深度学习的发展。2014 年,深度学习模型 Top-5 在 ImageNet 竞赛上拔得头筹,同年,腾讯和京东也分别成立了自己的深度学习研究室。

2015年开始，由DeepMind（DeepMind Technologies Limited）开发的人工智能围棋程序AlphaGo在一系列比赛中取得了非凡的战绩。2015年10月5日，AlphaGo与欧洲围棋冠军樊麾的对局，樊麾先手，AlphaGo获胜。2016年3月9—15日，AlphaGo与世界围棋冠军李世石进行五局对决（Go Challenge Match），AlphaGo以4比1战胜李世石。这一比赛引起了全球的轰动，被认为是人工智能在围棋上的重大突破。2017年5月23日，AlphaGo与中国围棋世界冠军柯洁进行三局对决（Future of Go Summit），AlphaGo在这三局对决中战胜了柯洁，但这也是AlphaGo正式退役前的最后一场公开比赛。AlphaGo的战绩对于人工智能领域产生了深远的影响，它不仅证明了深度学习和强化学习在复杂游戏中的潜力，还加速了人工智能在各个领域的发展。AlphaGo的成功也让更多的人认识到了人工智能在解决复杂问题上的巨大潜力。

2017年，自监督学习在图像和语言领域取得了显著进展。使用自监督学习算法的预训练模型为后续任务提供了更好的初始化。AlphaGo Zero的出现引发了强化学习领域的热潮，它证明了无须人类专家知识的情况下可以学习玩弈游戏。生成对抗网络（GAN）的发展导致了更逼真的图像合成，并且能够生成高分辨率的图像。

2018年，BERT（Bidirectional Encoder Representations from Transformers）模型的提出引发了预训练模型的革命，对于自然语言处理任务带来了显著的性能提升。2019年，OpenAI发布的GPT-2模型引发了广泛的关注和讨论。GPT-2是一个具有1.5亿个参数的大型语言模型，能够生成逼真的文本，但同时也引发了有关人工智能伦理和虚假信息生成的担忧。同时2019年深度学习在计算机视觉任务上的应用继续取得进展，在目标检测、图像分割和实例分割方面取得较大进展。

2020年，更多的自监督学习方法被提出，如 Contrastive Learning、Momentum Contrast等。GPT-3语言模型也在2020年发布，GPT-3拥有1750亿个参数，展示出强大的自然语言理解和生成能力。同时在BERT的基础上，出现了如RoBERTa、ALBERT、ELECTRA等改进版本，持续推动着自然语言处理任务的进展。

2022年底，OpenAI发布了ChatGPT模型，ChatGPT采用了Transformer架构，具有生成式预训练和双向Transformer编码的特点。ChatGPT技术的发展与大模型进化密不可分，两者相互促进、共同发展。ChatGPT是OpenAI在GPT系列模型的基础上进行优化和改进的结果，而GPT系列模型也是大模型进化中的一部分。2023年3月16日，百度正式发布大语言模型生成式AI产品"文心一言"，文心一言是知识增强的大语言模型，基于飞桨深度学习平台和文心知识增强大模型，持续从海量数据和大规模知识中融合学习，具备知识增强、检索增强和对话增强的技术特色。ChatGPT类工具进一步引爆了全球人工智能热潮，未来，随着技术的不断进步和数据的不断增长，大模型的规模和性能还将继续提升，为人工智能的发展带来更多的可能性。

深度学习首先在图像识别和语音识别任务中取得了突破，然后快速延伸到视觉、语音和自然语言处理等领域更广泛的任务场景中，并展现出了极强的通用性。在技术快速发展的同时，也带动对应领域进入大规模实际应用阶段，并进一步向传统的各行各业拓展落地。基于深度学习的人工智能技术已从互联网开始向更广泛行业落地，促进传统行业智能转型，提升效率，同时催生新的智能产品和产业。在自动驾驶领域，深度学习技术可应用到环境感知、智能决策和规划控制等多个方面。在医疗领域，典型应用包括医疗影像辅助诊断、医学文本和病历挖掘分析、智慧医疗问答和导诊等，深度学习在生物医药领域也开始有更多的应用尝试。在工业制造领域，基于深度学习视觉技术的自动化质检、分拣方案，可以将制造业工人从重复、低效的体力劳动中解放出来，极大地提升生产效率，也使质量得到更可靠保证。除此之外，深度学习技术也正广泛应用于农业、林业、电力、通信、城市管理等诸多行业和任务场景。

可以说，深度学习不论是技术还是应用，近十年来均取得了巨大突破。深度学习虽然还有不少局限性，但其激动人心的进展已经将人工智能带上了一个新台阶。当下，在深度学习推动人工智能技术向更广泛应用落地的同时，深度学习技术本身也还在不断进化。当然，深度学习仍然面临很多其他挑战，比如模型的复杂性加剧了可解释性的问题，大数据和大算力对深度学习的推广普及也是制约因素。这些问题除了在深度学习技术层面尝试解决，目前业界也更加关注深度学习框架和平台层面的解决方案。

1.3.3 深度学习在自动驾驶环境感知中的应用

自动驾驶汽车环境感知包括可行驶路面检测、车道线检测、路缘检测、护栏检测、行人检测、机动车检测、非机动车检测、路标检测、交通标志检测、交通信号灯检测等。对于如此复杂的路况检测，环境感知技术利用摄像机、激光雷达、毫米波雷达、超声波传感器等车载传感器，以及 V2X 和 5G 网络等获取汽车所处的交通环境信息和车辆状态信息等多源信息。这些多源信息需要通过深度学习方法进行处理。

深度学习按照模型的不同可以分为 CNN、RNN、LSTM、DBN 和 Autoencoder 等类型，其中 CNN（卷积神经网络）在处理图像和视频上拥有很好的效果，能帮助车辆准确地感知和理解周围环境，从而为安全、高效的驾驶决策提供支撑。CNN 可以用于实时检测和识别道路上的各种目标，如车辆、行人、自行车、交通标志等。通过训练 CNN，它可以从传感器（如摄像机）捕获的图像中提取特征，并准确地标记和分类目标。CNN 可以用于图像的语义分割，即将图像中的每个像素点标记为属于不同的类别，例如车道线、道路、行人、建筑物等。这有助于自动驾驶车辆更好地理解和解释环境。CNN 还可以进行实例分割，实例分割能够将同一类别的目标分别标记出来，有助于更精确地识别和跟踪目标。CNN 也可以用于检测和提取道路边缘的特征，帮助车辆在复杂道路环境中准确地定位和行驶。

1.3.4 深度学习在自动驾驶决策规划中的应用

自动驾驶汽车的规划分为全局规划和局部规划两种。全局规划是根据获取到的地图信息，规划出一条无碰撞最优路径，以满足特定的行驶条件。局部规划则是根据全局规划，在一些局部环境信息的基础之上，避免碰撞一些未知的障碍物，最终到达目的地的过程。在自动驾驶汽车决策规划中，车辆需要根据环境感知数据和当前状态来做出决策，如选择合适的行驶速度、路径规划、超车、变道、避障等，以确保安全、高效和舒适的驾驶。

深度学习在自动驾驶汽车决策规划中发挥着关键的作用。深度学习模型可以用于预测其他交通参与者（如其他车辆、行人）的行为，包括变道、加速、减速等。这些预测能够帮助自动驾驶车辆更好地理解周围车辆和行人的动态，从而做出合理的决策。深度学习模型可以用于路径规划，根据车辆的当前位置、目的地和环境条件，选择最优的行驶路径。这有助于车辆避开拥堵路段、选择安全路线，并使驾驶更高效。深度学习模型可以用于制定合适的跟车策略，包括与前车的距离维持、速度调节等，以确保安全且平滑的跟车行驶。自动驾驶车辆需要识别并规避障碍物，如其他车辆、行人、障碍物等。深度学习可以帮助车辆做出及时的避障决策，避免潜在的碰撞。深度学习还可以用于交通信号灯的识别和状态预测，从而帮助车辆做出合适的行驶策略，避免违规或浪费时间。

通过深度学习模型的训练和优化，自动驾驶汽车可以更好地理解和适应复杂的交通环境，从而做出合理的决策和规划，确保安全、高效和舒适的驾驶体验。然而，深度学习在决策规划中的应用也面临着一些挑战，比如对于安全性和可靠性的要求，以及对于实时性的考虑。因此，在自动驾驶系统中，需要综合考虑多种技术和算法，以实现稳健和可行的决策规划。

1.3.5 深度学习在自动驾驶控制执行中的应用

自动驾驶汽车的控制核心技术涵盖汽车的纵向、横向、驱动和制动控制。其中，纵向控制负责汽车前后运动的控制，而横向控制则负责转向盘角度和轮胎力的调整。只有同时实现纵向和横向自动控制，才能使汽车按照预设目标和约束自主行驶。在自动驾驶控制执行中，深度学习通常与传统的控制方法和规则引擎相结合，形成一个全面有效的控制系统，以确保自动驾驶汽车的安全和可靠性。

在汽车自动驾驶控制执行中，深度学习应用广泛，发挥着重要的作用。深度学习模型可以用于设计自动驾驶控制器，将环境感知数据和规划决策结果作为输入，输出具体的汽车控制指令。这些指令可以是加减速、转向等，以实现汽车稳定、精准和安全的驾驶。深度学习可以通过行为克隆的方法，从人类驾驶员的行驶数据中学习驾驶行为，并在自动驾驶中模仿这些行为。这种方法可以帮助自动驾驶汽车学习人类驾驶员的经验和技巧，提高车辆的驾驶性能。另外，深度强化学习在自动驾驶控制执行中也得到广泛应用。通过强化学习，车辆可以在不断的尝试和学习中优化控制策略，以最大化预设的奖励函数，实现更智能和适应性更强的驾驶控制。

深度学习应用于汽车自动驾驶还有一种被称为"端到端"自动驾驶的方法，它直接从原始传感器数据中学习驾驶策略，不需要显式地提取特征或规划路径。这种方法尚在研究和探索阶段，但有望实现更高级别的自动驾驶。总体来说，自动驾驶与深度学习技术都处于快速发展阶段，在汽车自动驾驶领域，深度学习广泛用于解决感知、决策、控制算法中面临的难题，以提高自动驾驶系统的智能化水平。深度学习在自动驾驶领域的应用为自动驾驶技术的发展提供了强大的支持，使得自动驾驶汽车能够更准确、更智能地感知和理解交通环境，从而实现更安全和高效的驾驶体验。随着深度学习技术的不断进步，预计自动驾驶技术在未来将继续取得更大的进展。

1. 简述自动驾驶汽车的原理和目标愿景。
2. 简述自动驾驶分级标准及各级的自动化程度。
3. 你觉得深度学习将如何影响和推动自动驾驶汽车的发展？

第 2 章

深度学习基础及实践

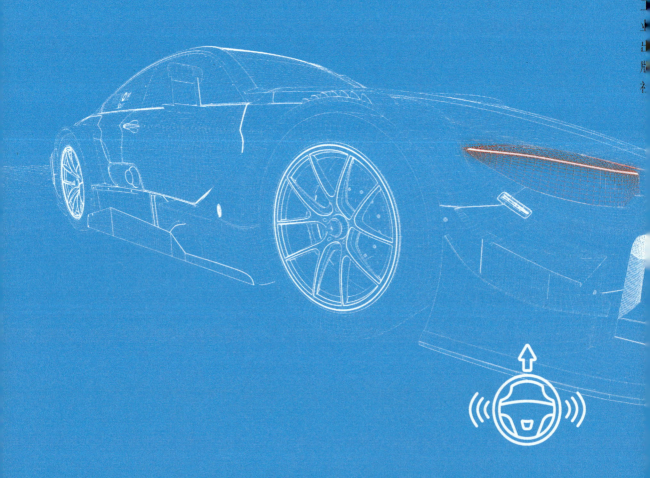

随着计算机计算性能、大数据科学的不断发展,深度学习首次在 2012 年的 ImageNet 图像识别比赛中表现出强大的自学习能力。大数据提供了丰富的样本空间,极大地提升了深度学习的准确率,而计算机性能的提升则极大地加快了深度学习模型的训练过程,因此整个人工智能领域的发展也在深度学习的推动下得到了空前的进步。深度学习的发展是基于神经网络基础理论发展而来的,本章将对神经网络和深度学习基本概念、基础理论和实践方法展开讲解。

2.1 神经网络简介

2.1.1 神经网络基本概念

现如今我们所见到的绝大多数人工智能算法都离不开深度学习的支持,那么深度学习与机器学习、深度学习与神经网络之间又有什么关系呢?事实上,在深度学习算法成熟之前,机器学习作为人工智能的一种核心工具就用到了神经网络。在深度学习空前发展的影响下,机器学习中最受欢迎的算法才从传统的 SVM 算法逐渐转变为现如今的神经网络算法,准确来讲应该是深层神经网络,也就是深度学习的基本概念。

如图 2.1 所示,机器学习是实现人工智能的一种基本途径,神经网络是隶属于机器学习的一种具体的算法方向,而深度学习,也就是深层神经网络,又是神经网络算法的一种,因此可以简单地理解为:深度学习∈神经网络∈机器学习∈人工智能。由此可见,神经网络是深度学习以及很多机器学习方法都会用到的一个基础算法。

人工神经网络(Artificial Neural Networks,ANNs),也简称为神经网络(NNs)或连接模型(Connection Model),是一种模仿动物神经网络行为特征进行分布式并行信息处理的算法模型。神经网络依靠复杂的系统模型,通过调整内部大量节点之间的

图 2.1 人工智能、机器学习、神经网络、深度学习隶属关系

相互连接关系,从而达到处理信息的目的。总体来讲,神经网络是一种由具有适应性的简单单元组成的广泛并行连接单元,其组织结构能够模拟生物神经系统对真实世界物体所作出的交互反应。因此神经网络中的基本单元——人工神经元与生物神经元之间具有非常相似的结构与作用。

2.1.2 单层感知机

图 2.2 所示为生物神经元与人工网络神经元基本结构对比示意图,人工神经网络借鉴了生物神经元的结构与功能特征,模仿其信息传递功能进行设计。生物神经元与人工网络神经元的结构功能对照见表 2.1。

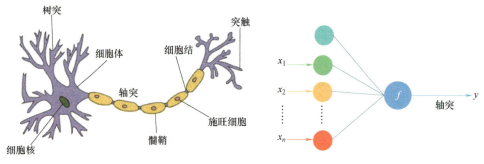

a) 生物神经元结构　　　　　　b) 人工网络神经元结构

图2.2　生物神经元与人工网络神经元

表2.1　生物、人工网络神经元结构功能对照

生物神经元	人工网络神经元	作　用
树突	输入层	接收输入信号（数据）
细胞体	加权和	加工处理信号（数据）
轴突	激活函数	控制输出
突触	输出层	输出结果

借鉴生物神经元结构设计的人工神经元就是单层感知机（或单层感知器），单层感知机（Single Layer Perceptron）是最简单的神经网络，包含输入层和输出层，且二者是直接连接的。图2.3所示为单层感知器结构示意图，其中，x_i 为输入层，可以是图像等特征信息，也可以是来自其他神经元的输入；w_i 表示相应的网络连接权重，b 是偏置，各个输入参数 x_i 乘以相应权重 w_i，然后累加，再加上偏置，经过激活函数 f 计算得到输出 y。其中输入层在于模拟生物神经元的树突接收输入信号，加权和的计算则是模拟生物神经元的细胞体进行加工和处理接收到的信号，激活函数的作用在于模拟生物神经元的轴突控制信号的输出，输出层即是模拟生物神经元的突触对结果进行输出。

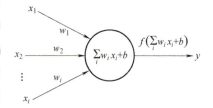

图2.3　单层感知器

一个单层感知器可以简单理解为一个线性回归模型，其由输入数据、权重、偏差（或阈值）和输出构成。单层感知器的计算公式为：

$$y = f\left(\sum_i w_i x_i\right) \tag{2.1}$$

对于单层感知器来讲，训练的过程就是学习获得它的权重和偏置的过程，如果将偏置也看作是一个特殊的权重的话，那么问题就转化为通过训练数据集来得到权重 w_i 的过程。对于训练数据集 (x_i, y_i)，假设单层感知机输出为 $\hat{y}_i$，那么在其学习过程中权重参数的调整为

$$w_i = w_i + \Delta w_i \tag{2.2}$$

$$\Delta w_i = \eta (y_i - \hat{y}_i) x_i \tag{2.3}$$

式中，η 为学习率，取值范围为（0，1）。这是单层感知机的参数更新方式。

实例 2.1 给出了利用单层感知机解决一个简单的分类问题：假设平面坐标系上有 4 个点，分别标签为 1 的（5，4）和（4，5），标签为-1 的（1，2）和（3，2），构建一个单层感知器将这 4 个数据分为两类。

```python
#实例 2.1 perceptron.py 单层感知器
importnumpy as np
importmatplotlib.pyplot as plt
#输入数据
X = np.array([[1, 5, 4],
              [1, 4, 5],
              [1, 1, 2],
              [1, 3, 2]])
#标签
Y = np.array ([[1], [1], [-1], [-1]])
#np.random.random（[m, n]）：生成 m 行 n 列 0~1 之间浮点数
#权重初始化，3 行 1 列（对应输出数量），取值范围-1 到 1
W =(np.random.random（[3, 1]）-0.5）*2
print（W）
#学习率设置
lr = 0.11
#神经网络输出
out = 0
#定义更新权重函数
def update ()：
    global X, Y, W, lr
    Y_P = np.sign (np.dot (X, W))#预测值, shape：(3, 1)
    #4 个值的误差累加，再求平均，先求 X 矩阵的转置（.T），再求与 Y-Y_P 的点积
    W_C = lr * (X.T.dot (Y-Y_P))/int (X.shape [0])
    W = W + W_C
for i in range (100)：
    update () #更新权重
    print (W) #打印当前权重
    print (i) #打印迭代次数
    out = np.sign (np.dot (X, W))#计算当前输出, 矩阵运算, 每次得到 4 个数据（预测值）
    if (out == Y).all ()：#如果实际输出等于期望输出, 模型收敛, 循环结束
```

```
            print ('Finished')
            print ('epoch：', i)
            break
#绘制图形
#正样本
x1 = [5, 4]
y1 = [4, 5]
#负样本
x2 = [1, 3]
y2 = [2, 2]
#计算分界线的斜率以及截距
k = -W[1]/W[2]
d = -W[0]/W[2]
print ('k=', k)
print ('d=', d)
xdata = (-2, 6)
plt.figure ()
plt.plot (xdata, xdata*k+d, 'r')
plt.scatter (x1, y1, c='b')
plt.scatter (x2, y2, c='y')
plt.show ()
```

利用上述代码构建的单层感知器对4个点进行分类，分类结果如图2.4所示。

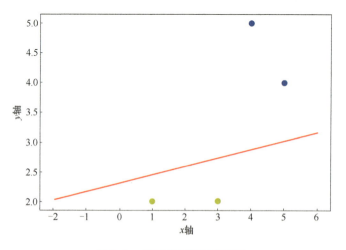

图2.4　单层感知器分类结果

2.1.3 多层感知机

单层感知机能解决的问题是有限的,把多个单层感知机纵向、横向组合叠加,就形成了多层感知机,或者说全连接神经网络(DNN)。神经网络层可以分为输入层、隐藏层和输出层。一般来说第一层是输入层,最后一层是输出层,而中间的都是隐藏层,且层与层之间是全连接的,如图 2.5 所示。

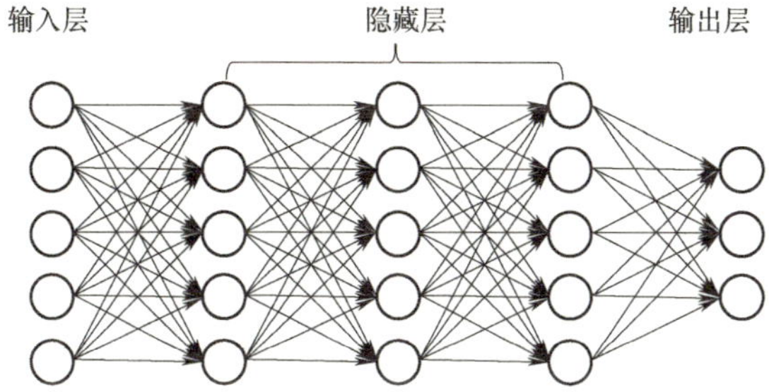

图 2.5　全连接神经网络结构示意图

神经网络的起源就是想用这些基本的简单函数叠加起来、组合起来形成复杂的函数,这个复杂函数能够完成复杂的任务。这样的思想有没有依据呢?其实是有很多这样的例子的,比如傅里叶变换、多项式的泰勒展开等,都可以分解为简单基本函数的叠加,也就是说,用简单的函数组合出复杂的函数是有理论支撑的。这个也特别像人体中的生物神经网络,简单的生物神经元通过组合叠加,就能完成复杂的功能。神经元和感知器本质上是一样的,只不过我们说感知器的激活函数是阶跃函数;而神经元的激活函数往往选择为 sigmoid 函数或 ReLU 函数等。

2.2 深度学习理论基础

受限于计算机算力和数学理论的不够完善,最初的神经网络隐藏层的层数比较有限,大多只有 3~5 个隐藏层,称为浅层神经网络。随着计算机计算能力的提升和数学理论的完善,神经网络隐藏层的层数越来越深,有十几层到上百层,如图 2.6 所示,就发展成了深层神经网络,也称为深度学习。深度学习的"深度"两字有两个含义:一个是网络层数深;另外一个是能够学习到样本更深层次的特征。要搭建一个深度学习模型来求解问题,首先需要选择神经网络类型,比如全连接神经网络、卷积神经网络

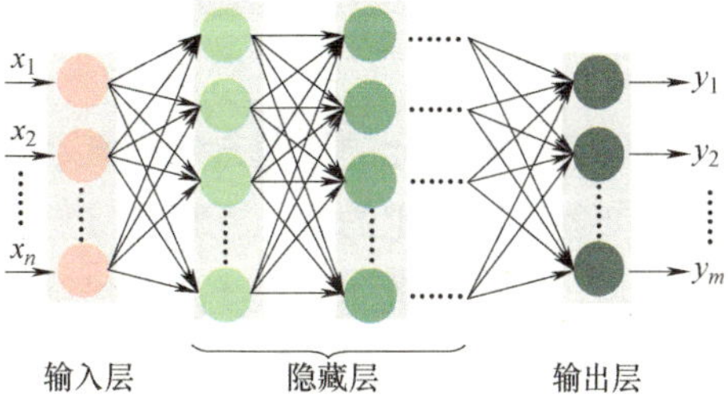

图 2.6　含有多个隐藏层的全连接神经网络

等,全连接神经网络的结构比较固定,卷积神经网络更灵活;然后需要确定神经元激活函数、选择参数学习方法等。本章我们以全连接神经网络设计来学习深度学习的一些基本理论,卷积神经网络将在下一章进行介绍。

全连接神经网络(Deep-Learning Neural Network,DNN)是一种多层感知机结构。整个全连接神经网络分为输入层、隐藏层和输出层,其中隐藏层可以更好地分离数据的特征,但是过多的隐藏层会导致过拟合问题。除输入层和输出层之外,每一层的每一个节点都与上下层节点全部连接,这就是"全连接"的由来。反映在由神经网络构造出的数学模型上,就是参数很多,构造的模型很复杂。

全连接神经网络训练分为前向传播、反向传播两个过程:前向传播指的是信号前向传播,数据沿输入到输出,通过计算可得到损失函数值;反向传播指的是误差的反向传播,是一个优化过程,利用梯度下降法或其他优化方法更新参数,从而减小损失函数值。

2.2.1 信号前向传播

在全连接神经网络、卷积神经网络中,信息仅在一个方向上从输入层向前移动,通过隐藏节点到达输出层,整个网络中没有循环或者回路。

下面以具有一个输入层、两个隐藏层、一个输出层的简单神经网络为例介绍信号前向传播过程。如图 2.7 所示,输入层输入参数有两个,分别为 1 和 -1,整个计算过程均按照 $kx+b$ 的形式,即输入参数乘以权重加上偏置,最终经过激活函数得到输出。图中箭头上方数字为权重,三角形框内数字为偏置,使用激活函数为 sigmoid 函数。如第一层神经网络中第一个神经元的结果是由第一个输入 1 乘以权重 1 加上第二个输入 -1 乘以权重 -1,再加上偏置 1 得到 3,最后再将 3 输入激活函数 sigmoid 函数得出最终输出结果 0.95,即

$$0.95 = \text{sigmoid}[1 \times 1 + (-1) \times (-1) + 1] \tag{2.4}$$

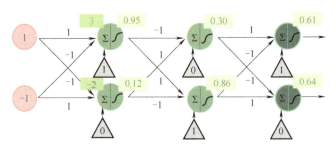

图 2.7 神经网络信号前向传播

其他各个神经元的计算方法都与之类似。不难看出,全连接神经网络实际上就是由多个单层感知器按照一定的规则互相连接起来所形成的。整个神经网络叠加起来可以将其抽象为一个函数,这个函数的输入就是前馈神经网络的输入 1 和 -1,函数计算的结果就是前馈神经网络对应的输出 0.61 和 0.64,即

$$f\left(\begin{bmatrix}1\\-1\end{bmatrix}\right) = \begin{bmatrix}0.61\\0.64\end{bmatrix} \tag{2.5}$$

到此为止，只是初步确定出了这个函数的基本形态、输入以及输出，具体函数内部的各个参数值应该是多少还没有完全确定下来，因此现在这个函数实际上还是一个函数集合，并不是一个准确特定的函数。而参数学习需要做的事情就是去不断学习调整权重和偏置参数，学习过程需要尽可能地缩小调整函数集合的范围，快速找到一组参数能够获得最理想的输出结果。

2.2.2 激活函数

在神经网络和深度学习中，需要通过激活函数使得模型能够解决非线性问题。激活函数是一种非线性函数，其作用在于为神经元引入非线性映射关系，将神经元的加权信息输入进行非线性转换，增强网络的表达能力。如果在网络模型中不使用激活函数，每层节点的输入都是上层节点输出的线性函数，那么，无论网络有多少层，最终输出都是输入的线性组合，整个网络的逼近能力将极其有限。而引入非线性函数作为激励函数，深层神经网络的表达能力就更加强大，不再是输入的线性组合，而是几乎可以逼近任意函数。

常用的激活函数见表 2.2，其中 sigmoid 函数、tanh 函数有一个问题，那就是具有饱和性。在误差反向传播的过程中，当输入非常大或者非常小时，其导数会趋近于零，由此会导致向下一层传递时梯度非常小，从而引起梯度消失的问题。ReLU（Rectified Linear Unit）函数是现代神经网络中最常用的激活函数，是大多数神经网络默认使用的激活函数。ReLU 函数在 $x>0$ 时可以保证梯度不变，从而非常有效地解决了梯度消失的问题，但 $x<0$ 时，梯度为 0。这个神经元及之后的神经元梯度永远为 0，不再对任何数据有所响应，导致相应参数永远不会被更新，因此就有了改进的 Leaky-ReLU 和 ELU 激活函数。

表 2.2 常用激活函数

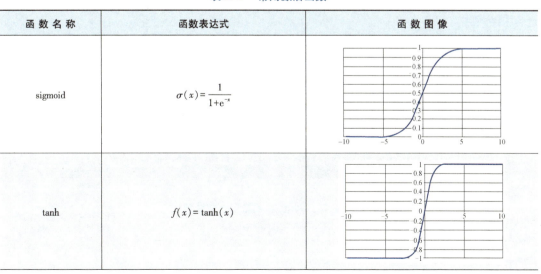

(续)

函数名称	函数表达式	函数图像
ReLU	$f(x) = \max(0, x)$	
Leaky-ReLU	$f(x) = \begin{cases} 0.1x, & 当 x<0 \\ x, & 当 x \geqslant 0 \end{cases}$	
ELU	$f(x) = \begin{cases} \alpha(e^x - 1), & 当 x<0 \\ x, & 当 x \geqslant 0 \end{cases}$	
Softmax	$\text{Softmax}(z_i) = \dfrac{\exp(z_i)}{\sum_j \exp(z_j)}$	

Softmax 也是一种激活函数，它可以将一个数值向量归一化为一个概率分布向量，且各个概率之和为 1，如图 2.8 所示。Softmax 可以用来作为神经网络的最后一层，用于多分类问题的输出，可以将上一层的原始数据进行归一化，转化为一个（0，1）之间的数值。这些数值可以被当作概率分布，用来作为多分类的目标预测值。Softmax 层常和交叉熵损失函数一起结合使用。

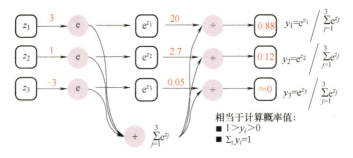

图 2.8　Softmax 函数归一化处理

2.2.3 损失函数

损失函数（Loss Function）是用来衡量模型的预测值与真实值之间差异程度的函数，在深度学习模型中，损失函数是必不可少的，其主要作用在于：

1）衡量预测的准确性：损失函数主要用于衡量模型输出与真实标签之间的差异。通过最小化损失函数，模型能够不断修正自身的参数和权重，更准确地预测未知样本的标签。

2）优化模型：深度学习模型可以通过梯度下降等方法不断优化和调整模型参数来最小化损失函数，进而优化模型，使得模型预测值能够与真实值更加接近。

3）计算反向传播信号：大多数神经网络模型都是通过反向传播来不断学习更新网络参数，而反向传播算法所需要的梯度信息则需要利用损失函数来进行计算。

4）评估模型：可以通过比较模型在训练集、测试集、验证集上的损失函数来衡量整个模型的准确性以及泛化能力等性能。

损失函数的使用主要是在模型的训练阶段，每一个批次的数据送入模型进行训练后，通过前向传播输出模型预测值，再通过损失函数计算得出衡量预测值与真实值之间差异的损失值；得到损失值后，模型通过反向传播更新各个参数以便降低预测值与真实值之间的损失，使得模型的预测值能够与真实值逐渐逼近。从原理上来讲，损失函数可以分为两大类。

第一类是基于距离度量的损失函数，这类损失函数通常是将输入数据映射至基于距离度量的特征空间上，例如欧式空间等；再将映射后的样本看作特征空间上的点，采用合适的损失函数来度量特征空间上真实值与预测值之间的距离。而特征空间上真实值所代表的点与预测值所代表的点之间距离越小，则说明模型预测的性能就越好。这类损失函数包括均方误差（Mean Square Error，MSE）损失函数、L2 损失函数（最小平方误差，Least Square Error，LSE）、L1 损失函数（最小绝对误差，Least Absolute Error，LAE）、Smooth 损失函数、Huber 损失函数等。

第二类是基于概率分布的损失函数，这类损失函数是将样本之间的相似性转化为随机事件出现的可能性，即通过度量样本的真实分布与估计分布之间的距离来判断两者之间的相似度，一般用于涉及概率分布或者预测类别出现概率的问题中，尤其是在分类问题中较为常用。这类损失函数包括 KL 散度函数（相对熵损失函数）、交叉熵损失函数、Softmax 损失函数、Focal 损失函数。常用损失函数的表达式见表 2.3，其中 $f(X)$ 为预测值，Y 为样本标签值，L 为损失函数值。

表 2.3 常用损失函数的表达式

用途	函数名称	函数表达式
Classification	Hinge Loss	$L[Y, f(X)] = \max[0, 1 - Yf(X)]$
	Focal Loss	$L(p_x) - \alpha(1 - p_x)^\gamma \log(p_x)$
	KL Divergence	$L = \sum q_x \log(q_x / p_x)$
	Log Loss	$L = -\sum q_x \log(p_x)$

(续)

用　　途	函数名称	函数表达式
Regression	MSE	$L=\dfrac{1}{n}\sum\limits_{i=1}^{n}[Y-f(X)]^2$
	MAE	$L=\dfrac{1}{n}\sum\limits_{i=1}^{n}|Y-f(X)|$
	Huber Loss	$L=\dfrac{1}{n}\sum\limits_{i=1}^{n}\begin{cases}\dfrac{1}{2}[Y-f(X)]^2,\ 当\ |Y-f(X)|\leqslant\delta\\ \delta|Y-f(X)|-\dfrac{1}{2}\delta^2,\ 当\ |Y-f(X)|>\delta\end{cases}$
	Log cosh Loss	$L=\log[Y-f(X)]$
	Exponential Loss	$L=\dfrac{1}{n}\sum\limits_{i=1}^{n}e^{-Yf(X)}$
	Quantile Loss	$L=\gamma\max[0,Y-f(X)]+(1-\gamma)\max[0,f(X)-Y]$

2.2.4　优化方法——梯度下降法

深度学习模型学习参数过程中，除了损失函数，还有一个必不可少的部分就是优化方法。深度学习算法的本质都是建立模型，通过优化方法对损失函数进行训练优化，找出最优的参数组合，也就找到了当前问题的最优解模型。在第 4 章会重点介绍各种优化方法，本小节主要介绍梯度下降法。

梯度下降法的优化思想在于用当前位置负梯度方向作为搜索方向，因为负梯度方向是当前位置损失函数的最快下降方向，因此也被称为"最速下降法"。如图 2.9 所示，为了方便演示，假定模型中只有一个参数 θ，蓝色曲线为损失函数随着参数 θ 的变化情况，导数 $\dfrac{\mathrm{d}J(\theta)}{\mathrm{d}\theta}$ 代表的是曲线某点处切线的斜率。损失函数的导数代表着参数 θ 变化时，损失函数 J 值相应的变化，如图中该点损失函数的导数为负值，故随着参数 θ 的增大，损失函数 J 减小。因此，导数也代表着一个方向，导数为正就对应着损失函数增大的方向，导数为负就对应着损失函数减小的方向。

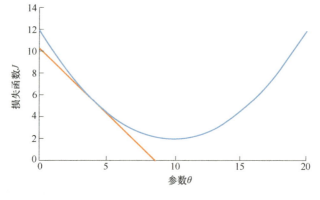

图 2.9　损失函数及切线演示

标准梯度下降法（Batch Gradient Descent）参数更新公式为

$$\theta = \theta - \alpha \nabla_\theta J(\theta) \tag{2.6}$$

式中，θ 为需要训练更新的参数；$J(\theta)$ 为损失函数；$\nabla_\theta J(\theta)$ 为损失函数的梯度；α 为学习率。学习率 α 并非越小越好，α 太小会导致迭代速度过慢，为了减小损失函数，将会导致迭代次数较大，所需要的迭代时间就会非常长；α 也不能取得过大，否则容易导致参数 θ 在损失函数最小的区域附近反复振荡，最终导致模型收敛的结果并不是损失函数最小的点，如图 2.10 所示。

这和我们每个人的个人学习成长是类似的，每个人都需要不断迭代更新自己的知识和能力，但不能期望一口吃成大胖子，要逐步、持续地更新迭代，每次优化一点点，日积月累起来就能得到很大的提升。

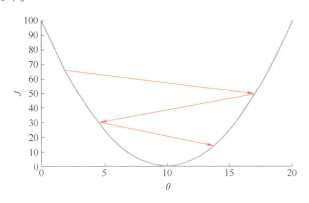

图 2.10　学习率变化示意

梯度下降法的优点在于，若损失函数为凸函数，则一定能够找到全局最优解；若损失函数为非凸函数，则能够保证至少收敛到局部最优解。但是缺点是在接近最优解区域时收敛速度会明显变缓，因此利用梯度下降法来求解更新参数需要的迭代次数非常多。此外，标准梯度下降法是先计算所有样本汇总误差，然后根据总误差来更新参数，这种更新方式对于大规模样本问题的求解效率是相对很低的，因此提出了随机梯度下降法（Stochastic Gradient Descent）：

$$\theta = \theta - \alpha \nabla_\theta J(\theta; x^i, y^i) \tag{2.7}$$

与标准梯度下降法计算所有样本汇总误差不同，随机梯度下降法是随机抽取一个样本来计算误差，然后更新权重。随机梯度下降法是最小化每个样本的损失函数，尽管不是每次迭代得到的损失函数都是朝向全局最优，但是总体方向来讲是朝向全局最优的，并且由于在参数更新的过程中是在随机挑选样本，因此会有更多的概率跳出一个相对较差的局部最优解，再收敛到一个更优的局部最优解甚至全局最优解。总体来讲，随机梯度下降法比较容易收敛到局部最优解，但有时候容易被困在鞍点附近。因此结合标准梯度下降法和随机梯度下降法提出了小批量梯度下降法（mini-batch Gradient Descent）：

$$\theta = \theta - \alpha \nabla_\theta J(\theta; x^{i:i+n}, y^{i:i+n}) \tag{2.8}$$

mini-batch Gradient Descent 每次训练都是从训练集中取一个子集（mini-batch）用于梯度计算，基于计算出的梯度进行参数更新。相较于前两种梯度下降方法，该方法的收敛速度比前两种都快,并且收敛较为稳定。当然它也有一些缺点,例如对学习率的选择较为敏感、需要使用较为合适的初始化数据和步长等,但是从整体性能上来看是优于前两者的。因此,现在使用梯度下降法往往都是指 mini-batch Gradient Descent。

2.2.5 误差反向传播

2.1.2 小节给出了单层感知器的参数更新公式为式(2.2)和式(2.3)。在多层神经网络中,上一层的输出是下一层的输入,要在网络中的每一层计算损失函数的梯度会非常复杂。为了解决这个问题,以 McClelland 和 Rumelhart 为首的科学家小组提出一种解决方法,这种方法被称为误差反向传播算法(Back Propagation,BP 算法)。BP 算法解决了多层神经网络的学习问题,极大地促进了神经网络的发展。BP 神经网络也是整个人工神经网络体系中的精华,广泛应用于分类识别、逼近、回归、压缩等领域。在实际应用中,大约 80% 的神经网络模型都采取了 BP 网络或 BP 网络的变化形式。

误差反向传播算法更新参数过程如下:

1)将训练集数据输入神经网络的输入层,经过隐藏层,最后达到输出层并输出结果,这就是前向传播过程。

2)由于神经网络的输出结果与实际结果有误差,因此需计算估计值与实际值之间的误差(交叉熵损失函数值或最小二乘法值),并将该误差从输出层向隐藏层反向传播,直至传播到输入层。

3)在反向传播的过程中,根据误差调整权重参数和偏置参数,使得总损失函数减小。

4)迭代上述三个步骤(即对数据进行反复训练),直到满足停止准则。

误差反向传播算法实际上是一种在神经网络训练过程中用来计算梯度的方法,它能够计算损失函数对网络中所有模型参数的梯度,这个梯度会反馈给某种学习算法,例如梯度下降法,用来更新权重和偏置,最小化损失函数。这里梯度下降法才是学习算法,除了梯度下降法,也可以采用其他的学习算法。另外,误差反向传播法并不仅仅适应于多层神经网络,原则上它可以计算任何函数的导数。

误差反向传播的原理是基于链式法则(chain rule)。链式法则是微积分中的一种重要规则,它可以用于求解复合函数的导数。在数学中,复合函数是由多个函数组合而成的函数,例如 $f(g(x))$,其中 $g(x)$ 和 $f(x)$ 都是函数。链式法则描述了如何计算复合函数的导数,它可以帮助更好地理解函数之间的关系,从而解决复杂问题。

具体来说,链式法则可以表示为:

若 $y=f(u)$,$u=g(x)$ 则有:

$$\frac{dy}{dx}=\frac{dy}{du}\frac{du}{dx} \quad (2.9)$$

式(2.9)表明,对于复合函数 $y=f(g(x))$,它的导数可以通过先求出 y 对 u 的导数,再求 u 对 x 的导数,最后将两个导数相乘得到。这个过程相当于将复合函数分解成两个简单函数的导数的乘积。在神经网络中，每个节点都可以看作是一个复合函数，它的输出值只与其输入值有关。因此，可以使用链式法则来计算神经网络中每个节点的梯度，从而实现神经网络的训练和优化。

接下来以一个简单的全连接神经网络为例演示 BP 算法更新权重参数过程。如图 2.11 所示，该神经网络输入层两个信息为 i_1 和 i_2；有一个隐藏层，该隐藏层有两个神经元 h_1 和 h_2；输出层有两个神经元，分别为 o_1 和 o_2。由于是全连接神经网络，图中有 8 条连接线，因此有 8 个权重参数，另外还有隐藏层的偏置 b_1 和输出层的偏置为 b_2 两个参数。

要求根据给出的输入数据训练模型更新权重和偏置参数，使得输出尽可能与期望的输出接近，采用的激活函数为 sigmoid 函数。

本实例中输入信息 $i_1=0.02$，$i_2=0.7$；输出信息 $o_1=0$，$o_2=1$。假定初始化权重参数和偏置参数为 $w_1=0.1$，$w_2=0.2$，$w_3=0.3$，$w_4=0.4$，$w_5=0.2$，$w_6=0.3$，$w_7=0.1$，$w_8=0.2$，$b_1=0.3$，$b_2=0.2$。参数更新求解过程如图 2.12 所示，下面按照框图中的三大步来讲述误差反向传播参数更新计算过程。

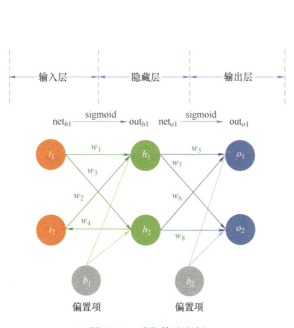

图 2.11　BP 算法实例

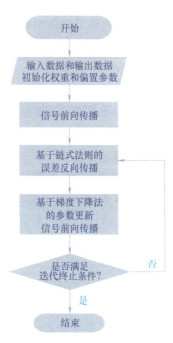

图 2.12　参数更新求解过程框图

步骤如下所述。

1. 信号前向传播（激活函数为 sigmoid）

（1）输入层→隐藏层

输入层两个信息 i_1 和 i_2，传播到隐藏层 h_1 神经元的净活值为 net_{h1}：

$$\text{net}_{h1} = w_1 i_1 + w_2 i_2 + b_1 \tag{2.10}$$
$$= 0.1 \times 0.02 + 0.2 \times 0.7 + 0.3 = 0.442$$

通过激活函数激活得到隐藏层 h_1 神经元的激活值 out_{h1}：

$$\text{out}_{h1}=\frac{1}{1+\text{e}^{-\text{net}_{h1}}}=\frac{1}{1+\text{e}^{-0.442}}=0.60874 \qquad (2.11)$$

用同样的方法可以得到隐藏层 h_2 神经元的激活值 out_{h2} 的值：

$$\text{out}_{h2}=\frac{1}{1+\text{e}^{-\text{net}_{h2}}}=\frac{1}{1+\text{e}^{-0.586}}=0.64245 \qquad (2.12)$$

（2）隐藏层→输出层

隐藏层两个神经元的输出 out_{h1} 和 out_{h2}，传播到输出层 o_1 神经元的净活值为 net_{o1}：

$$\begin{aligned}\text{net}_{o1}&=w_5\times\text{out}_{h1}+w_6\times\text{out}_{h2}+b_2\\ &=0.2\times0.60874+0.3\times0.64245+0.2\\ &=0.51448\end{aligned} \qquad (2.13)$$

通过激活函数激活得到输出层 o_1 神经元的激活值 out_{o1}：

$$\text{out}_{o1}=\frac{1}{1+\text{e}^{-\text{net}_{o1}}}=\frac{1}{1+\text{e}^{-0.51448}}=0.62586 \qquad (2.14)$$

用同样的方法可以得到输出层 o_2 神经元的输出激活值 out_{o2} 的值：

$$\text{out}_{o2}=\frac{1}{1+\text{e}^{-\text{net}_{o2}}}=\frac{1}{1+\text{e}^{-0.389364}}=0.59613 \qquad (2.15)$$

经过神经网络第一轮正向传播完成后，输出值为 [0.62586，0.59613]，与实际值 [0，1] 相差大。第二步将通过误差反向传播来更新参数。

2. 误差反向传播

（1）计算总误差

采用平方误差作为衡量标准，总误差 E_{total} 为输出层第一个神经元的平方误差 E_{o1} 与第二个神经元的平方误差 E_{o2} 之和。计算 E_{o1} 为

$$E_{o1}=\frac{1}{2}(\text{target}_{o1}-\text{out}_{o1})^2=\frac{1}{2}(0-0.62586)^2=0.19585 \qquad (2.16)$$

计算 E_{o2} 为

$$E_{o2}=\frac{1}{2}(\text{target}_{o2}-\text{out}_{o2})^2=\frac{1}{2}(1-0.59613)^2=0.08156 \qquad (2.17)$$

计算总误差 E_{total} 为

$$E_{\text{total}}=E_{o1}+E_{o2}=0.19585+0.08156=0.27741 \qquad (2.18)$$

（2）隐藏层→输出层的权重更新

误差 E_{total} 与所有权重参数之间是有函数关系的，以权重参数 w_5 为例，如图 2.13 所示，E_{total} 与 E_{o1} 存在函数关系，E_{o1} 与 out_{o1} 存在函数关系，out_{o1} 与 net_{o1} 存在函数关系，而 net_{o1} 和 w_5 存在函数关系，因此 E_{total} 和 w_5 存在函数关系。通过梯度下降法更新权重参数 w_5，需要求出总误差 E_{total} 对于 w_5 的偏导，E_{total} 对于 w_5 的偏导求解为

$$\frac{\partial E_{\text{total}}}{\partial w_5}=\frac{\partial E_{\text{total}}}{\partial \text{out}_{o1}}\frac{\partial \text{out}_{o1}}{\partial \text{net}_{o1}}\frac{\partial \text{net}_{o1}}{\partial w_5} \qquad (2.19)$$

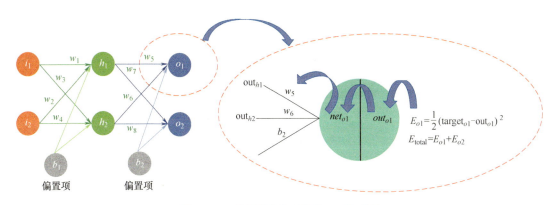

图 2.13　总误差与权重参数 w_5 关系图

这实际是一个"链式求导"过程,分别求出后面三项,就可以求出 E_{total} 对于 w_5 的偏导。下面分别求解这三项。

1)计算 $\dfrac{\partial E_{\text{total}}}{\partial \text{out}_{o1}}$:前面已经说明,总误差采用平方误差方法,总误差 E_{total} 为输出层两个神经元误差之和:

$$E_{\text{total}} = E_{o1} + E_{o2} \\ = \frac{1}{2}(\text{target}_{o1} - \text{out}_{o1})^2 + \frac{1}{2}(\text{target}_{o2} - \text{out}_{o2})^2 \tag{2.20}$$

总误差对输出层第一个神经元的输出 out_{o1} 求偏导为

$$\frac{\partial E_{\text{total}}}{\partial \text{out}_{o1}} = 2 \times \frac{1}{2}(\text{target}_{o1} - \text{out}_{o1})^{2-1} \times (-1) \\ = \text{out}_{o1} - \text{target}_{o1} \\ = 0.62586 - 0 = 0.62586 \tag{2.21}$$

2)计算 $\dfrac{\partial \text{out}_{o1}}{\partial \text{net}_{o1}}$:输出层第一个神经元的输出 out_{o1} 与净活值 net_{o1} 是激活函数关系,激活函数采用 sigmoid 函数:

$$\text{out}_{o1} = \frac{1}{1 + e^{-\text{net}_{o1}}} \tag{2.22}$$

out_{o1} 对 net_{o1} 求偏导值为

$$\frac{\partial \text{out}_{o1}}{\partial \text{net}_{o1}} = \text{out}_{o1}(1 - \text{out}_{o1}) = 0.62586(1 - 0.62586) = 0.23416 \tag{2.23}$$

3)计算 $\dfrac{\partial \text{net}_{o1}}{\partial w_5}$:输出层第一个神经元的净活值 net_{o1} 与权重参数 w_5 的关系为

$$\text{net}_{o1} = w_5 \times \text{out}_{h1} + w_6 \times \text{out}_{h2} + b_2 \tag{2.24}$$

求 net_{o1} 对 w_5 的偏导值为

$$\frac{\partial \text{net}_{o1}}{\partial w_5} = \text{out}_{h1} = 0.60874 \tag{2.25}$$

综合式（2.20）～式（2.23）和式（2.25），可以求总误差 E_{total} 对 w_5 的偏导：

$$\frac{\partial E_{total}}{\partial w_5} = \frac{\partial E_{total}}{\partial out_{o1}} \frac{\partial out_{o1}}{\partial net_{o1}} \frac{\partial net_{o1}}{\partial w_5} = 0.62586 \times 0.23416 \times 0.60874 = 0.08921 \quad (2.26)$$

然后利用梯度下降法更新 w_5 的值为

$$w_5^+ = w_5 - \eta \times \frac{\partial E_{total}}{\partial w_5} = 0.2 - 0.5 \times 0.08921 = 0.15540 \quad (2.27)$$

用同样的方法可更新 w_6、w_7、w_8 的值。需要注意的是，在求每个参数更新值的时候，其他参数在这一轮中仍然用更新前的值，比如求 w_6 的更新值时，前面计算公式中如有 w_5 的值，要用原来的值，也就是各权重参数要同步更新。

（3）输入层→隐藏层的权重更新

以权重参数 w_1 为例，采用梯度下降法更新 w_1 的值，需要求出总误差 E_{total} 对于 w_1 的偏导值。如式（2.20）所示，总误差 E_{total} 为 E_{o1} 和 E_{o2} 之和，从前面信号正向传播分析可知，i_1 和 w_1 传播到 h_1，h_1 的输出会分别传播到 o_1 和 o_1，可知 E_{o1} 和 E_{o2} 都是 w_1 的函数。虽然由图 2.14 可知 w_1 离最后得到的总误差 E_{total} 更远，但 E_{total} 和 w_1 是存在函数关系的，根据链式法则得到 E_{total} 对 w_1 的偏导为

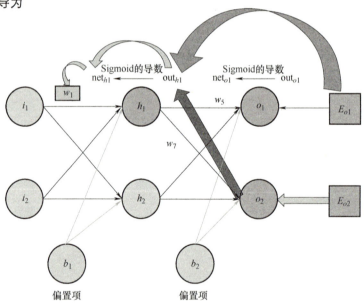

图 2:14 总误差与权重参数 w_1 关系图

$$\frac{\partial E_{total}}{\partial w_1} = \frac{\partial E_{total}}{\partial out_{h1}} \times \frac{\partial out_{h1}}{\partial net_{h1}} \times \frac{\partial net_{h1}}{\partial w_1} \quad (2.28)$$

对式（2.28）右边三项分别计算。

1）计算 $\frac{\partial E_{total}}{\partial out_{h1}}$：总误差 E_{total} 对隐藏层第一个神经元的输出 out_{h1} 的偏导为

$$\frac{\partial E_{total}}{\partial out_{h1}} = \frac{\partial E_{o1}}{\partial out_{h1}} + \frac{\partial E_{o2}}{\partial out_{h1}} \quad (2.29)$$

同样根据链式法则，E_{o1} 对 out_{h1} 的偏导为

$$\frac{\partial E_{o1}}{\partial \text{out}_{h1}} = \frac{\partial E_{o1}}{\partial \text{out}_{o1}} \times \frac{\partial \text{out}_{o1}}{\partial \text{net}_{o1}} \times \frac{\partial \text{net}_{o1}}{\partial \text{out}_{h1}} = 0.62586 \times 0.23416 \times w_5 \quad (2.30)$$

$$= 0.62586 \times 0.23416 \times 0.2 = 0.02931$$

E_{o2} 对 out_{h1} 的偏导为

$$\frac{\partial E_{o2}}{\partial \text{out}_{h1}} = \frac{\partial E_{o2}}{\partial \text{out}_{o2}} \times \frac{\partial \text{out}_{o2}}{\partial \text{net}_{o2}} \times \frac{\partial \text{net}_{o2}}{\partial \text{out}_{h1}} = -0.40387 \times 0.24076 \times w_7 \quad (2.31)$$

$$= -0.40387 \times 0.24076 \times 0.1 = -0.00972$$

综合式（2.30）和式（2.31），可得到总误差 E_{total} 对 out_{h1} 偏导为

$$\frac{\partial E_{\text{total}}}{\partial \text{out}_{h1}} = \frac{\partial E_{o1}}{\partial \text{out}_{h1}} + \frac{\partial E_{o2}}{\partial \text{out}_{h1}} = 0.02931 + (-0.00972) = 0.01959 \quad (2.32)$$

2）计算 $\dfrac{\partial \text{out}_{h1}}{\partial \text{net}_{h1}}$：隐藏层第一个神经元的输出 out_{h1} 和隐藏层第一个神经元的净活值 net_{h1} 是通过 Sigmoid 函数激活得到的，所以其关系为

$$\text{out}_{h1} = \frac{1}{1 + e^{-\text{net}_{h1}}} \quad (2.33)$$

由此可以推导得到 out_{h1} 对 net_{h1} 的偏导值为

$$\frac{\partial \text{out}_{h1}}{\partial \text{net}_{h1}} = \text{out}_{h1}(1 - \text{out}_{h1}) \quad (2.34)$$

$$= 0.60874 \times (1 - 0.60874) = 0.23818$$

3）计算 $\dfrac{\partial \text{net}_{h1}}{\partial w_1}$：隐藏层第一个神经元的净活值 net_{h1} 和 w_1 是线性关系：

$$\text{net}_{h1} = w_1 i_1 + w_2 i_2 + b_1 \quad (2.35)$$

可以推导得到 net_{h1} 对 w_1 的偏导为

$$\frac{\partial \text{net}_{h1}}{\partial w_1} = i_1 = 0.02 \quad (2.36)$$

综合式（2.32）、式（2.34）和式（2.36），可得到总误差 E_{total} 对于 w_1 的偏导值为

$$\frac{\partial E_{\text{total}}}{\partial w_1} = \frac{\partial E_{\text{total}}}{\partial \text{out}_{h1}} \times \frac{\partial \text{out}_{h1}}{\partial \text{net}_{h1}} \times \frac{\partial \text{net}_{h1}}{\partial w_1} \quad (2.37)$$

$$= 0.01959 \times 0.23818 \times 0.02$$

$$= 0.00009$$

最后，更新 w_1 权重为

$$w_1^+ = w_1 - \eta \frac{\partial E_{\text{total}}}{\partial w_1} \quad (2.38)$$

$$= 0.1 - 0.5 \times 0.00009$$

$$= 0.099955$$

需要注意，更新 w_1 时，其他权重参数都用原来的值，也就是要求各参数都要同步更新。用同样的方法可更新权重参数和 w_2、w_3、w_4。偏置参数 b_1 和 b_2 用同样的方法可更新。

3. 迭代计算

第一轮误差反向传播完成后，总误差 E_{total} 由 0.27741 下降至 0.26537。把更新的权重新计算，迭代 10000 次后，总误差为 0.000063612，输出为 [0.00793003941675692，0.9919789331998798]（原输入为 [0，1]）。

2.2.6 计算图

大多数的神经网络参数训练、模型更新的过程都离不开前向传播和反向传播，其中涉及大量的运算，如果仅使用公式来描述的话会很复杂，如 2.2.5 节所示。因此引入计算图（Computation Graph）的概念。计算图是一种用于描述计算过程的数据结构，其基本元素包括节点（node）和边（edge），节点代表的是数据，也就是变量，包括标量、矢量、张量等；而边则表示的则是操作，也就是函数。计算图中节点之间的结构关系也被称为是拓扑结构（Topological Structure）。用计算图表示函数计算 $z=f(x,y)$ 及复合函数 $y=f(g(h(x)))$，如图 2.15 所示。

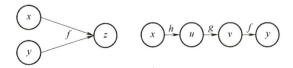

图 2.15　计算图示例

使用计算图进行求导操作也是比较清晰的，可以直观地表示链式法则。对于复合函数求导有两种情况。第一种情况（图 2.16）为：

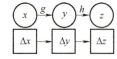

图 2.16　链式求导情况一

$$\begin{cases} z=f(x) \\ y=g(x) \\ z=h(y) \\ \dfrac{\mathrm{d}z}{\mathrm{d}x}=\dfrac{\mathrm{d}z}{\mathrm{d}y}\dfrac{\mathrm{d}y}{\mathrm{d}x} \end{cases} \tag{2.39}$$

第二种情况（图 2.17）是：

$$\begin{cases} z=f(w) \\ x=g(w) \\ y=h(w) \\ z=k(x,y) \\ \dfrac{\mathrm{d}z}{\mathrm{d}w}=\dfrac{\mathrm{d}z}{\mathrm{d}x}\dfrac{\mathrm{d}x}{\mathrm{d}w}+\dfrac{\mathrm{d}z}{\mathrm{d}y}\dfrac{\mathrm{d}y}{\mathrm{d}w} \end{cases} \tag{2.40}$$

图 2.17　链式求导情况二

常见的函数计算都是由上述两种方式互相结合形成，需要灵活应用链式法则求导以便计算梯度，式（2.41）给出了利用计算图对常见复合函数的求导过程。

$$\begin{cases} e=cd \\ c=a+b \\ d=b+1 \end{cases} \tag{2.41}$$

式中，$a=1$，$b=2$，简单计算后可知 $c=3$，$d=3$，$e=9$，对式（2.41）所示计算求导可得：

$$\begin{cases} \dfrac{\partial c}{\partial a}=1 \\ \dfrac{\partial c}{\partial b}=1 \\ \dfrac{\partial d}{\partial b}=1 \\ \dfrac{\partial e}{\partial c}=d \\ \dfrac{\partial e}{\partial d}=c \\ \dfrac{\partial e}{\partial a}=\dfrac{\partial e}{\partial c}\dfrac{\partial c}{\partial a}=3 \\ \dfrac{\partial e}{\partial b}=\dfrac{\partial e}{\partial c}\dfrac{\partial c}{\partial b}+\dfrac{\partial e}{\partial d}\dfrac{\partial d}{\partial b}=6 \end{cases} \tag{2.42}$$

利用计算图表示上述计算过程及求导结果如图 2.18 所示。

计算图的主要目的是以图形化的方式来表示数学运算过程，以更清晰明了地说明复杂的运算逻辑以及数据的流动轨迹，并且使得深度学习中的反向传播和梯度计算能够更加方便快捷。一般来讲构建计算图主要分为以下几个步骤：

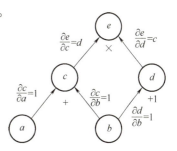

图 2.18　计算图运算示例

1）定义输入数据及其初始值。

2）根据定义的运算逻辑创建响应的节点以及节点之间的边连接关系。

3）从输入节点到输出节点按照计算顺序完成各节点的数据运算。

4）利用计算图前向传播（Forward Propagation）获得输出。

5）根据反向传播（Backward Propagation）利用计算图计算梯度进行参数优化。

鉴于计算图拥有包括易于理解及可视化、反向传播方便等优点，计算图被广泛应用于机器学习，尤其是在涉及梯度计算、优化算法和自动求导等方面，在 PyTorch、TensorFlow、PaddlePaddle 等深度学习框架中都广泛采用了计算图来支持其复杂的运算。

2.3 深度学习框架

从无到有地设计一个深度学习模型无疑会带来很大的收获，但是当需要以大数据集为基础来构建一个深度学习模型时，例如使用深度学习完成图像分类功能，将会成为一个工作量巨大的工程。因此需尽可能地简化复杂和大规模的深度学习模型的实现，这可以借用易于使用的开源深度学习框架来搭建复杂的深度学习模型，使得深度学习模型的设计变得简单化，比如利用深度学习框架，复杂的反向传播算法只需要一行误差反向传播的调用方法程序语句就能完成。

下面将简单介绍几种目前使用较广泛的深度学习框架，不同框架的结构和原理大都相同，但也有各自的特色。百度 PaddlePaddle 是中国首个自主研发、功能完备、开源开放的产业级深度学习平台，虽然起步较晚，但发展速度非常迅速，已有不少的产业化落地应用，相信在未来，PaddlePaddle 会有更好的发展，为我国自主产权的人工智能技术发展奠定更好的基础。

2.3.1 TensorFlow

TensorFlow 是一个采用数据流计算图（Data Flow Graphs），用于数值计算的开源库。TensorFlow最初是由 Google 大脑小组（隶属于 Google 机器智能研究机构）的研究员和工程师们开发出来，用于机器学习和深度神经网络方面的研究，这个系统的通用性使其也可广泛用于其他计算领域。它是谷歌基于 DistBelief 进行研发的第二代人工智能学习系统。2015 年 11 月 9 日，Google 发布人工智能系统 TensorFlow 并宣布开源。TensorFlow 的官方网站为 https：//tensorflow.google.cn/，可以在这些网站中查看 TensorFlow 的各种信息。

其命名来源于本身的原理，Tensor（张量）意味着 N 维数组，张量是矢量概念的推广，标量是零阶张量，矢量是一阶张量，矩阵可以视为二阶张量。Flow（流）意味着基于数据流图的计算。TensorFlow 运行过程就是张量从图的一端流动到另一端的计算过程。张量从图中流过的直观图像是其取名为 "TensorFlow" 的原因。

TensorFlow 包括 tensor（张量）、graph（计算图）、OP（节点）、session（会话）几个重要组件。tensor 用于存放各种数据，如果要完成多个 tensor 之间的计算就需要在 graph 中组织数据关系，而执行计算则需要在 session 会话中调用 run() 方法，使得 tensor 能够按照 graph 设定的数据关系流动，最终得到计算结果。

2.3.2 PyTorch

PyTorch 是一个开源的 Python 机器学习库，是基于 Torch 开发的用于自然语言处理等应用的开源库。PyTorch 可以看作是加入了 GPU 支持的 numpy，同时也可以看成是一个拥有自动求导功能的深度神经网络。PyTorch 的前身是 Torch，其底层和 Torch 框架是一样的，但是使用 Python 重写了很多内容，相对来讲使用更加灵活、内容更加丰富。它是由 Torch7 团队开发。

使用 PyTorch 搭建并训练深度学习模型需要导入需要的库和模块。步骤、流程和 2.3.3 节要讲的百度 PaddlePaddle 基本一致。

2.3.3 PaddlePaddle

百度飞桨（PaddlePaddle）以百度多年的深度学习技术研究和业务应用为基础，集深度学习核心训练和推理框架、基础模型库、端到端开发套件、丰富的工具组件为一体，是中国首个自主研发、功能完备、开源开放的产业级深度学习平台，其基本构成见表 2.4。

表 2.4 PaddlePaddle 基本构成

	飞桨深度学习开源平台			
工具组件	AutoDL 自动化深度学习	PARL 强化学习	PALM 多任务学习	PaddleFL 联邦学习	PGL 图神经网络	Paddle quantum 量子机器学习	PaddleHelix 生物计算
	PaddleHub 预训练模型应用工具		PaddleX 全流程开发工具		VisualDL 可视化分析工具		PaddleCloud 云上任务提交工具
端到端 开发套件	ERNIE 语义理解	PaddleClas 图像分类	PaddleDetection 目标检测	PaddleSeg 图像分割	PaddleOCR 文字识别
	PaddleGAN 生成对抗网络	PLSC 海量类别分类	ElasticCTR 点击率预估	Parakeet 语音合成
基础模型库	PaddleNLP 自然语言处理库	PaddleCV 计算机视觉库	PaddleRec 推荐模型库	PaddleSpeech 语言模型库

飞桨拥有四大优势技术：

1）开发便捷的深度学习框架：飞桨深度学习框架基于编程一致的深度学习计算抽象以及对应的前后端设计，拥有易学易用的前端编程界面和统一高效的内部核心架构，对普通开发者而言更容易上手并具备领先的训练性能。飞桨框架还提供了低代码开发的高层 API，并且高层 API 和基础 API 采用了一体化设计，两者可以互相配合使用，做到高低融合，确保用户可以同时享受开发的便捷性和灵活性。

2）超大规模深度学习模型训练技术：大规模分布式训练是飞桨非常有特色的一个功

能。飞桨突破了超大规模深度学习模型训练技术，领先其他框架实现了千亿稀疏特征、万亿参数、数百节点并行训练的能力，解决了超大规模深度学习模型的在线学习和部署难题。此外，飞桨还覆盖支持包括模型并行、流水线并行在内的广泛并行模式和加速策略，率先推出业内首个通用异构参数服务器模式和4D混合并行策略，引领大规模分布式训练技术的发展趋势。

3）多端多平台部署的高性能推理引擎：飞桨对推理部署提供全方位支持，可以将模型便捷地部署到云端服务器、移动端以及边缘端等不同平台设备上，并拥有全面领先的推理速度，同时兼容其他开源框架训练的模型。飞桨推理引擎广泛支持多种类型的AI芯片，特别是对国产硬件做到了全面的优化适配。

4）产业级开源模型库：基于飞桨框架2.0，官方建设的算法数量达到270+，并且绝大部分模型已升级为动态图模型，包含经过产业实践长期打磨的主流模型以及在国际竞赛中的夺冠模型；提供面向语义理解、图像分类、目标检测、语义分割、文字识别、语音合成等场景的多个端到端开发套件，满足企业低成本开发和快速集成的需求，助力快速的产业应用。

2.4 实践项目：DNN车辆识别项目

无论是图像分类、目标检测还是文字识别，尽管任务不同，但是利用深度学习完成这些任务的基本框架都是相似的，可以归纳为图2.19所示的几部分。

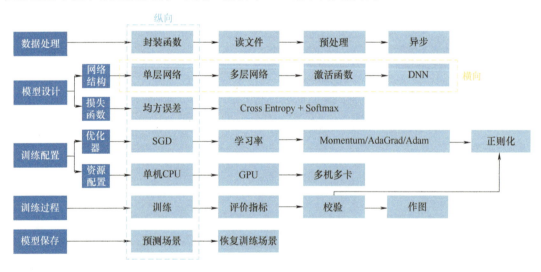

图2.19 深度学习基本框架

1）数据处理：在深度学习任务中，大量的原始数据都需要经过预处理之后才能够被模型应用。一般数据处理包含五个部分：数据导入、数据形状变换、数据集划分、数据归一化处理以及数据封装。其中数据集划分指的是将数据划分为训练集和测试集；训练集用于训练确定模型参数,测试集用于测试评判模型效果。而数据归一化处理指的是对每个特征进行归一化处理,使得每个特征取值范围都在 0~1 之间。归一化处理的好处有两点:一是能使不同参数输出的 loss 是一个较为规则的曲线,学习率就可以设置成统一的值,使得模型训练更高效;二是每个特征的权重大小可以直接代表该特征对预测结果的贡献度。

2)模型设计:在深度学习任务中,最终目标就是训练获得一个模型来完成相关任务,这需要选择适当的神经网络模型架构,因此会涉及选择网络类型、网络层的数量以及它们之间的连接方式,一个合理的模型设计对于深度学习任务的成功与否至关重要。

3)模型训练:这一步的重点在于将数据提供给模型、计算损失函数,并使用优化算法(如梯度下降、Adam 优化等)训练更新模型的参数,训练过程中还需要选择合适的超参数(如学习率、批量大小等)。

4)模型评估和调优:在模型训练完成后,还需要对模型进行评估以了解其性能如何。通常会使用数据处理环节所得测试集来评估模型的准确性、精确度、召回率等指标。如果模型在测试集上效果不佳,则可以重新设计模型,调整模型架构、优化算法或超参数等对模型反复进行迭代优化。

5)模型部署和应用:一旦训练所获的模型各项评价指标都达到既定要求,下一步就是将模型部署到硬件设备或服务器等平台完成实际相关工作。

如何根据图像的视觉内容为图像赋予一个语义类别是图像分类的目标,也是图像检索、图像内容分析以及目标识别等问题的基础。下面利用百度飞桨 PaddlePaddle 框架搭建一个全连接神经网络,对包含不同车辆的图像进行分类。由于项目代码篇幅较长,本节不附项目代码及介绍,读者可以扫码下载或通过链接在 AI Stuido 线上运行,项目代码附有注释,且配套有视频讲解。项目链接为 https://aistudio.baidu.com/projectdetail/3808393?contributionType=1 其中所用数据集分为 3 类:1="汽车",2="摩托车",3="货车",如图 2.20 所示。所有数据来源于 2005 PASCAL 视觉类挑战赛(VOC2005)所使用的数据筛选处理。

图 2.20 车辆图像示例

整个项目的实现包含以下六大步骤:

1. 相关库导入及参数配置

这一部分用于导入后续需要用到的一些第三方库,包括但不限于用于解压缩文件的 zipfile 库、处理数据的 numpy 库、处理图像的 PIL 库、绘制图形的 matplotlib 库以及搭建全连接神经网络模型的 PaddlePaddle 库。

另外还需要定义后续会用到的各种参数，包括但不限于输入图片的尺寸 input_size、图像分类的类别数 class_dim、各种数据集的路径、图像标签字典 label_dict、训练轮数 num_epochs 以及超参数学习率 lr 等。

2. 数据准备

这一部分主要用于处理模型所用数据集，利用 random 库的 shuffle 函数将数据打乱，将原始数据集划分为 9：1 的训练集与验证集，并生成后续网络模型训练能用的数据加载器。

3. 模型配置

本次分类任务使用深度神经网络（DNN）。DNN 是深度学习的基础网络，其网络结构包括输入层、隐藏层（可有多层）、输出层，层与层之间全部采用全连接的方式，如图 2.21 所示。

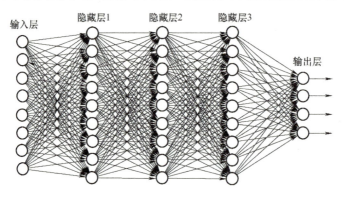

图 2.21　DNN 网络模型示例

4. 模型训练

使用上述建立好的 DNN 模型开始训练，训练采用的损失函数为交叉熵损失函数 paddle.nn.CrossEntropyLoss（），优化器使用 adam 优化器 paddle.optimizer.Adam（），学习率 lr 定为 0.1，每一轮次训练可以将当前轮次的损失值以及准确率打印显示，模型训练完成后保存模型并绘制出损失值和准确率随训练轮次变化的趋势图，如图 2.22 所示。

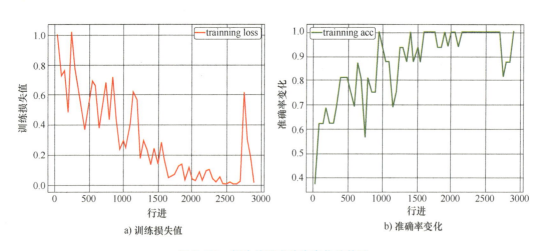

a) 训练损失值　　　　　　　　　　b) 准确率变化

图 2.22　损失值及准确率变化趋势图

5. 模型评估

模型利用训练集数据训练完成后，可以利用与训练集不同的验证集数据来评估模型在验证集上分类预测的准确度。

6. 模型预测

最终的模型是否好用还应考量该模型在其他未参与训练图像数据上的预测准确率，例如使用该模型预测图 2.23 所示图像，结果为汽车：1.00，摩托车：0.00，货车：0.00。预测结果准确，车辆类型后数据为模型预测图像中车辆为该类型车的概率。当然，单张图片结果并不能准确反映出模型的效果，一般会有一个测试集，测试集样本数量和验证集差不多，通过测试集上多样本的测试准确率，可以反映出所建立的 DNN 网络模型的效果。

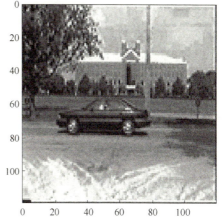

图 2.23 预测图片

2.5 实践项目：基于 DNN 的自动驾驶数据集分类

本实践项目 PaddlePaddle 框架，使用 DNN 模型完成矿区自动驾驶图像分类数据集（mine-classification.zip）的分类。考虑到计算时间和效率，设计的数据集包含矿卡、轿车（皮卡）和其他共三种类别，标签分别是 Mine_truck，Car 和 Others。

定义一个三层的网络模型，其中包含两个大小为 100 的隐藏层和一个大小为 3 的输出层，最后输出的类别有 0~2 一共 3 类，所以最后的输出大小是 3。激活函数选择 Softmax。

微信扫一扫，即可获取项目数据集及代码

```
#动态图定义 DNN 类
class vehicle_dnn (paddle.nn.Layer):
    def __init__(self):
        super (mnist, self).__init__()
        self.fc1 = paddle.fluid.dygraph.Linear (input_dim=28*28, output_dim=100, act='relu')
        self.fc2 = paddle.fluid.dygraph.Linear (input_dim=100, output_dim=100, act='relu')
        self.fc3 = paddle.fluid.dygraph.Linear (input_dim=100, output_dim=10, act="softmax")
    def forward (self, input_):
```

```
        x = fluid.layers.reshape(input_, [input_.shape[0], -1])
        x = self.fc1(x)
        x = self.fc2(x)
        y = self.fc3(x)
        return y
```

(1) 导入必要的包

```
#导入需要的包
importnumpy as np
import paddle as paddle
import paddle.fluid as fluid
from PIL import Image
importmatplotlib.pyplot as plt
import os
from paddle.fluid.dygraph import Linear
```

(2) 根据模型介绍中提到的网络模型来配置网络,并进行模型的训练和评估

```
from paddle.metric import Accuracy
#用 Model 封装模型
model = paddle.Model(vehicle_dnn())
#定义损失函数
optim = paddle.optimizer.Adam(learning_rate=0.001,
parameters=model.parameters())
#配置模型
model.prepare(optim, paddle.nn.CrossEntropyLoss(), Accuracy())
#训练保存并验证模型
model.fit(train_dataset, test_dataset, epochs=10, batch_size=64, save_dir='multilayer_perceptron', verbose=1)
```

(3) 查看模型的预测效果

```
#模型预测
result = model.predict(test_dataset, batch_size=1)
#获取测试集的某张图片
test_data0, test_label_0 = test_dataset[280][0], test_dataset[280][1]
test_data0 = test_data0.reshape([28, 28])
plt.figure(figsize=(2, 2))
#展示测试集中的这张图片
```

```
print（plt.imshow（test_data0，cmap=plt.cm.binary））
print（'test_data0 的标签为：' + str（test_label_0））
#打印模型预测的结果
print（'test_data0 预测的数值为:%d' % np.argsort（result［0］［280］）［0］［-1］)
```

可以看到本次在训练类别较少的情况下，基本都有一个准确的预测结果，如图 2.24 所示。

样本ID:2，真实标签:Mine_truck，预测值:Mine_truck
样本ID:5，真实标签:Mine_truck，预测值:Mine_truck
样本ID:33，真实标签:Mine_truck，预测值:Mine_truck
样本ID:55，真实标签:Car，预测值:Car
样本ID:77，真实标签:Car，预测值:Car
样本ID:88，真实标签:Car，预测值:Car
样本ID:92，真实标签:Others，预测值:Others
样本ID:94，真实标签:Others，预测值:Others

图 2.24　预测结果

1. 针对 2.1 节介绍的单层感知器实现分类，分别从需要分类的点的数量、种类数等方面扩大样本量，继续使用单层感知器进行分类，对比分类效果，分析单层感知器的局限性。

2. 针对 2.2.2 介绍的几种激活函数，推导除 Softmax 函数之外每种激活函数的导数公式，并绘制出导数公式的图形，尝试用 Python 语言写出每种激活函数及其导数的实现程序。

3. 针对 2.4 节车辆识别项目，从网络层数、激活函数、损失函数、学习率等方面进行更改对比训练，分析识别效果并找出相对最优的超参数组合。

4. 针对 2.5 节自动驾驶数据集分类实践项目，修改激活函数、损失函数、学习率等进行训练，体验识别效果并找出相对最优的组合尝试增加隐藏层层数，观察结果的不同。

第3章

卷积神经网络理论及实践

全连接神经网络（DNN）相对于单层感知器来讲，可以逼近更复杂的函数，从而解决复杂问题。DNN 中通过引入 Sigmoid 激活函数，能够解决非线性问题，后来 ReLU 激活函数的使用，使得网络层数可以更深，但 DNN 也存在一些问题，仅仅依靠 DNN 自身的超参数优化是不能克服的，所以就有了更先进的卷积神经网络。

3.1 全连接神经网络的问题

根据第 2 章的内容不难发现，无论是用于解决何种问题的全连接神经网络，获得一个全连接神经网络模型的步骤都是基本相似的。如图 3.1 所示，第一步是建立模型，也就是确定这个未知函数的集合；第二步就是设计损失函数，针对不同的任务需要设计出能够完美反映任务完成情况的损失函数。这两步都是需要模型的创建者来选定的，建立模型主要是为了构建出函数集合的基本形态，这组函数内部的参数是可以有很多不同的组合的，而设计损失函数就是为了后续能够准确而快速地确定参数。至于究竟哪组参数能够取得最好的效果，这就是第三步的参数学习，这一步就不是人类来完成的了，而是由机器来进行学习。

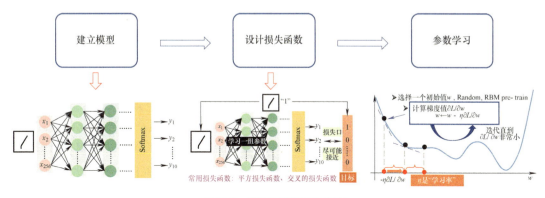

图 3.1　DNN 模型确定步骤

全连接神经网络的关键在于"全连接"，指每一个神经元都与上一层每个神经元的输出相连。全连接神经网络具有网络结构简单、网络组成直观等优点，但是它也具有不可忽视的缺点。从全连接神经网络建立的三个步骤来看，每个步骤都存在着一定的问题，比如参数学习步骤，一般采用的优化方法都是梯度下降法，但是梯度下降法极易导致只能得到局部最优值，而到达不了全局最优。对于此问题，现在也有了很多改进方法，例如随机梯度下降法、动量法等。而对于损失函数设计这一步来讲，损失函数现在常用的有两类：一类是平方差损失函数，常用于回归任务；另一类是交叉熵损失函数，常用于分类任务。这两种损失函数都是根据不同的任务来确定，相对来讲是比较确定的。

在模型建立这一步,存在的问题就较大一些。如图 3.2 所示,以全连接神经网络解决手写数字识别项目为例,全连接神经网络的建立一般都是根据输入来确定需要多少层网络,每一层网络有多少个神经元,类似于搭积木的过程,从下至上,每一层神经元都需要铺满,最终才能得到想要的神经网络模型,这样就会导致神经网络模型的结构不够灵活。假设对一张 16×16 的图片进行分类,那么就需要设计一个包含 256 个神经元的输入层、一个包含 10 个神经元的输出层以及隐藏层。如果想要对 64×64 的图片做相同的分类任务,就只能通过增加每层神经元的个数以及增加网络层数来完成这个任务,这样整个网络的结构就显得不够灵活。

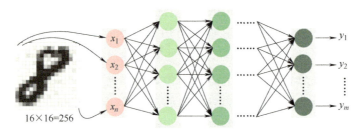

图 3.2　手写数字识别 DNN 网络结构

DNN 模型的第二个问题就是参数量过大。仍旧以手写数字识别项目为例,输入为 16×16 的图片,那么输入层就需要有 256 个神经元,数字总共有 10 个,则输出层就需要有 10 个神经元,假设隐藏层每层有 1000 个神经元,共有 3 个隐藏层,那么需要学习的参数就有 $256×10^3+10^3×10^3+10^3×10^3+10^3×10$ 个偏置 w 再加上 1000+1000+1000+10 个权重 b,总计 2269010 个参数,这仅仅只是一个简单网络针对小输入所需要计算的参数量。倘若输入的图片大小为 128×128 甚至更大,网络的层数为 10 层乃至更多,那么就会造成参数量过大,甚至发生参数爆炸的问题。这是由于全连接神经网络每个神经元都与上一层所有神经元都连接导致的,这种连接方式会使得参数量随着网络规模的增大呈现指数级的增长。如果参数规模过大,将会使得整个网络模型的训练过程都变得更加复杂、更加消耗时间,也因此造成对计算资源以及计算机内存的要求极高。

全连接神经网络参数量巨大,容易带来参数量爆炸的问题,也使得全连接神经网络模型的自由度增加。这种较高的自由度使得全连接神经网络极其容易过拟合,从而导致模型泛化能力较差,在训练数据不充分或者有噪声数据存在的情况下,模型就会容易表现出过度的行为。

为了克服全连接神经网络的这些缺点,学者们提出了大量的改进方法,例如稀疏连接、卷积神经网络、循环神经网络、注意力机制等,这些改进方法都可以有效地减少神经网络参数量,进而增强神经网络的表达能力。

3.2 卷积神经网络理论基础

3.2.1 卷积神经网络基本结构

卷积神经网络（Convolutional Neural Networks，CNN），是一类包含卷积计算并且具有深度结构的神经网络，是深度学习领域最具代表性的算法之一，常用于处理计算机视觉和图像处理任务。卷积神经网络具有表征学习的能力，能够按照其层级结构对输入的信息进行平移不变分类，可以进行监督学习和非监督学习，隐藏层的卷积核参数共享以及层间连接的稀疏特性都使得卷积神经网络能够以比较小的计算量对格点化的特征（比如图像像素点）进行特征学习、分析等。

图 3.3 所示为卷积神经网络的基本结构，包括卷积层、池化层、全连接层以及输出层。从卷积神经网络的整体架构来讲，卷积神经网络是一种多层神经网络，其隐藏层中的卷积层和池化层是实现卷积神经网络特征提取功能的核心，整个网络模型同样可通过参数优化方法最小化损失函数的方式对网络中的权重参数进行逐层反向调节，通过大量的迭代训练来提高整个网络模型的精度。全连接层的输入就是由卷积层和池化层提取到的特征。而最后一层则一般来讲是一个分类器，可以使用逻辑回归、Softmax 甚至支持向量机等来对输入实现分类。

图 3.3 卷积神经网络基本结构

相较于全连接神经网络，卷积神经网络的主要特征就是参数量大大减少。其主要原因就在于卷积神经网络具备三大特点——局部连接、权重共享、下采样。提到局部连接，就必须了解局部感受野（Local Receptive Fields）的概念。感受野指的是神经网络中每一层输出特征图（Featuremap）上的像素点映射回输入图像上的对应区域。对于全连接神经网络来讲，神经网络往往会将输入图像上的每一个像素点都连接到每一个神经元上，每个神经元对应的感受野大小就是整个输入图像的大小。但是卷积神经网络则不一样，卷积神经网络中的每一个隐藏层的节点，也就是每一个隐藏层的神经元都只会连接到图像中的局部区域。如图 3.4 所示，对于一张 640×480 的输入图像，如果用全连接的方式，那么感受野的大小就是 640×480，而对应需要更新的参数就会有 640×480 = 307200 个；如果采用局部连接的方式，每次连接只取一小块 16×16 的区域，那么所需要更新的参数就只有 256 个了，当然能够用局部连接的方式进行处理的原因在于，在进行图像识别的时候，不需要对整个图像都进行处理，一张图像中会有很大一部分区域是无用或者说用处很小的，实际上需要关注的仅仅只是图像中包含关键特征的某些特殊区域，如图3.4中，通过猫鼻子这一块区域就能识别出图片中是猫。

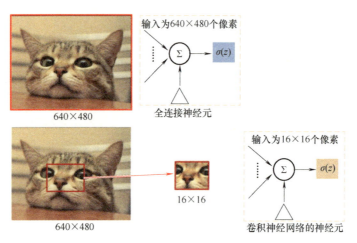

图 3.4　局部连接

当然，仅仅靠局部连接减少参数还不够，在卷积神经网络中还采用了权重共享（Shared Weights），如图3.5所示。对于每个神经元来讲，其连接的区域比较小，因此采用多个神经元分别连接一个小区域。合在一起就能够覆盖比较大的区域了。而每个神经元连接的区域基本都是不同的，但是每个神经元的权重参数都设置成一样，这样就可以使用尽可能少的参数覆盖尽可能多的图像区域。

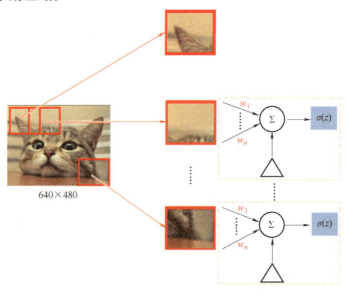

图 3.5　权重共享

第三种减少参数量的方法是下采样，形象地理解，下采样就是将图像缩小，如图3.6所示。对图像进行下采样操作并不会对图像中的物体进行实质性的改变，尽管下采样之后的图像尺寸变小了，但是并不会影响度图像中物体的识别。目前使用比较广泛的下采样方式有两种：一种是使用步长（stride）大于1的池化（pooling）；另一种是使用步长（stride）大于1的卷积（convolution）。池化实际上提供的是一种非线性变换，池化所提供的非线性变换是固定的，是不可学习的，可以看作是一种先验运算，而这种非线性变换也可以通过一定深度的卷积来实现。当卷积神经网络比较小、网络比较浅的时候，使用池化进行下采样效果可能会更好，而当网络比较深的时候，使用多层叠加的卷积来进行下采样可以学习到池化下采样所提供的非线性变换，甚至能够通过不断的训练学习到比池化更好的非线性变换，因此在网络比较深的时候使用多层卷积来替代池化进行下采样效果可能会更好。

图3.6　下采样

3.2.2　卷积层

卷积层可以说是卷积神经网络最重要的一个部分，也是"卷积神经网络"名称的由来。卷积操作其实就是为了实现3.2.1节中所提到的局部连接和权重共享，如图3.7所示，用类似全连接神经网络的结构实例来理解卷积。

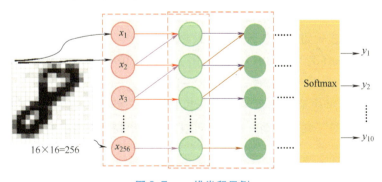

图3.7　一维卷积示例

对于16×16的输入图像来讲，假设使用全连接网络来进行处理，则隐藏层中每一个神经元需要与图像中的每一个像素点进行连接，因此每一个神经元就需要256个参数。而如果使用卷积神经网络进行处理，卷积核的大小设为2×1，一个卷积核就相当于是一个神经元，那么每一个神经元只需要与两个输入信号相连，意味着每个神经元只需要更新两个参数，这就是局部连接。再利用权重共享的思想，将这一隐藏层中每个神经元的两个权重参数都设置为相同的值，那么整个这一层所有的神经元模型是一样的，一个隐藏层就只需要更新两个参数。而这一个隐藏层的计算就可以看作是只有一个神经元从上到下、从左到右在输入图像上进行滚动，每次滚动与两个输入信号进行连接计算。在图 3.7 中，第一个隐藏层中的神经元先与 x_1、x_2 进行一次计算，将计算结果传至下一层，然后再以相同的模型参数与 x_2、x_3 进行计算并将结果传至下一层，以此类推，用同一个神经元将输入信号滚动遍历一遍，这就是一次卷积计算。

图 3.7 所示例子实际上是一种一维卷积，在图像处理领域，常用的是二维卷积，例如图像处理中的平滑、锐化等都采用了二维卷积操作。无论是一维卷积还是二维卷积，本质上来讲都可以看作是以卷积核为滑动窗口不断在输入图像上进行滚动。

卷积是数学分析中的一种积分变换的方法，在图像处理中采用的是卷积的离散形式。卷积神经网络中卷积层的实现方式实际上是数学中定义的互相关（cross-correlation）运算。二维卷积计算方式示例如图 3.8 所示。

图 3.8 二维卷积示例

假设输入特征图层大小为 6×6，卷积核大小为 3×3。卷积核（kernel）也叫滤波器（filter），假设卷积核的宽和高分别为 w 和 h，则称为 $w×h$ 卷积。图 3.8 中所示卷积核大小为 3×3，即为 3×3 卷积。计算时先从输入特征图层的左上角取与卷积核对应的 3×3 大小的区域，与卷积核按照对应位置进行各元素先相乘再累加

$$\text{output}(0,0) = 10×1+10×2+10×1+10×0+10×0+10×0+10×(-1)+ \\ 10×(-2)+10×(-1) = 0 \tag{3.1}$$

得到的结果就是对应输出图层中左上角位置的值，然后将卷积核看作是一个滑动窗口，从左到右、从上往下每次滑动一格，就可以得到输出特征图层的所有值。这里卷积核的滑动距离取决于卷积步长（stride）的大小。一张 6×6 大小的输入图层经过 3×3 大小的卷积核以 stride=1、padding=0 的卷积步长进行卷积计算后得到一张 4×4 大小的特征图层。特征图层参数量变化的计算公式为

$$c = \frac{(r-k+2×p)}{s} + 1 \tag{3.2}$$

式中，c 为输出特征图层大小；r 为输入特征图层大小；k 为卷积核大小；p 为填充大小 padding；s 为卷积步长 stride。在卷积神经网络的构建设计中，每一层卷积层可以包含多个卷积

核，每一个卷积核最终卷积计算输出结果可以看作为提取出了输入图层的一种特征，因此，一个卷积层就可以提取多个特征。

相较于全连接神经网络中以单层感知器为基础的计算，卷积是一种全新的计算方式，但是实际上也是与神经网络结构密切相关的。如图 3.9 所示，左侧为卷积计算过程，右侧为局部连接与权重共享结构。假设输入特征图层为 3×3，输入信号从左到右从上到下依次为 1、2、3、4、5、6、7、8、9，对应右侧神经网络中的 9 个输入信号；假设卷积核大小为 2×2，含有 4 个权重参数分别为 w_1、w_2、w_3、w_4，对应右侧神经网络中隐藏层的神经元。比如卷积核与输入特征图层左上角 2×2 大小区域进行卷积连接，也就是右侧 1、2、4、5 输入信号与第一个神经元进行连接。左侧卷积核进行滚动计算对应右侧不同神经元与不同输入特征信号之间进行连接，只不过隐藏层中所有神经元的权重参数是相同的。至此，卷积与神经网络中的局部连接、权重共享便一一对应起来了。

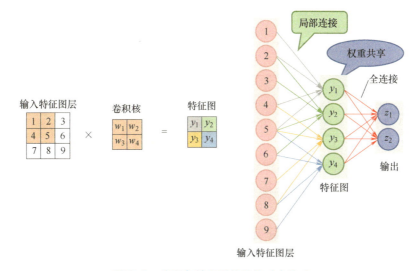

图 3.9　卷积与神经网络结构对应关系

如图 3.9 所示，从输入特征图层经过 2×2 卷积计算到特征图只需要学习卷积核中的 4 个卷积参数，假设换成全连接神经网络，9 个输入信号、4 个神经元，则需要更新 36 个参数，很明显卷积大大减少了神经网络模型需要学习更新的参数量，实际上仅仅只是减少参数量还没有完全体现出卷积操作的优势所在。而经过卷积操作之后，参数量固然大大降低，但是这也意味着整个模型所能模拟的函数空间也相应变小，可以选择与真实函数模型进行对比的函数也就变少了，那么怎样才能使得卷积网络的模型不会过于简洁以致无法完全模拟真实函数模型？

从另一个角度来讲，一个卷积核实际上仅仅相当于提取了输入特征图层中的一个特征，但是一个图层显然不止一个特征，那么如何利用卷积核来提取到更多的特征呢？一个很明显的解决办法就是使用多个卷积核进行计算，也就是多核卷积。

如图 3.10 所示，在实际应用中，可以通过使用多个卷积核对输入特征图层同时进行卷积运算达到提取其中多个特征甚至提取出更复杂特征的目的。例如，对于图中 3×3 的输入特征图层，如果想要提取出图层中的 3 个特征，那么卷积层就需要设置 3 个卷积核，如果 3 个卷积核的大小都为 2×2，卷积步长（stride）都为 1，那么总共需要学习更新 4×3 = 12 个参数，可以获得 3 个包含着对应特征信息的大小为 4×4 的特征图，这就是多核卷积。

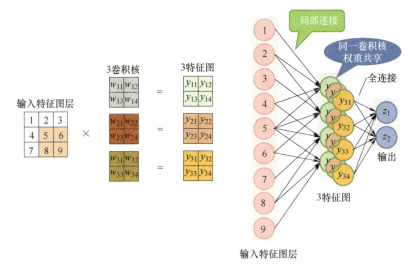

图 3.10　多核卷积

此时，经过卷积层的多核卷积可以得到多个特征图，那下一层卷积层如何对这多个特征图进行计算呢？又或者，使用卷积神经网络进行图像处理，而现在大多数图像都是彩色图像，也就是大多数都是 RGB 三通道图像，每一层图像都对应一个特征图，此时又该如何使用卷积来处理多通道图像呢？

既然输入特征图层可以有多个通道，那么卷积核能不能也有多个通道呢？答案显然是可以的，假设经过图 3.10 的卷积计算得到了 3 个 3×3 的特征图，此时可以将其看作是一个具有三个通道的特征图，大小为 3×3×3。此时，假设有 3 个二维卷积核，每个卷积核的大小都为 2×2，这 3 个卷积核也可以看作是一个具有 3 个通道的卷积核，卷积核的大小就变为了 3×2×2，也就是由 3 个二维卷积核变成了一个三维立方体形式的卷积核，也称为卷积核立方体。

如图 3.11 所示，每一个通道的二维卷积核对应一个通道的特征图，计算方式与多核卷积的计算方式一样，首先每个通道的卷积核分别与对应通道特征图进行卷积计算，最后再将多个通道的卷积计算结果累加得到最终输出特征图，式（3.3）为特征图中 h_1 的计算公式，用同样的方法可以求出特征图中其他三个元素的值。

$$h_1 = k_{11} \times y_{11} + k_{12} \times y_{12} + k_{13} \times y_{14} + k_{14} \times y_{15} + k_{21} \times y_{21} + k_{22} \times y_{22} + k_{23} \times y_{24} + k_{24} \times y_{25} + \\ k_{31} \times y_{31} + k_{32} \times y_{32} + k_{33} \times y_{34} + k_{34} \times y_{35} \tag{3.3}$$

在实际应用中，输入图像一般都是多通道图像，例如 RGB 三通道或者 HSV 通道，因此需要使用多通道卷积；而一张图像不可能只有一个特征，一般都需要尽可能多且完整地提取出图像中的特征，因此也需要使用多核卷积。综上，在实际卷积神经网络应用中，常常多通

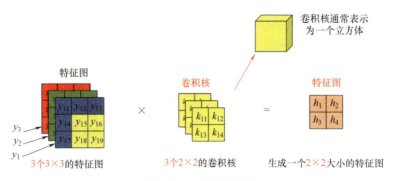

图 3.11　多通道卷积

道卷积与多核卷积共同进行,也被称为多通道多核卷积,如图 3.12 所示。

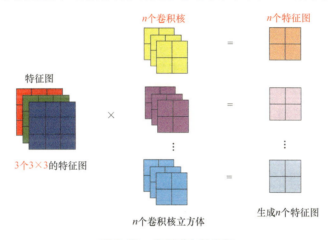

图 3.12　多通道多核卷积

3.2.3　池化层

池化层(pooling)又叫下采样层,目的是压缩数据,降低数据维度。常用的池化方式主要有两种:一种是最大池化(max pooling);另一种是平均池化(average pooling)。

如图 3.13 所示,经过卷积计算之后获得一张特征图,特征图中左上角的 2×2 的四个值实际上表示的是输入图像中的左上角 4×4 的区域,其中的一个值代表的是输入图像中的一个 3×3 的区域,这就是卷积计算后特征图中一个元素的感受野大小。而下采样就是对特征图的一个 2×2 区域进行,如以最大池化的方式进行下采样,就只保留这个 2×2 区域中四个值当中的最大值;而如以平均池化的方式进行下采样,则是保留这四个值的平均值。最大池化(max pooling)对于图像处理来讲相当于将图像中最突出、最显著的特征保留下来;平均池化(average pooling)则相当于对图像中相邻特征之间的差别进行模糊处理。这两种池化方式各有各的优势,适用不同的场景,具体应用需要视实际情况而定。经过池化操作之后,原特征图就由 4×4 变成了一张 2×2,在这个 2×2 的特征图中,左上角 40 这个值对应的是原特征图中左上角的四个值,也就是说这一个值就可以代表原特征图中的四个值,而对应输入图像中的则是一个 4×4 的区域。

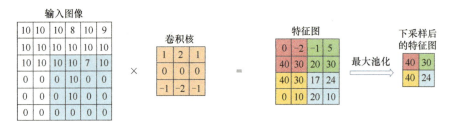

图 3.13　池化

在经过最大池化之后,特征图中的一个值的感受野由原来的 3×3 增大至 4×4,这也意味着这一层特征图中的语义信息的力度相较于之前也得到了提高,同样大小的特征图却能够表示更多的信息。

一般来讲,卷积神经网络在做完卷积和池化运算之后一般还会接一个全连接层。全连接层的主要作用是将卷积层输出的二维矩阵特征图拉伸转化为一个一维向量再将其输入到最后诸如 Softmax 或 tanh 等激励层获得结果。

3.3　典型的卷积神经网络模型

3.3.1　LeNet

LeNet 是 Yann LeCun 于 1989 年提出的一种用于手写数字识别的神经网络,可以说是卷积神经网络的基石,之后的多种卷积神经网路结构都是在 LeNet 的基础上改进演变而来。因此 Yann LeCun 也被称为"卷积之父"。

图 3.14 所示为 LeNet 的结构示例,LeNet 又称 LeNet-5,LeNet 网络总共有 8 层,包括 1 个输入层、3 个卷积层、2 个池化层、1 个全连接层以及 1 个输出层。在图中用 C 表示卷积层,用 S 表示下采样层(也就是池化层),用 F 表示全连接层。

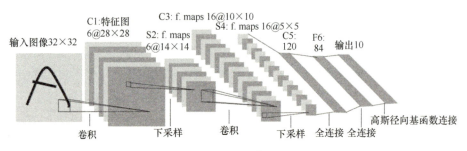

图 3.14　LeNet 典型结构

输入层输入图片大小为 32×32，实际上，在 LeNet 应用于手写数字图像时，数字仅为图像中间 28×28 的范围区域，图像周围区域为填充效果，且该输入图像仅为黑白图像。

C1 层为卷积层，由 6 个卷积核构成，卷积核大小为 5×5，卷积步长为 1，输入图像经过 C1 层的卷积计算后生成的特征图层大小为 28×28，总共有 6 个特征图层生成，神经元的个数为 6×28×28=4704。6 个卷积核，卷积核大小为 5×5，加上 6 个偏置，共有 6×25+6=156 个参数。

S2 层为池化层，也叫下采样层，在 LeNet 中采用最大池化（max_pool），池化核大小为 2×2，池化步长为 2，经过池化层下采样后生成 6 个 14×14 大小的特征图。一般池化层是没有参数的，但在 LeNet 中，采用平均池化后，均值乘上一个权重参数加上一个偏置参数作为激活函数的输入，激活函数的输出即是节点的值，每个特征图的权重和偏置值都是一样的，所以 S2 池化层也有 6×2=12 个参数。

C3 层为卷积层，共有 60 个 5×5 大小的卷积核，输出为 16 个 10×10 的特征图，C3 跟 S2 并不是全连接的，具体连接方式见表 3.1，表中第一行为 C3 层 16 个特征图的编号，第一列是 S2 层 6 个特征图的编号，表格中有"X"的表示相应层有连接关系，否则就没有连接关系。加上每个特征图的偏置，C3 层共有 60×25+16=1516 个参数。

表 3.1　LeNet-5 的 S2 到 C3 层的连接方式

	0	1	2	3	4	5	6	7	8	9	10	11	12	13	14	15
0	X				X	X	X			X	X	X	X		X	X
1	X	X				X	X	X			X	X	X	X		X
2	X	X	X				X	X	X			X		X	X	X
3		X	X	X			X	X	X	X			X		X	X
4			X	X	X			X	X	X	X		X	X		X
5				X	X	X			X	X	X	X		X	X	X

S4 层为池化层，池化核大小仍为 2×2，池化方式为最大池化，池化步长为 2，经过池化后输出为 16 个 5×5 的特征图。S4 层和 S2 层一样的池化操作，共有 16×2=32 个参数。

C5 层为卷积层，卷积核大小仍为 5×5，但是卷积核数量增加至 120 个，卷积步长为 1，最终输出 120 个 1×1 的特征图。在此处，C5 层作为卷积层，实际上与全连接层非常相似，但其本质上为卷积层，此处输出为 1×1 仅是因为输入图像大小导致，倘若将输入图像尺寸增大，本层输出特征图的大小也会相应变化，不再是 1×1，便会体现出与全连接层的区别。S4 和 C5 的所有特征图之间全部相连，有 120×16=1920 个卷积核，每个卷积核大小为 5×5，加上 120 个偏置，共有 1920×25+120=48120 个参数。

F6 层为全连接层，与 C5 层输出的 120 个特征图进行全连接，输出为含有 84 个元素的一维向量，共有（120+1）×84=10164 个参数。

输出层由 10 个欧式径向基函数构成（现在已经变为 Softmax 函数），分别对应 0~9 这 10 个数字类别，每个类别对应一个径向基函数单元，每个单元的输入为 F6 层输出的 84 个向量。每个径向基函数单元分别计算输入与该类别标记向量之间的欧式距离，将距离最近的类别作为手写数字识别的输出结果。共有（84+1)×10 = 850 个参数。

表 3.2 总结了 LeNet-5 各层的激活值尺寸维度、神经元数量和每层参数数量。从第二列可以看出，随着神经网络的加深，激活值尺寸会逐渐变小。但是，如果激活值尺寸下降得太快，会影响神经网络的性能。卷积层的参数相对较少，大量的参数都存在于全连接层；一般池化操作是没有参数的，LeNet-5 中在池化层整体增加了权重参数和偏置。

表 3.2　LeNet-5 的网络总体情况

LeNet-5 网络层	每层激活值的维度 （Activation Shape）	每层神经元数量 （Activation Unit Size）	每层参数数量 （Parameters）
输入层	(32, 32, 1)	1024	
C1 层	(28, 28, 6)	4704	(5×5×1+1)×6 = 156
S2 层	(14, 14, 6)	1176	2×6 = 12
C3 层	(10, 10, 16)	1600	60×25+16 = 1516
S4 层	(5, 5, 16)	400	2×16 = 32
C5 层	(120, 1)	120	(400+1)×120 = 48120
F6 层	(84, 1)	84	(120+1)×84 = 10164
输出层	(10, 1)	10	(84+1)×10 = 850

3.3.2　AlexNet

AlexNet 由多伦多大学的 Alex Krizhevsky 等人于 2012 年提出，AlexNet 在 LeNet 的基础上提出了一些创新之处，使得网络的能力更加强大，取得了当年的 ImageNet 大规模视觉识别竞赛冠军，自此将深度学习模型在 ImageNet 比赛中的准确率提升至一个全新的高度，也掀起了深度学习的又一次狂潮。

ImageNet 是由李飞飞团队创建的一个用于图像识别的大型图像数据库，包含了超过 1400 万张带标签的图像。自 2010 年以来，ImageNet 每年举办一次图像分类和物体检测的大赛（ImageNet Large Scale Visual Recognition Challenge，ILSVRC），图像分类比赛中有 1000 个不同类别的图像，每个类别都有 300~1000 张不同来源的图像。自从该竞赛举办以来，业界便将其视为标准数据集，后续很多优秀的神经网络结构都在比赛中产生。相较于 LeNet 用于处理的手写数字识别问题，ImageNet 图像分类很明显数据量更加庞大，任务难度提升巨大，因此要求神经网络的性能也就更加强大。

图 3.15 所示为 AlexNet 的网络结构，包括 5 个卷积层、3 个全连接层、3 个池化层、以及 2 个丢弃（Dropout）层。

相较于 LeNet，AlexNet 的结构明显变得更加复杂，需要计算的参数量也更加庞大，共有大约 65 万个神经元以及 6 千万个参数。

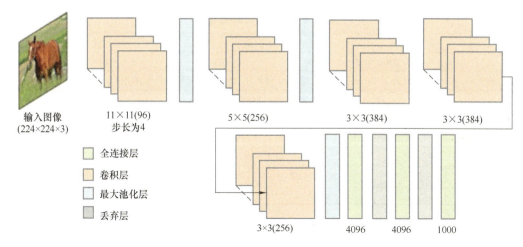

图 3.15　AlexNet 网络结构

AlexNet 相较于之前的网络，有如下创新点：

1）使用了两种数据增强方法：镜像加随机剪裁和改变训练样本 RGB 通道的强度值。通过使用数据增强方法能够从数据集方面增加多样性，从而增强网络的泛化能力。

2）激活函数使用 ReLU 函数，相较于 sigmoid、tanh 等函数，ReLU 在梯度下降计算的时候会比它们的速度更快。而且 ReLU 函数会使部分神经元的输出为 0，可以提高网络的稀疏性，并且减少参数之间的相关性，也可以一定程度上减少网络的过拟合。

3）使用局部响应归一化对局部神经元创建竞争机制，使得响应较大的值更大，响应较小的神经元受到抑制，增强模型泛化能力。

4）引入 Dropout，对于一层的神经元，按照定义的概率将部分神经元输出置零，即该神经元不参与前向及后向传播，同时也保证输入层与输出层的神经元个数不变。从另一种角度看，由于 Dropout 是随机置零部分神经元，因此也可以看成是不同模型之间的组合，可以有效地防止模型过拟合。

3.3.3　VGGNet

VGGNet 是 2014 年 ILSVRC 分类任务比赛的亚军，是由 Simonyan 等人在 AlexNet 的基础上针对 AlexNet 进行改进提出的卷积神经网络。VGGNet 的结构与 AlexNet 的结构极其相似，区别在于其网络深度更深，并且基本采用 3×3 的小卷积核，因此从形式上看更加简单。原作者通过对比不同深度的网络在图像分类中的性能证明了卷积神经网络的深度提升有利于提高图像分类的准确率，但是深度加深不能没有限制，当神经网络的深度加深到一定程度后继续加深网络会导致网络性能的退化。因此，经过对比，VGGNet 的深度最终被确定在了 16~19 层。表 3.3 给出了原作者在论文中提出的几种网络结构。

表 3.3　典型 VGGNet 结构

输入图像					
A	A-LRN	B	C	D	E
11 层	11 层	13 层	16 层	16 层	19 层
输入图像（224×224×3 RGB 图像）					
conv3-64	conv3-64 LRN	conv3-64 conv3-64	conv3-64 conv3-64	conv3-64 conv3-64	conv3-64 conv3-64
最大池化					
conv3-128	conv3-128	conv3-128 conv3-128	conv3-128 conv3-128	conv3-128 conv3-128	conv3-128 conv3-128
最大池化					
conv3-256 conv3-256	conv3-256 conv3-256	conv3-256 conv3-256	conv3-256 conv3-256 conv1-256	conv3-256 conv3-256 conv3-256	conv3-256 conv3-256 conv3-256 conv3-256
最大池化					
conv3-512 conv3-512	conv3-512 conv3-512	conv3-512 conv3-512	conv3-512 conv3-512 conv1-512	conv3-512 conv3-512 conv3-512	conv3-512 conv3-512 conv3-512 conv3-512
最大池化					
conv3-512 conv3-512	conv3-512 conv3-512	conv3-512 conv3-512	conv3-512 conv3-512 conv1-512	conv3-512 conv3-512 conv3-512	conv3-512 conv3-512 conv3-512 conv3-512
最大池化					
FC-4096					
FC-4096					
FC-4096					
Softmax					

以上六种网络结构相似，都是由 5 层卷积层加上 3 层全连接层组成，区别在于每层卷积的子卷积层数量和卷积核大小不一样，从 A 到 E 类型网络，网络层数由 11 层逐渐增加至 19 层。表格中 conv3-64 表示 64 个卷积核大小为 3×3 的卷积层，大卷积层之间由最大池化（maxpool）隔开，FC-4096 表示由 4096 个神经元构成的全连接层，最终输出层为 Softmax 层。在这六种网络中，D 为著名的 VGG16，E 为 VGG19。

图 3.16 所示为最经典的 VGG16 网络结构，VGG16 总共包含 16 个子层，VGG16 的输入层为 224×224×3 的三通道 RGB 图像，第 1 层卷积层由 2 个 conv3-64 组成，第 2 层卷积层由 2 个 conv3-128 组成，第 3 层卷积层由 3 个 conv3-256 组成，第 4 层卷积层由 3 个 conv3-512 组成，第 5 层卷积层由 3 个 conv3-512 组成，然后是 2 个 FC-4096 的全连接层，1 个 FC-1000 的全连接层，总共 16 层。

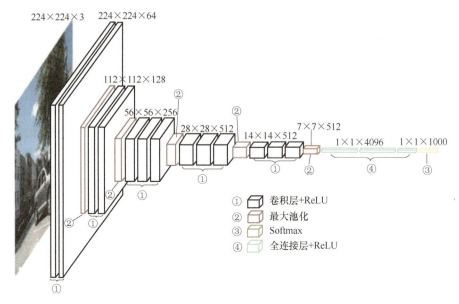

图 3.16　VGG16 网络结构

VGGNet 的一个重要特点是小卷积核。在 AlexNet 中,采用的卷积核相对都比较大,例如 7×7 的卷积核,但是在 VGGNet 中采用 3×3 的小卷积核来进行卷积计算,同时增加卷积层的层数来使得网络性能不会下降。使用多个小卷积核可以等效替代大卷积核,例如用 3 个 3×3 的卷积核,其感受野大小就与一个 7×7 的卷积核的感受野大小相等。但是使用小卷积核却会带来一些好处:

1) 可以大幅度减小模型的参数量,例如使用 2 个 3×3 的卷积核来替代一个 5×5 的卷积核,对于 5×5 的卷积核,其参数量为 5×5=25,而两个 3×3 的卷积核的参数量为 2×3×3=18,仅为前者的 72%。

2) 可以增加卷积层数,而由于每个卷积层中都含有一个非线性激活函数,因此可以增加网络的非线性,模型中使用 1×1 的卷积核也可以在不改变模型感受野的情况下增加模型的非线性。

此外,由于 VGGNet 模型的通道数更多,而每一个通道就代表着一个特征图,因此通道数量的增加就意味着网络模型能够获取到更多的图像特征,能够获取到更丰富的图像信息。

3.3.4　GoogleNet

VGGNet 获得了 2014 年的 ILSVRC 分类比赛的亚军,而获得当年分类任务比赛冠军的则是 GoogleNet。GoogleNet 的参数量仅为 AlexNet 的 1/12,但是分类精度却比 AlexNet 高得多。在 ILSVRC 分类任务中,GoogleNet 使用 7 个模型集成,每张图片用 144 个随机裁剪的方法进行处理,达到了比 VGGNet 更高的分类精度,但 7 个模型总的参数量依然小于 VGGNet。

与 VGGNet 模型相比较,GoogleNet 模型的网络更深,如果只计算有参数的网络层,

GoogleNet 网络有 22 层,如果加上池化层的话则有 27 层,并且在网络架构中引入了 Inception 单元,从而进一步地提升了模型整体的性能。虽然 GoogleNet 的深度达到了 22 层,但参数量却比 AlexNet 和 VGGNet 小得多,GoogleNet 参数总量约为 500 万个,而 VGG16 参数约为 1.38 亿个,是 GoogleNet 的 27 倍多。这归功于 Google 团队提出了 Inception 模块。

Inception 的思想就是把多个卷积或池化操作,放在一起组装成一个网络模块,设计神经网络时以模块为单位去组装整个网络。图 3.17 所示为 Inception 模块最初的版本,其基本组成结构包含 4 个部分:1×1 卷积、3×3 卷积、5×5 卷积以及 3×3 最大池化。分别经过这四个部分计算之后的结果,然后组合得到最终的输出。这就是 Naive Inception(Inception 最初版本),它的核心思想就是利用不同大小的卷积核实现不同尺度上的感知,获取不同的图像信息,最后再进行信息之间的融合,以便能够获得图像更好的特征,通过多措并举出实招,达到多管齐下求实效。

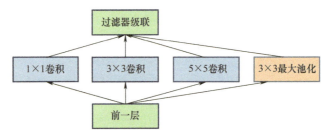

图 3.17 Inception 最初版本

但是,Naive Inception 模块有两个问题:首先,所有卷积层直接和前一层输入的数据对接会造成卷积层中的计算量很大;第二,在这个模块中使用的最大池化层保留了输入数据的特征图的深度,所以在最后进行合并时,总的输出的特征图的深度只会增加,这样就增加了该模块之后的网络结构的计算量。因此,为了减少参数量以及减少计算量,Google 团队提出了在 GoogleNet 模型中使用的 Inception V1 模块,其结构如图 3.18 所示。

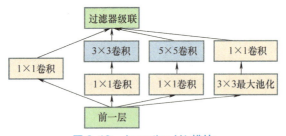

图 3.18 Inception V1 模块

相较于 Naive Inception 模块,Inception V1 模块加入了 3 个 1×1 卷积,其主要目的在于压缩降维、减少参数量,从而让整个网络更深、更宽、更好地提取图像特征,同时由于增加的 1×1 卷积也会有非线性激活函数,因此也提升了网络模型的表达能力。

GoogleNet 的网络模型就是利用 Inception V1 模块搭建起来的,如图 3.19(见文末插页)所示,总共有 22 层深,如果包括池化层,则总共有 27 层深。在进入分类器之前,采用平均池化（Average Pooling）来代替全连接层，而在平均池化之后，还是添加了一个全连接层，是为了能够在最后对网络模型做微调。由于全连接网络参数多，计算量大，容易过拟合，因此 GoogleNet 没有采用 VGGNet、LeNet、AlexNet 中都有的三层全连接层，而是直接在 Inception 模块之后使用 Average Pool 和 Dropout 方法，不仅起到了降维作用，还在一定程度上防止了过拟合。

此外，GoogleNet 网络中还有两个用于前向传导梯度的 Softmax 函数，也就是辅助分类器，主要是为了避免梯度消失。这两个辅助分类器只在训练时使用，是为了网络模型的训练能够更稳定，能够收敛得更快，但是在模型进行预测时则会去掉这两个辅助分类器。

除了上述模型所用到的 Inception V1 模块，Google 团队之后还提出了 Inception V2 模块以及 Inception V3 模块等，分别如图 3.20 和图 3.21 所示。

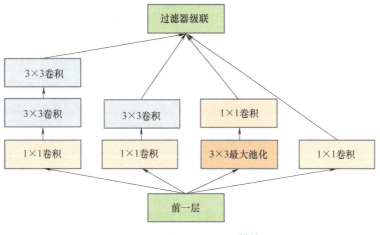

图 3.20　Inception V2 模块

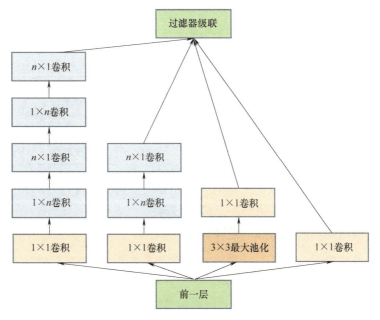

图 3.21　Inception V3 模块

3.3.5 ResNet

无论是 VGGNet 还是 GoogleNet，都通过增加网络深度使得网络获得了性能上的巨大成功。但是事实上，并不能简单地通过在深度上堆叠网络来达到获得性能更好的网络模型的目的，其原因有二：一是增加网络深度会带来梯度消失和梯度爆炸的问题，当然这可以通过归一化处理和 Batch Normalization 得到很大程度的解决；二是退化问题，如图 3.22 所示，即随着网络深度增加，精度达到饱和，继续增加深度，反而会导致精度快速下降，误差增大。56 层神经网络的表现明显要比 20 层的差，这说明更深的网络在训练过程中的难度更大，因此何恺明提出了 ResNet 残差网络来解决这个问题。

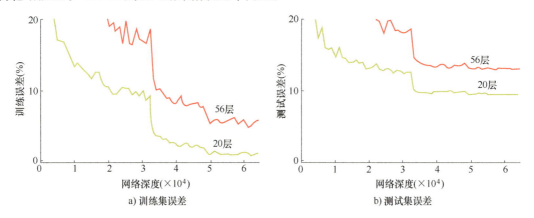

图 3.22　56 层和 20 层网络误差比较

残差网络依旧保留其他神经网络的非线性层的输出 $F(x)$，但从输入直接引入一个跳转连接到非线性层的输出上，使得整个映射变为

$$H(x) = F(x) + x \tqquad (3.4)$$

这就是残差网路的核心公式，换句话说，残差是网络搭建的一种操作，任何使用了这种操作的网络都可以称之为残差网络。一个具体的残差模块的定义如图 3.23 所示，一个残差模块有 2 条路径 $F(x)$ 和 x：$F(x)$ 路径拟合残差 $H(x) - x$，可称为残差路径，x 路径为恒等映射（identity mapping），称其为 "shortcut"。让特征矩阵隔层相加，需要注意 $F(x)$ 和 x 形状要相同。所谓相加，是特征矩阵相

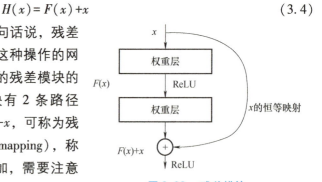

图 3.23　残差模块

同位置上的数字进行相加。在图 3.23 中，⊕为逐元素相加（element-wise addition），所以要求参与运算的 $F(x)$ 和 x 的尺寸必须相同。

可以认为残差网络的原理其实是让模型的内部结构至少有恒等映射的能力，以保证在堆叠网络的过程中，网络至少不会因为继续堆叠而产生退化。

ResNet 就是通过不断堆叠这种残差模块来得到不同层数的网络模型。表 3.4 共提出了 5 种深度的 ResNet，分别是 18、34、50、101 和 152。首先看表最左侧，这些 ResNet 网络都分成 5 部分，分别是：conv1、conv2_ x、conv3_ x、conv4_ x、conv5_ x。

表 3.4 典型的 ResNet

层 名	输出尺寸	18 层	34 层	50 层	101 层	152 层
conv1	112×112	7×7, 64, 步长为 2				
conv2_ x	56×56	3×3 最大池化，步长为 2				
		$\begin{bmatrix}3×3, 64\\3×3, 64\end{bmatrix}×2$	$\begin{bmatrix}3×3, 64\\3×3, 64\end{bmatrix}×3$	$\begin{bmatrix}1×1, 64\\3×3, 64\\1×1, 256\end{bmatrix}×3$	$\begin{bmatrix}1×1, 64\\3×3, 64\\1×1, 256\end{bmatrix}×3$	$\begin{bmatrix}1×1, 64\\3×3, 64\\1×1, 256\end{bmatrix}×3$
conv3_ x	28×28	$\begin{bmatrix}3×3, 128\\3×3, 128\end{bmatrix}×2$	$\begin{bmatrix}3×3, 128\\3×3, 128\end{bmatrix}×4$	$\begin{bmatrix}1×1, 128\\3×3, 128\\1×1, 512\end{bmatrix}×4$	$\begin{bmatrix}1×1, 128\\3×3, 128\\1×1, 512\end{bmatrix}×4$	$\begin{bmatrix}1×1, 128\\3×3, 128\\1×1, 512\end{bmatrix}×8$
conv4_ x	14×14	$\begin{bmatrix}3×3, 256\\3×3, 256\end{bmatrix}×2$	$\begin{bmatrix}3×3, 256\\3×3, 256\end{bmatrix}×6$	$\begin{bmatrix}1×1, 256\\3×3, 256\\1×1, 1024\end{bmatrix}×6$	$\begin{bmatrix}1×1, 256\\3×3, 256\\1×1, 1024\end{bmatrix}×23$	$\begin{bmatrix}1×1, 256\\3×3, 256\\1×1, 1024\end{bmatrix}×36$
conv5_ x	7×7	$\begin{bmatrix}3×3, 512\\3×3, 512\end{bmatrix}×2$	$\begin{bmatrix}3×3, 512\\3×3, 512\end{bmatrix}×3$	$\begin{bmatrix}1×1, 512\\3×3, 512\\1×1, 2048\end{bmatrix}×3$	$\begin{bmatrix}1×1, 512\\3×3, 512\\1×1, 2048\end{bmatrix}×3$	$\begin{bmatrix}1×1, 512\\3×3, 512\\1×1, 2048\end{bmatrix}×3$
	1×1	平均池化，1000-d fc, Softmax				
FLOPs		$1.8×10^9$	$3.6×10^9$	$3.8×10^9$	$7.6×10^9$	$11.3×10^9$

以 101 层为例，首先有个输入 7×7×64 的卷积，然后经过 3+4+23+3 = 33 个 building block，每个 block 为 3 层，所以有 33×3 = 99 层，最后有个 fc 层（用于分类），所以 1+99+1 = 101 层，总共实有 101 层网络。需要注意的是，101 层网络仅仅指卷积或者全连接层，而激活层或者池化层并没有计算在内。

比较 50 层和 101 层，可以发现，它们唯一的不同在于 conv4_ x。ResNet50 有 6 个 block，而 ResNet101 有 23 个 block，相差 17 个 block，也就是 17×3 = 51 层。

ResNet 使用的残差模块有两种结构：一种是两层结构 BasicBlock，如图 3.24a 所示，ResNet18/34 采用的残差块是 BasicBlock；另一种是三层结构 Bottleneck，如图 3.24b 所示。第一层的 1×1 的卷积核的作用是对特征矩阵进行降维操作，将特征矩阵的维度由 256 降为 64；第三层的 1×1 的卷积核是对特征矩阵进行升维操作，将特征矩阵的维度由 64 升成 256。降低特征矩阵的维度主要是为了减少参数的个

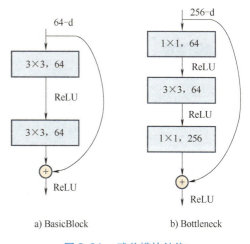

a) BasicBlock   b) Bottleneck

图 3.24 残差模块结构

数。如果采用 BasicBlock，则参数的个数为 256×256×3×3×2 = 1179648；而采用 Bottleneck，参数的个数为 1×1×256×64+3×3×64×64+1×1×256×64 = 69632。先降后升为了主分支上输出的特征矩阵和捷径分支上输出的特征矩阵形状相同，以便进行加法操作。ResNet50/101/152 采用的是 Bottleneck 残差块。

3.4 实践项目：CNN 斑马线检测项目

利用百度飞桨 PaddlePaddle 框架搭建一个卷积神经网络，对包含斑马线的马路和不包含斑马线的马路图像进行分类。数据集中一张图像的样本如图 3.25 所示。

卷积神经网络具体设计流程如图 3.26 所示，大致分为数据处理、模型设计、训练配置、训练过程、模型保存这几个步骤，每个步骤中又包含各自模型不同的小细节。

由于项目代码篇幅较长，本节不附项目代码及介绍，读者可以扫码下载或通过链接在百度 AI Stuido 线上运行，项目代码附有注释，且配套有视频讲解。

项目运行：斑马线检测

https：//aistudio.baidu.com/projectdetail/5107670？contributionType＝1

图 3.25　图像样本示例

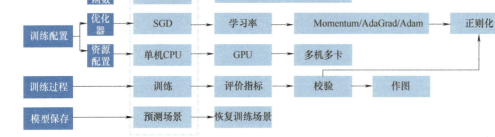

图 3.26　卷积神经网络设计流程

3.5 实践项目：基于残差网络的自动驾驶数据集分类

本项目也是采用矿区自动驾驶图像分类数据集（mine_classification.zip），选择 ResNet50 网络来完成图像分类任务。具体地，ResNet50 的每个残差块都包含两个卷积层和一个残差连接：第一个卷积层用于输入特征图的卷积计算，计算结果将被第二个卷积层再次进行卷积计算，两次卷积结果会相加并进入激活函数处理；残差连接则是跳过卷积计算，将输入特征图加在最后的激活函数前，最后得到新的输出特征图。具体的 ResNet50 网络结构如图 3.27 所示。

微信扫一扫，即可获取项目数据集及代码

图 3.27　ResNet50 网络结构

1）首先构建图像-标签对生成函数，遍历图像数据集，生成相应标签文件用于后续训练。

```
#标注生成函数
def generate_annotation(mode):
    # 建立标注文件
    with open('{}/{}.txt'.format(DATA_ROOT,mode),'w') as f:
        # 对应每个用途的数据文件夹,train/valid/test
        train_dir = '{}/{}'.format(DATA_ROOT,mode)
        # 遍历文件夹,获取里面的分类文件夹
        for path in os.listdir(train_dir):
# 标签对应的数字索引,实际标注的时候直接使用数字索引
label_index = LABEL_MAP.index(path)
# 图像样本所在的路径
image_path = '{}/{}'.format(train_dir,path)
# 遍历所有图像
```

```
for image in os.listdir(image_path):
# 图像完整路径和名称
image_file = '{}/{}'.format(image_path,image)
try:
# 验证图片格式是否ok
with open(image_file,'rb') as f_img:
    image = Image.open(io.BytesIO(f_img.read()))
    image.load()
    if image.mode == 'RGB':
        f.write('{}\t{}\n'.format(image_file,label_index))
except:
continue
```

2）之后通过自己封装好的数据迭代器函数进行数据集类实例化，引用API实例化网络进行。训练过程如下：

```
train_dataset = ZodiacDataset(mode='train')
valid_dataset = ZodiacDataset(mode='valid')
network = paddle.vision.models.resnet50(num_classes=get('num_classes'),pretrained=True)
model = paddle.Model(network)
model.summary((-1,)+tuple(get('image_shape')))
EPOCHS = get('epochs')
BATCH_SIZE = get('batch_size')
# 训练可视化VisualDL工具的回调函数
visualdl = paddle.callbacks.VisualDL(log_dir='visualdl_log')
# 启动模型全流程训练
model.fit(train_dataset,# 训练数据集
valid_dataset,# 评估数据集
epochs=EPOCHS,# 总的训练轮次
batch_size=BATCH_SIZE,# 批次计算的样本量大小
shuffle=True,# 是否打乱样本集
verbose=1,# 日志展示格式
save_dir='./chk_points/',# 分阶段的训练模型存储路径
callbacks=[visualdl])# 回调函数使用
model.save(get('model_save_dir'))
```

3）最后根据模型的训练结果进行评估测试。

```
predict_dataset = ZodiacDataset(mode='test')
from paddle.static import InputSpec
# 网络结构示例化
network = paddle.vision.models.resnet50(num_classes=get('num_classes'))
# 模型封装
model_2 = paddle.Model(network, inputs=[InputSpec(shape=[-1] + get('image_shape'), dtype='float32', name='image')])
# 训练好的模型加载
model_2.load(get('model_save_dir'))
# 模型配置
model_2.prepare()
# 执行预测
result = model_2.predict(predict_dataset)
# 样本映射
LABEL_MAP = get('LABEL_MAP')
# 随机取样本展示
indexes = [80, 180, 233, 247, 331, 390, 465, 526, 570, 574,]
for idx in indexes:
    predict_label = np.argmax(result[0][idx])
    real_label = predict_dataset[idx][1]
    print('样本ID:{},真实标签:{},预测值:{}'.format(idx, LABEL_MAP[real_label], LABEL_MAP[predict_label]))
```

可以看到有些类别存在识别不准确的情况,抽取的随机样本具体预测结果如图3.28所示。

样本ID:55,真实标签:Car,预测值:Car
样本ID:77,真实标签:Car,预测值:Car
样本ID:88,真实标签:Car,预测值:Car

图3.28 预测结果

1. 推导7×7卷积核和2个3×3卷积核的感受野变化。
2. 对比分析最大池化和平均池化的效果。

3. 卷积的作用是什么？

4. 针对 3.4 节斑马线检测项目，使用不同的卷积神经网络结构（AlexNet、GoogleNet、ResNet 等）搭建网络模型，对比分析不同网络的训练效果。

5. 尝试用不同的网络模型（如 VGGNet、GoogleNet 等）完成 3.5 节所述项目。

第 4 章

网络优化与正则化

优化（Optimization）是包括深度学习在内的机器学习方法的核心组成部分之一。对于深度学习而言，网络优化是指寻找一个神经网络模型来使得经验（或结构）风险最小化的过程，包括模型选择以及参数学习等。

大多数深度学习算法的本质是建立优化模型，并从给定的数据中学习目标函数的参数。目前流行的优化方法可以分成三类：一阶优化方法、高阶优化方法和无导数优化方法。其中一阶优化方法近年来应用广泛，并常用于黑盒优化器；多阶优化方法与一阶优化方法相比收敛速度更快，但存在运算和储存 Hessian 矩阵及其逆矩阵难度较大的问题；无导数优化方法主要应用于目标函数的导数不存在或难以计算的情况，也可以与基于梯度的方法共同使用以解决问题。几乎所有的深度学习算法都可以公式化为一个寻找目标函数极值的优化问题，首先需要建立模型并构造合理的目标函数，然后通过合适的方法解决优化问题。

另一方面，在对神经网络进行优化的过程中，梯度下降法经常会陷入局部最优点的情况，因此，网络优化的一个核心点在于如何选择初始化参数以及如何逃离局部最优点。因此，本章也将会介绍网络初始化和正则化相关方法。

4.1 优化方法

4.1.1 梯度下降法

梯度下降法在第 2 章已做简单介绍，在深度学习领域，常用的一阶优化方法主要基于梯度下降。梯度下降方法的主要思想是：变量在目标函数梯度的相反方向上进行更新以逐渐收敛到目标函数的最优值，学习率 η 决定每次迭代的步长，从而影响达到最佳值的迭代次数。梯度下降法的方程表达如下，对于线性回归模型，假定 $f_\theta(x)$ 是学习的目标函数，$L(\theta)$ 是损失函数，θ 是要优化的参数：

$$L(\theta) = \frac{1}{2N} \sum_{i=1}^{N} [y^i - f_\theta(x^i)]^2, \quad f_\theta(x) = \sum_{j=1}^{D} \theta_j x_j \tag{4.1}$$

式中，N 为训练集的样本数量；D 为输入特征的数量；x^i 为自变量 $x^i = (x_1^i, \cdots, x_D^i)$，其中 $i = 1, \cdots, N$，y^i 是目标输出。梯度下降交替进行以下两个步骤直到收敛：

$$\frac{\partial L(\theta)}{\partial \theta_j} = -\frac{1}{N} \sum_{i=1}^{N} [y^i - f_\theta(x^i)] x_j^i \tag{4.2}$$

$$\theta_j' = \theta_j + \eta \frac{1}{N} \sum_{i=1}^{N} [y^i - f_\theta(x^i)] x_j^i \tag{4.3}$$

当目标函数为凸函数时，该解为全局最优解，在此情况下通常变量以较慢的速度进行收敛，并且需要更仔细的迭代以达到全局最优。在以上迭代中，所有训练数据在每个步骤中都会使用到，因此此方法也称为批量梯度下降。如果样本数量为 N，输入特征维度为 D，则每次迭代计算的复杂度为 $O(N×D)$。显然在处理大规模数据时，计算成本非常大，因此需要用更优的方法减少计算量。

4.1.2 随机梯度下降

由于批量梯度下降在大规模数据的每次迭代中计算复杂性较高，并且不允许在线更新，因此提出了随机梯度下降算法（Stochastic Gradient Descent，SGD）。SGD 的思想是在每次迭代中随机使用一个样本来更新梯度，而不是直接计算梯度的准确值。随机梯度是实际梯度的无偏估计，SGD 算法的成本与样本数量无关，并且可以实现亚线性收敛速度。同时，SGD 减少了处理大规模样本的更新时间，消除一定计算冗余，从而大大加快了计算速度，此外，SGD 还克服了批量梯度下降不能用于在线学习的缺点。

定义损失函数如下：

$$L(\theta) = \frac{1}{N}\sum_{i=1}^{N}\frac{1}{2}[y^i - f_\theta(x^i)]^2 = \frac{1}{N}\sum_{i=1}^{N}\text{cost}[\theta,(x^i,y^i)] \tag{4.4}$$

假设一个 SGD 选取一个随机样本 i，损失函数为

$$L^*(\theta) = \text{cost}[\theta,(x^i,y^i)] = \frac{1}{2}[y^i - f_\theta(x^i)]^2 \tag{4.5}$$

在 SGD 中梯度更新使用随机样本而非每次迭代中的所有样本：

$$\theta' = \theta + \eta[y^i - f_\theta(x^i)]x^i \tag{4.6}$$

由于 SGD 每次迭代只使用一个样本，因此每次迭代的复杂度为 $O(D)$，其中 D 为特征数。当样本数量较大时，SGD 每次迭代的更新速度比批量梯度下降的更新速度快得多，同时 SGD 需要的迭代次数也更多，但与大量样本导致的高计算复杂度相比，增加的迭代次数微不足道。因此，与批处理方法相比，SGD 可以有效地降低计算复杂度，加快收敛速度。

但 SGD 存在由于随机选择引入的额外噪声，导致梯度方向振荡的问题。与总是沿着梯度的负方向最优值移动的批量梯度下降不同，SGD 的梯度变化较大，运动方向变化较大。因此，提出了两种方法之间的折中方案，即小批量梯度下降法（MSGD）。

MSGD 使用独立同分布样本（通常在 32~256 之间）作为样本集来更新迭代参数。MSGD 减少了梯度的变化，使收敛更加稳定，有助于提高优化速度。因此目前常用 MSGD 方法代替 SGD 方法，一般大家说的 SGD 就是 MSGD，本章后面提到的 SGD 也指的是 MSGD。

4.1.3 Momentum 方法

Momentum 优化方法借用了物理上动量的概念，模拟真实物体运动的惯性，在更新参数时一定程度上保留了之前参数更新的方向，同时利用当前 batch 梯度微调最终参数更新的方

向。Momentum 方法的参数更新公式为

$$\begin{cases} v_t = \gamma v_{t-1} + \alpha \nabla_\theta L(\theta) \\ \theta = \theta - v_t \end{cases} \tag{4.7}$$

式中，γ 为动力参数，实践中一般设置为 0.9，表示历史梯度对当前梯度的影响。通过 γ 参数，Momentum 算法会观察历史梯度 v_{t-1} 与当前梯度 v_t，如果二者方向一致，则会增强这个方向上的梯度，加速该方向上参数更新的速度；如果二者方向不一致，则会衰减当前方向上的梯度，抑制该方向上的参数更新速度。

Momentum 方法的优点是，在梯度下降初期，可以利用上一次参数更新，如果二者下降方向一致，则可以通过乘以 γ 加速下降过程；在梯度下降中后期，倘若在局部最优解附近振荡，γ 可以使参数更新幅度增大，更利于跳出局部最优点。总而言之，相较于梯度下降法，Momentum 方法能够在梯度下降方向上加速参数更新，从而达到加快收敛的效果。

4.1.4 Nesterov 加速梯度下降

在前述的 Momentum 方法中，参数的更新过程类似于小球下坡，只会盲目地跟随最大下降梯度，这在某些场景下会带来不必要的错误，例如在进入一个坡底时有可能会因为参数更新过快而冲出坡底。

因此，可以考虑加入一个抑制项，使得小球能够简单地预测下一个位置的梯度，这种思想就是 Nesterov Momentum 优化方法：

$$\begin{cases} v_t = \gamma v_{t-1} + \alpha \nabla_\theta L(\theta - \gamma v_{t-1}) \\ \theta = \theta - v_t \end{cases} \tag{4.8}$$

在 Momentum 方法中，如果只看 γv_{t-1} 项，那么参数 θ 经过当前更新后就会变为 $\theta - \gamma v_{t-1}$，因此 $\theta - \gamma v_{t-1}$ 可以近似作为下一时刻的参数；利用下一时刻的参数求解梯度再将其作用在当前参数更新上，就可以避免梯度变化太快。此外，由于加入了前瞻项，在梯度进行一个比较大的跳跃时都会根据前瞻项对当前梯度进行修正，这也使得参数更新对于梯度变化更灵敏。

SGD 作为广泛使用的优化方法，仍存在学习时间较长、收敛速度较慢、易被困在局部极小值等问题，因此需要对 SGD 方法进行改进。动量的概念来源于物理，能够模拟物体的惯性，应用在 SGD 方法上可以在一定程度上保持上一次更新的方向，在处理高曲率或有噪声的梯度时，动量方法可以加速收敛，其中速度设置为负梯度的平均指数衰减。

在梯度下降算法中，速度更新为

$$v = \eta \left(-\frac{\partial L(\theta)}{\partial(\theta)} \right) \tag{4.9}$$

如果使用动量算法，更新量还需额外考虑动量系数，即先前的更新乘以范围 $[0, 1]$ 内的系数：

$$v = \eta\left(-\frac{\partial L(\theta)}{\partial(\theta)}\right) + v^{\text{old}}\gamma \tag{4.10}$$

式中，γ 为动量系数，如果当前的速度与先前的速度平行，则可以加快下降速度，最终达到加速模型收敛的效果。经实验验证，动量因子的最合适设置为 0.9。

Nesterov 加速梯度下降是对传统动量法的改进，Nesterov 动量反映未来位置的梯度：

$$\tilde{\theta} = \theta + v^{\text{old}}\gamma$$

$$v = v^{\text{old}}\gamma + \eta\left(-\frac{\partial L(\tilde{\theta})}{\partial(\theta)}\right) \tag{4.11}$$

$$\theta' = \theta + v$$

同时，学习率大小的确定也是需要进行动态考虑的，当梯度下降接近最优时，更容易出现振荡的情况，此时应动态调整学习率，使其随时间的推移而降低。

4.1.5 自适应学习率方法

手动调节的学习率不一定能够对 SGD 造成正向的影响，因此自适应的学习率调节方法是必要的。最直接的调节方法就是 AdaGrad 方法，该方法能够根据之前一些迭代中的历史梯度对学习率进行动态调整：

$$g_t = \frac{\partial L(\theta_t)}{\partial \theta}$$

$$V_t = \sqrt{\sum_{i=1}^{t}(g_i)^2 + \varepsilon} \tag{4.12}$$

$$\theta_{t+1} = \theta_t - \eta\frac{g_t}{V_t}$$

式中，g_t 为参数 θ 在迭代时的梯度；V_t 为历史梯度；θ_t 为参数 θ 在第 t 次迭代的值。AdaGrad 方法的不同点在于，在参数更新的过程中学习率使用截至该次迭代的所有历史梯度计算，其优势在于无须手动调节学习率。但 AdaGrad 方法仍存在需要手动设置全局学习率、训练时间增加导致学习率过低等问题。因此，AdaDelta、RMSProp 等方法通过在一段时间内使用指数移动平均值计算二阶累计动量来解决以上问题：

$$V_t = \sqrt{\beta V_{t-1} + (1-\beta)(g_t)^2} \tag{4.13}$$

式中，β 为指数衰减参数。

4.1.6 自适应估计 Adam 方法

自适应估计 Adam 是另一种常用的 SGD 方法，该方法结合自适应学习率和动量的方法，为每个参数引入了自适应的学习率：

$$m_t = \beta_1 m_{t-1} + (1-\beta_1)g_t$$

$$V_t = \sqrt{\beta_2 V_{t-1} + (1-\beta_2)(g_t)^2} \qquad (4.14)$$

$$\theta_{t+1} = m_t - \eta \frac{\sqrt{1-\beta_2}}{1-\beta_1} \frac{m_t}{V_t + \varepsilon}$$

式中，β_1、β_2 是指数衰减率，经验值为 0.9 和 0.999。与其他自适应学习率方法相比，Adam 方法的效果较好。

4.2 局部最优点问题

在网络优化过程中，经常会面临基于梯度下降的优化方法会陷入局部最优点，因此网络优化的主要难点是如何选择初始化参数和逃离局部最优点。如图 4.1 所示，梯度空间中的鞍点的梯度是 0，但是它在一些维度上是最高点，在另一些维度上是最低点。

基于梯度下降的优化方法会在鞍点附近接近于停滞，很难从这些鞍点中逃离，因此，需要设计优化算法来使得网络提升优化性能。常见的深度学习网络优化方法包括：

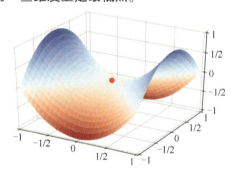

图 4.1　鞍点示意图

1）正则化方法：正则化是一种控制模型复杂性的方法，有助于防止过拟合。常见的正则化技巧包括 L1 正则化、L2 正则化和弹性网络正则化。通过在损失函数中添加正则化项，可以限制模型参数的大小，从而降低模型对训练数据的拟合程度。

2）超参数调优：深度学习模型通常具有许多超参数，这些超参数在模型训练之前需要设定。这些超参数包括学习率、正则化强度、批量大小、层数、神经元数量等。网络优化的一部分是通过试验不同的超参数组合来找到最佳设置。这可以通过手动调整、网格搜索、随机搜索或更高级的超参数优化方法（如贝叶斯优化）来实现。

3）学习率调度：学习率是梯度下降等优化算法中的一个关键超参数。学习率调度是一种策略，通过在训练过程中逐渐减小学习率来提高训练的稳定性和效率。常见的学习率调度包括指数衰减、余弦退火和自适应学习率方法，如 Adam 和 RMSprop。

4）损失函数选择：损失函数是用于衡量模型预测与真实值之间的差距的函数。根据不同的问题类型，选择合适的损失函数非常重要。例如，分类问题通常使用交叉熵损失，回归问题通常使用均方误差损失。

5）数据预处理：数据预处理是准备数据以供模型训练的关键步骤。这包括特征缩放、标准化、归一化、去除噪声、处理缺失值等。正确的数据预处理可以改善模型的性能。

6）批归一化和层归一化：批归一化和层归一化是用于加速模型训练和提高模型稳定性的技术。它们通过规范化网络层的输入来减少内部协变量偏移。

7）权重初始化：模型的初始权重设置可以影响模型的训练速度和性能。通常，使用适当的初始化方法（如随机初始化、Xavier/Glorot 初始化或 He 初始化）来初始化权重是重要的。

4.3 参数初始化方法

神经网络的迭代训练目的是解决在所有网络权重上参数化的非凸优化问题，训练过程常通过前向传播和后向传播两个过程组成。当使用梯度下降法来进行网络参数优化时，参数初始值的选取十分关键，关系到网络的优化效率和泛化能力，同时参数初始权重和激活函数的选择对于避免梯度消失和梯度爆炸问题至关重要，权重初始化的方法分类如图 4.2 所示。

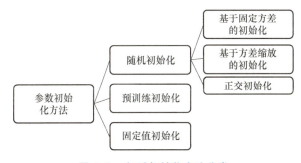

图 4.2　权重初始化方法分类

4.3.1 参数初始化方法

1. 随机初始化

在线性模型的训练（比如感知器和 Logistic 回归）中，一般将参数全部初始化为 0。但参数初始值设为 0 在神经网络的训练中会存在一些问题：如果参数都为 0，在第一遍前向计算时，所有的隐藏层神经元的激活值都相同；在反向传播时，所有权重的更新也都相同，这样会导致隐藏层神经元没有区分性，这种现象也称为对称权重现象。为了打破这个平衡，比较好的方式是对每个参数都随机初始化，使得不同神经元之间的区分性更好。

2. 预训练初始化

不同的参数初始值会收敛到不同的局部最优解。虽然这些局部最优解在训练集上的损失比较接近，但是它们的泛化能力差异很大。一个好的初始值会使得网络收敛到一个泛化能力高的局部最优解。通常情况下，一个已经在大规模数据上训练过的模型可以提供一个好的参数初始值，这种初始化方法称为预训练初始化。

3. 固定值初始化

对于一些特殊的参数，可以根据经验用一个特殊的固定值来进行初始化。比如偏置

（Bias）通常用 0 来初始化，但是有时可以设置某些经验值以提高优化效率。在 LSTM 网络的遗忘门中，偏置通常初始化为 1 或 2，使得时序上的梯度变大。对于使用 ReLU 的神经元，有时也可以将偏置设为 0.01，使得 ReLU 神经元在训练初期更容易激活，从而获得一定的梯度来进行误差反向传播。

在以上三种参数初始化方法中，随机初始化方法是最常见的。

4.3.2 基于固定方差的参数初始化

此方法中"固定"的含义是方差 σ^2 是一个预设值，与神经元的输入、激活函数以及所在层数无关，最简单的一种随机初始化方法是从一个固定均值（一般为 0）和方差 σ^2 的分布中采样来生成参数的初始值，基于固定方差的参数初始化主要有以下两种。

1. 高斯分布初始化

高斯分布初始化也称正态分布初始化，一般来讲权重矩阵是 k 个 n 维向量，如果这 k 个 n 维向量在 N 维空间中均匀分布在以原点为中心的 $N-1$ 维单位超球面上时，这 k 个向量的夹角为均匀分布，随机性最佳。因此，如果通过正态分布进行初始化和单位化，则可以使这 k 个向量的夹角为均匀分布。但是高斯分布初始化不适合训练非常深的网络，尤其是那些使用 ReLU 激活函数的网络，易发生梯度消失和梯度爆炸问题。

2. 均匀分布初始化

均匀分布初始化是在一个给定的区间 $[-r, r]$ 内采用均匀分布来初始化参数，假定随机变量 x 在区间 $[a, b]$ 内均匀分布，其方差为

$$\mathrm{var}(x) = \frac{(a-b)^2}{12} \tag{4.15}$$

因此如果使用区间为 $[-r, r]$ 的均匀分布来采样并满足方差为 σ^2 时，则 r 的取值为

$$r = \sqrt{3\sigma^2} \tag{4.16}$$

为降低固定方差对网络性能以及优化效率的影响，基于固定方差的随机初始化方法一般需要配合逐层归一化来使用。

4.3.3 基于方差缩放的参数初始化

要高效地训练神经网络，给参数选取一个合适的随机初始化区间是非常重要的。一般而言，参数初始化的区间应该根据神经元的性质进行差异化的设置。如果一个神经元的输入连接很多，那么它的每个输入连接上的权重就应该小一些，以避免神经元的输出过大（当激活函数为 ReLU 时）或过饱和（当激活函数为 Sigmoid 时）。

初始化一个深度网络时，为了缓解梯度消失或爆炸问题，应尽可能保持每个神经元的输入和输出的方差一致。根据神经元的连接数量自适应地调整初始化分布的方差，这类方法称为方差缩放。

1. Xavier 初始化

该方法也称为 Glorot 初始化,适用于使用 S 型激活函数(如 Sigmoid 和 tanh)的网络。Xavier 初始化的目标是确保网络在前向传播和反向传播过程中的梯度保持稳定,从而加速模型的收敛速度。

其核心思想是根据每一层的输入和输出神经元数量来自动计算适当的权重初始化标准差。具体来说,对于一个具有 n 个输入神经元和 m 个输出神经元的全连接层,Xavier 初始化会使用以下公式来初始化权重 W:

$$W \sim \text{Uniform}\left(-\frac{1}{\sqrt{n}}, \frac{1}{\sqrt{n}}\right) \tag{4.17}$$

式中,Uniform 代表均匀分布;n 为输入神经元的数量。Xavier 初始化的关键思想是在保持输入和输出之间方差一致的情况下初始化权重。这有助于避免梯度消失或梯度爆炸问题,因为在这种初始化下,前向传播和反向传播过程中的梯度都能够保持在相对稳定的范围内。

需要注意的是,Xavier 初始化主要适用于 S 型激活函数(如 sigmoid 和 tanh)。对于使用 ReLU 激活函数的网络层,通常更适合使用 He 初始化,它采用不同的标准差计算方法,以适应 ReLU 的性质。

2. He 初始化

He 初始化,也称为 He 正态初始化,是一种用于神经网络权重初始化的方法,特别适用于使用 ReLU(Rectified Linear Unit)激活函数的网络层。He 初始化的目标是确保网络在前向传播和反向传播过程中的梯度保持稳定,从而加速模型的收敛速度。

He 初始化的核心思想是根据每一层的输入神经元数量来自动计算适当的权重初始化标准差。具体来说,对于一个具有 n 个输入神经元的全连接层,He 初始化会使用以下公式来初始化权重:

$$W \sim \text{Normal}\left(0, \frac{2}{\sqrt{n}}\right) \tag{4.18}$$

式中,Normal 表示正态分布;n 是输入神经元的数量。He 初始化的关键思想是在保持输入和输出之间方差一致的情况下初始化权重。与 Xavier 初始化不同,He 初始化使用了更大的标准差,以适应 ReLU 激活函数的性质。因为 ReLU 在正数范围内保持激活不变,所以在初始化权重时使用较大的标准差有助于使网络更快地学习和适应激活函数的性质。

需要注意的是,对于深度神经网络,特别是使用 ReLU 的网络,He 初始化通常是一个更好的选择,因为它有助于避免梯度消失问题,并加速模型的收敛。但要注意,在使用 He 初始化时,需要小心设置学习率,以避免梯度爆炸问题。此外,对于不同类型的网络层和激活函数,可能需要采用不同的初始化方法,以适应网络的整体架构。

4.3.4 正交初始化

以上两种基于方差的初始化方法都是对权重矩阵中的每个参数进行独立采样。由于采样的随机性，采样出来的权重矩阵依然可能存在梯度消失或梯度爆炸问题。正交初始化可以有效避免以上问题。假设一个 L 层的等宽线性网络为

$$y = W^L W^{L-1} \cdots W^1 x \tag{4.19}$$

在反向传播中，为了避免梯度消失或梯度爆炸问题，希望误差项在反向传播中具有范数保持性，即

$$\|\delta^{L-1}\|^2 = \|(W^L)^T \delta^L\|^2 \tag{4.20}$$

将第 L 层参数向量 W^L 初始化为正交矩阵能够保证范数的保持行，正交初始化的具体过程为：首先用均值为 0、方差为 1 的高斯分布初始化一个矩阵；然后将这个矩阵用奇异值分解得到两个正交矩阵，并使用其中之一作为权重矩阵。根据正交矩阵的性质，这个线性网络在信息的前向传播过程和误差的反向传播过程中都具有范数保持性，从而可以避免在训练开始时就出现梯度消失或梯度爆炸现象，正交初始化通常用在循环神经网络中循环边的权重矩阵上。

4.4 数据预处理

数据预处理是在将数据输入到深度学习模型之前，对原始数据进行一系列的操作和转换，以提高模型的性能和可解释性。数据预处理的目标是清洗、转换和准备数据，使其适合用于模型的训练和测试。数据的质量直接决定了模型的预测和泛化能力的好坏。它涉及很多因素，包括准确性、完整性、一致性、时效性、可信性和解释性。而在真实数据中，拿到的数据可能包含了大量的缺失值，可能包含大量的噪声，也可能因为人工录入错误导致有异常点存在，非常不利于算法模型的训练。数据预处理的结果是对各种"脏数据"进行相应方式的处理，得到标准的、干净的、连续的数据，提供给数据统计、数据挖掘等使用。

在实际应用中数据预处理的方法主要包括数据清理、数据变换等。其中数据清理包括缺失值的处理、离群点的处理和噪声处理等，数据变换包括数据标准化、数据离散化和数据稀疏化等。

4.4.1 数据清理

数据清理（data cleaning）的主要思想是通过填补缺失值、光滑噪声数据，平滑或删除离群点，并解决数据的不一致性来"清理"数据。

1. 缺失值的处理

实际获取信息和数据的过程中，会存在各类的原因导致数据丢失和空缺。针对这些缺失值的处理方法，主要是基于变量的分布特性和变量的重要性（信息量和预测能力）采用不同的方法，主要分为以下四种。

1）均值插补：数据的属性分为定距型和非定距型。如果缺失值是定距型的，就以该属性存在值的平均值来插补缺失的值；如果缺失值是非定距型的，就根据统计学中的众数原理，用该属性的众数（即出现频率最高的值）来补齐缺失的值。

2）同类均值插补：同类均值插补和均值插补相似，都是数据的单值插补，但不同的是，它用层次聚类模型预测缺失变量的类型，再以该类型的均值插补。假设 $X=(X_1, X_2, \cdots, X_p)$，其中 X 为信息完全的变量集合，包括了所有与存在缺失值的变量 Y 有关的可能用于插补缺失值的变量，那么首先对 X 或其子集进行聚类，然后按缺失个案所属类来插补不同类的均值。

3）极大似然估计：在缺失类型为随机缺失的条件下，假设模型对于完整的样本是正确的，那么通过观测数据的边际分布可以对未知参数进行极大似然估计。这种方法也被称为忽略缺失值的极大似然估计，对于极大似然的参数估计实际中常采用的计算方法是期望值最大化（Expectation Maximization，EM）。该方法的一个重要前提是需要适用于大样本。有效样本的数量应足够，以保证 ML 估计值是渐近无偏的并服从正态分布。但是这种方法的缺点是可能会陷入局部极值，并且计算复杂导致收敛速度较慢。

4）多值插补：多值插补的思想来源于贝叶斯估计，其认为待插补的值是随机的，它的值来自于已观测到的值。实际操作中，首先估计出待插补的值，然后再加上不同的噪声，形成多组可选插补值，最后根据某种选择依据，选取最合适的插补值。多值插补的步骤如下：为每个空值产生一套可能的插补值，这些值反映了无响应模型的不确定性；每个值都可以被用来插补数据集中的缺失值，产生若干个完整数据集合。每个插补数据集合都用针对完整数据集的统计方法进行统计分析。对来自各个插补数据集的结果，根据评分函数进行选择，产生最终的插补值。

2. 离群点的处理

异常值是数据分布的常态，处于特定分布区域或范围之外的数据通常被定义为异常或噪声。异常分为两种："伪异常"，由于特定的业务运营动作产生，是正常反应业务的状态，而不是数据本身的异常；"真异常"，不是由于特定的业务运营动作产生，而是数据本身分布异常，即离群点。主要有以下两种检测离群点的方法：

1）绝对值差中位数法：绝对值差中位数法简称为 MAD 法，是一种先需计算所有因子与平均值之间的距离总和来检测离群值的方法。具体步骤为：首先找出所有因子的中位数；其次得到每个因子与中位数的绝对偏差值；然后得到绝对偏差值的中位数 MAD；最后确定参数 n，从而确定合理的范围，并针对超出合理范围的因子值做调整。

2）标准差法：标准差本身可以体现因子的离散程度，是基于因子的平均值 X_{mean} 而定的。在离群值处理过程中，可通过用 $X_{mean} \pm n\sigma$ 来衡量因子与平均值的距离。其中，σ 是数据的标准差，它衡量数据点相对于均值的分散程度；n 是一个系数，用于控制定义离群点的阈值。标准差法处理的逻辑与 MAD 法类似，首先计算出因子的平均值与标准差，其次确认参数 n，从而确认因子值的合理范围为 $[X_{mean}-n\sigma, X_{mean}+n\sigma]$，并对因子值做调整。

3. 噪声的处理

噪声是变量的随机误差和方差，是观测点和真实点之间的误差，即 obs=$x+\varepsilon$。通常的处理办法是对数据进行等频或等宽分箱操作，然后用每个箱的平均数、中位数或者边界值（不同数据分布，处理方法不同）代替箱中所有的数，起到平滑数据的作用。另外一种做法是建立该变量和预测变量的回归模型，根据回归系数和预测变量，反解出自变量的近似值。

4.4.2 数据变换

数据变换包括对数据进行规范化、离散化、稀疏化处理，以达到适用于模型输入的目的。

1. 数据标准化

数据标准化是指将样本的属性缩放到某个指定的范围。由于某些算法要求样本具有零均值和单位方差或需要消除样本不同属性具有不同量级时的影响，因此需要数据标准化以使得寻优过程变得平缓，更容易正确收敛到最优解。主要包括以下两种方法。

1）min-max 标准化：min-max 标准化通过线性变换将原始数据的值缩放到一个特定的范围内，通常是 [0，1] 或 [-1，1] 之间。这种标准化方法可以确保所有特征具有相似的尺度，从而有助于某些深度学习算法更好地训练和收敛。

$$X_{norm} = \frac{X - X_{min}}{X_{max} - X_{min}} \tag{4.21}$$

此方法有效能够保留原始数据的线性关系，不会改变数据之间的相对距离，但存在受离群值干扰较大等问题。

2）z-score 标准化：z-score 标准化也称为零均值标准化，用于将数据转换为均值为 0、标准差为 1 的标准正态分布。这种标准化方法适用于数据的分布近似正态分布的情况。

$$X_{norm} = \frac{X - \mu}{\sigma} \tag{4.22}$$

该方法能够适用于各种分布类型，不受特定数据分布的限制，尤其适用于需要将数据转换为标准正态分布或对数据的均值和标准差进行比较的情况。但在使用前也应当检查数据的分布是否存在离群值等问题。

2. 数据离散化

数据离散化是指将连续的数据进行分段，使其变为一段段离散化的区间。分段的原则有基于等距离、等频率或优化的方法。根据模型需要，如决策树、朴素贝叶斯等算法，须将数据进行离散化。有效的离散化能减小算法的时间和空间开销，提高系统对样本的分类聚类能力和抗噪声能力，且可以有效地克服数据中隐藏的缺陷，使模型结果更加稳定。数据离散化常使用等频法、等宽法和聚类法三种方法。

3. 数据稀疏化

数据稀疏化是一种处理高维数据的方法，用于减少数据的维度，降低存储和计算成本，并提高模型的训练和泛化效果。在深度学习中，许多问题都涉及高维数据，而数据稀疏化有助于减少维度灾难（curse of dimensionality）和防止过拟合。数据稀疏化常使用特征选择、主成分分析、编码稀疏化、特征压缩等方法。

对于数据稀疏化方法的选择应该基于问题的特性和数据的分布。不同的方法适用于不同的场景，因此在使用数据稀疏化方法之前，需要仔细考虑数据的特点和问题的需求。数据稀疏化有助于简化问题、提高计算效率，并有助于更好地理解和建模数据。

4.5 逐层归一化

逐层归一化是一种简单的归一化方法，可以有效提高各种神经网络模型的训练速度。该方法能够直接从隐藏层内神经元的总输入中估计归一化统计信息，即不会在训练集样本之间引入新的依赖关系。

4.5.1 权重和数据转换下的不变性

在神经网络中，一层输出的变化往往会导致下一层输出产生高度相关的变化，因此可以通过固定每层总输入的平均值和方差来减少协变量偏移问题，因此计算同一层中所有隐藏单元的层归一化如下：

$$\mu^l = \frac{1}{H} \sum_{i=1}^{H} a_i^l$$

$$\sigma^l = \sqrt{\frac{1}{H} \sum_{i=1}^{H} (a_i^l - \mu^l)^2}$$

(4.23)

式中，H 为一层中隐藏单元的数量。在层归一化下，一层中所有隐藏单元共享相同的归一化项 μ 和 σ，其中 μ 通常表示层中所有神经元在某一特定特征维度上的输入均值，σ 通常表示层中所有神经元在某一特定特征维度上的输入标准差，但不同的训练样本具有不同的归一化项。与批处理归一化不同，层归一化不会对小批处理的大小施加任何约束，它可以用于批处理大小为 1 的在线状态。

权重的重新缩放和重新定心：层归一化对于单个权重向量的单个缩放并不是不变的。相反，层归一化对整个权重矩阵的缩放是不变的，即对权重矩阵中所有传入权重的移位是不变的。

数据的重新缩放和重新定心：层归一化对于训练集单个样本的重新缩放是不变的。

4.5.2 层归一化的基本原理和特点

归一化标量 σ 是一个针对每个特征的可学习参数，用来缩放和平移每个特征的归一化值，以适应模型的需求，可以隐式地降低学习率，使学习更加稳定。在归一化模型中，输入权重的大小由增益参数显式参数化，而层归一化模型的增益参数的学习仅取决于预测误差的大小。因此，在归一化模型中学习输入权重的大小对输入及其参数的缩放比在标准模型中鲁棒性更好。

对于每个神经元的输入，首先计算其均值和标准差，然后使用这些均值和标准差来归一化每个神经元的输入。具体来说，对于神经元的输入 x，层归一化会应用以下公式：

$$x_{\text{norm}} = \frac{x-\mu}{\sigma} \tag{4.24}$$

式中，神经元的输入 x 是指该神经元接收到的来自前一层神经元的输出，可以是一个单独的值，也可以是一个包含多个值的向量，具体取决于神经元的类型和神经网络的结构。然后通过对每个神经元上独立进行缩放参数和偏置参数来重新缩放和平移归一化后的输入，以使模型能够学习更复杂的变换。

层归一化的优点在于无须依赖于批次的统计信息，即可在小批次大小或单个样本上有效工作；还可以在循环神经网络等序列数据上使用，有助于解决梯度消失及问题并能够改善模型的收敛性能。然而，层归一化通常会引入更多的参数，因为每个神经元都有自己的缩放和偏置参数，增加了模型的复杂性。此外，与批量归一化相比，层归一化在某些情况下可能需要更多的训练时间。层归一化通常用于深度神经网络中，特别是对于循环神经网络（RNN）等情况，其中批量归一化的应用可能受到限制。选择使用层归一化还是其他归一化方法取决于具体的问题和模型结构。

4.6 超参数优化

模型超参数是指不能由模型从给定数据中估计的参数，是需要人为进行设置、被用来估计模型的参数，例如深度神经网络的学习率、正则化参数、层数和节点数等。超参数的选择决定了训练效率。

超参数优化是确定使模型性能最大化的超参数正确组合的过程。在一个训练过程中运行多个实验，每一次实验都是训练程序的完整执行，并在指定的范围内选择超参数设置值。这个过程一旦完成，就会给你一组最适合模型的超参数值，以获得最佳结果。模型超参数优化主要有手动超参数优化和自动超参数优化两种方法。

4.6.1 手动超参数优化

手动超参数优化是一种基于经验和直觉的方法，通过人工调整模型的超参数来改善模型的性能。其优势在于人为控制性更好，但存在实验耗时较大的问题，同时在超参数数量较多的情况下很难找到最优超参数。

手动超参数优化步骤如下：

1）选择目标超参数：首先，需要选择要优化的超参数，一般包括学习率、正则化参数、层数和节点数等。具体选择的超参数取决于所使用的模型和任务。

2）定义超参数搜索范围：为每个要调整的超参数定义一个搜索范围。例如，如果要调整学习率，则可以定义一个范围，例如 0.001~0.1 之间。

3）设置评估指标：确定模型性能的评估指标，例如准确率、损失函数值等，以便比较不同超参数设置的效果。

4）初始超参数设置：选择一个初始的超参数设置，通常可以选择一些常用的值作为起点。

5）训练和评估模型：首先使用训练数据集和选定的超参数来训练模型，然后使用验证集数据对模型性能进行评估，通常使用准确率、损失函数值、F1 分数等评估指标。

6）超参数的调整：根据评估结果，调整一个或多个超参数的值。可以根据表现来增加或减小超参数的值。例如，如果学习率太高导致模型不稳定，则可以降低学习率。

7）迭代训练：使用调整后的超参数重新训练模型，并在验证集上评估性能。不断迭代这个过程，直到找到性能最佳的超参数组合。

8）验证和测试：一旦在验证集上找到了最佳的超参数组合，就可以使用这些超参数在独立的测试集上进行最终评估，以评估模型的泛化能力。

手动超参数优化需要反复实验和调整，因此可能会耗费一些时间。但对于小型项目或初学者来说，这是一个学习超参数调整过程的好方法，并且可以帮助理解不同超参数对模型行为的影响。

4.6.2 自动超参数优化

自动超参数优化是一种通过计算机程序自动搜索和选择最佳超参数组合以改善深度学习模型性能的方法。这种方法通常比手动调整超参数更高效，因为它可以在大范围的超参数空间中进行搜索，并在相对短的时间内找到最佳设置。自动超参数优化主要包括网格搜索和贝叶斯优化两类方法。

1. 网格搜索

（1）枚举类网格搜索

在所有超参数优化的算法当中，枚举网格搜索是最为基础和经典的方法。在搜索开始之前，需要人工将每个超参数的备选值一一列出，多个不同超参数的不同取值之间排列组合，最终将组成一个参数空间（parameter space）。枚举网格搜索算法会将这个参数空间当中所有的参数组合代入模型进行训练，最终选出泛化能力最强的组合作为模型的最终超参数。

对网格搜索而言，如果参数空间中的某一个点指向了损失函数真正的最小值，那枚举网格搜索时一定能够捕捉到该最小值以及对应的参数（相对的，假如参数空间中没有任意一点指向损失函数真正的最小值，那网格搜索就一定无法找到最小值对应的参数组合）。

参数空间越大、越密，参数空间中的组合刚好覆盖损失函数最小值点的可能性就会越大。这就是说，极端情况下，当参数空间穷尽了所有可能的取值时，网格搜索一定能够找到损失函数的最小值所对应的最优参数组合，且该参数组合的泛化能力一定是强于人工调参的。

但是，参数空间越大，网格搜索所需的算力和时间也会越大，当参数维度上升时，网格搜索所需的计算量更是呈指数级上升的。同时，参数优化的目标是找出令模型泛化能力最强的组合，因此需要交叉验证来体现模型的泛化能力，假设交叉验证次数为 5，则三个参数就需要建模 600 次。在面对超参数众多且超参数取值可能无限的人工神经网络、融合模型、集成模型时，伴随着数据和模型的复杂度提升，网格搜索所需要的时间会急剧增加，完成一次枚举网格搜索计算的资源过大。

（2）随机网格搜索

由于枚举网格搜索计算时间过长，因此网格搜索优化方法主要包括两类：一是调整参数搜索空间；二是调整每次训练的数据。针对调整参数搜索空间，出现了随机网格搜索算法；针对调整训练数据，出现了对半网格搜索算法。

其中，随机网格搜索是放弃原本的搜索中必须使用的全域超参数空间，改为挑选出部分参数组合，构造超参数子空间，并只在子空间中进行搜索。与枚举网格搜索相比，在设置相同的全域空间时，随机搜索的运算速度比枚举网格搜索快很多；当设置相同的训练次数时，随机搜索可以覆盖的空间比枚举网格搜索大很多；随机网格搜索得出的最小损失与枚举网格搜索得出的最小损失很接近。

随机网格搜索既提升了运算速度，又没有过多地伤害搜索的精度。但随机网格搜索在实际运行时，并不是先抽样出子空间，再对子空间进行搜索，而是在这一次迭代中随机抽取 1 组参数进行建模，下一次迭代再随机抽取 1 组参数进行建模。由于这种随机抽样是不放回的，因此不会出现两次抽中同一组参数的问题。可以通过控制随机网格搜索的迭代次数来控制整体被抽出的参数子空间的大小。

（3）对半网格搜索

对半网格搜索是减少训练数据的一种网格搜索优化算法。假设现在存在数据集 D，从数据集 D 中随机抽样出一个子集 d。如果一组参数在整个数据集 D 上表现较差，那大概率这组参数在数据集的子集 d 上表现也不会太好。反之，如果一组参数在子集 d 上表现不好，也不会信任这组参数在全数据集 D 上的表现，因此可以认为参数在子集与在全数据集上的表现一致。在网格搜索中,比起每次都使用全部数据来验证一组参数,或许可以考虑只代入训练数据的子集来对超参数进行筛选,这样可以极大程度地加速运算。

但在现实数据中,这一假设要成立是有条件的,即任意子集的分布都与全数据集 D 的分布类似。子集的分布越接近全数据集的分布,同一组参数在子集与全数据集上的表现越有可能一致。由于是不放回抽样,因此在对半网格搜索过程中,子集的样本量随着迭代次数的增加而呈指数级增长。因此若采用对半网格搜索,训练的数据一定要很大才能满足样本量的要求。

2. 贝叶斯优化

网格优化的方法是在一个大参数空间中,尽量对所有点进行验证后再返回最优损失函数值的方法,因此这一类方法在计算量与计算时间上有着不可避免的缺陷。如果希望能够进行更快速的参数搜索并搜索出一组泛化能力尽量强的参数,目前常用带有先验过程的、基于贝叶斯过程的调参方法。

其主要流程如图 4.3 所示。

```
Algorithm 1:贝叶斯优化框架
input: 初始化点个数 n_0,最大迭代次数 N,代理模型 g(x),采集函数 α(x|D)
output: 最优候选评估点: {x*, y*}
1 begin
2     步骤1:随机初始化 n_0 点 X_init = {x_0, x_1, ···x_{n0-1}}
3     步骤2:获得其对应的函数值 f(X_init),初始点集 D_0 = {X_init, f(X_init)}
4     令 t=n_0, D_{t-1}=D_0
5     while t<N do
6         步骤3:根据当前获得的点集 D_{t-1},构建代理模型 g(x)
7         步骤4:基于代理模型 g(x),最大化采集函数 α(x|D_{t-1}),获得下一个评估点:
8             x_t = argmin α(x|D_{t-1})
9         步骤5:获得评估点 x_t 的函数值 f(x_t),将其加入到当前评估点集合中:
10             D_t = D_{t-1} U {x_t, f(x_t)},转步骤3
11    end
12    输出:最优候选评估点: {x*, y*}
13 end
```

图 4.3 贝叶斯优化主要流程

贝叶斯优化能够通过最少的步骤找到最优的点,此外该方法还使用了采集函数(Acquisition Function),将采样引向有可能比当前最佳观察结果更好的区域。

4.6.3 超参数优化的常用工具

近年来,有许多超参数优化库和工具可供使用,这些工具提供了方便的应用程序编程接口(Application Programming Interface,API),可以用于自动化超参数搜索。

1. Scikit-learn

Scikit-learn 有网格搜索和随机搜索的实现,对于此两种方法,Scikit-learn 在不同的参数选择上,以 K-fold 交叉验证的方式训练和评估模型,并返回最佳模型。在随机搜索中用 gridsearchcv 在一些随机的参数组合上运行搜索;在网格搜索中用 gridsearchcv 在网格中的所有参数集上运行搜索。

2. Scikit-optimize

Scikit-optimize 使用一种基于序列模型的优化算法，能够在较短的时间内找到超参数搜索问题的最优解，此外还能够实现储存和加载优化结果、输出收敛图和比较代理模型等功能。

3. Optuna

Optuna 使用过往记录的轨迹细节来确定有希望的区域来搜索优化超参数，从而在最短的时间内找到最佳超参。它具有修剪功能，可以在训练的早期阶段自动停止没有希望的轨迹。

4. Hyperopt

Hyperopt 允许用户创建一个搜索空间，在该空间中，用户通过确定要最小化的目标函数、搜索空间、储存数据库和目标搜索算法，使 Hyperopt 中的算法能够更有效地搜索。该方法能够实现随机搜索算法、TPE 和自适应 TPE。

4.7 网络正则化

网络正则化是一种用于防止深度学习模型过拟合的技术，它有助于提高模型的泛化性能，使其在新的未见过的数据上表现更好。正则化通过在模型的损失函数中添加额外项来惩罚模型的复杂性，从而降低模型对训练数据中噪声的敏感性。

目前实现正则化可以通过显式地表示成一个函数（如 L1、L2 范数约束），或隐式地通过一些引入随机化的操作实现（如 Dropout、Batch Normalization），也可以通过缩小解空间（如 early stop、最大范数约束）等方法实现。

4.7.1 显式函数正则化方法

1. L1 正则化

训练神经网络出现过拟合，可能是因为某一个参数被训练得非常大，以至于直接影响了训练结果。因此，可以通过范数约束的方法进行限制。

L1 正则化也叫作 Lasso 回归。在深度学习模型中的参数可以形式化地组成参数向量，为方便表示，在以下公式中记为大写字母。以线性模型为例：

$$F(\boldsymbol{x};\boldsymbol{W}) = \boldsymbol{W}^{\mathrm{T}}\boldsymbol{x} = \sum_{i=1}^{n} w_i x_i \tag{4.25}$$

损失函数 C 通常是一个超参数，而不是模型的参数，用于控制正则化的强度，以平衡模型的拟合能力和复杂性，对于正则化的重要性程度起着关键作用：

$$C = \Vert \boldsymbol{W}^{\mathrm{T}}\boldsymbol{x} - \boldsymbol{y} \Vert^2 \tag{4.26}$$

即模型参数为

$$W^* = \text{argmin}_C \| W^T x - y \|^2 \tag{4.27}$$

训练的目标是让损失函数降到最小,但容易造成网络的过拟合情况,因此需要添加一个反向的惩罚项用来描述模型的复杂程度,以在一定程度上防止模型的过拟合:

$$C = \| W^T x - y \|^2 + \alpha W^T \tag{4.28}$$

式中,α 用来衡量惩罚项的重要程度,用于权衡模型的数据拟合和正则化项之间的关系。合适的 α 值可以帮助构建具有良好泛化能力的模型,降低过拟合的风险,并在特征选择方面提供有用的帮助。

2. L2 正则化

如果将惩罚项定位为二次项,那么这种方法称为 L2 正则化,也称为 Ridge 回归:

$$C = \| W^T x - y \|^2 + \alpha \| W^T \|^2 \tag{4.29}$$

可以看到,L1 和 L2 正则化都倾向于将参数的绝对值减少,但 L1 范数约束更容易让参数减到 0,L2 范数约束则只是保持了参数减小的趋势。因此 L1 范数约束更具稀疏性,但 L2 范数让模型更加简单。

4.7.2 随机化正则化方法

1. Dropout 正则化

L1、L2 正则化是通过修改损失函数来实现的,而 Dropout 则是通过修改神经网络本身来实现的,它是在训练网络时用的一种技巧。其思路是去除特征中的相互依赖性,举例来说,假如现在有 20 个样本,但是定义了 300 个神经元,如果直接进行训练,由于神经元数量很多,所以模型的拟合效果会很好,但也因此容易产生过拟合现象。现在每一次训练神经网络时,随机丢弃一部分神经元,下一次训练时,再随机丢掉一部分神经元,这样也可以有效降低过拟合效应。

算法过程是,在训练过程中,将某一层或某几层的每个神经元分别以一个概率 p 独立失活,失活代表其输出为 0。根据链式法则知道其不参与到梯度计算中:

$$\begin{aligned}\delta &= \frac{\partial E}{\partial \text{net}} = \frac{\partial E}{\partial \text{out}} \times \frac{\text{dout}}{\text{dnet}} = \frac{\partial E}{\partial \text{out}} \times 0 = 0 \\ \frac{\partial E}{\partial w^*} &= \frac{\partial E}{\partial \text{net}^*} \times \frac{\partial \text{net}^*}{\partial w^*} = \delta^* \times \text{out} = \delta^* \times 0 = 0\end{aligned} \tag{4.30}$$

反映在网络图形上,就是会将网络进行稀疏化处理,如图 4.4 所示。

等待训练收敛后,网络进入测试环境。此时每次传播,所有神经元均保持活动状态,但训练时随机失活的那几层,与后一层之间的边权乘以 $(1-p)$,以保证网络实际输出等于训练阶段随机失活时的期望。

2. 批量归一化

批量归一化(Batch Normalization,BN)是一种用于神经网络的正则化技术和加速训练的方法。它于 2015 年由 Sergey Ioffe 和 ChristianSzegedy 提出,并被广泛用于深度神经网络

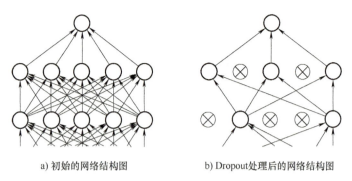

a) 初始的网络结构图　　　　b) Dropout处理后的网络结构图

图 4.4　Dropout 正则化

中。批量归一化的主要目标是减少深度神经网络内部的协变量漂移，同时具有正则化和加速训练的效果。

其工作原理为：

1）归一化：在神经网络的每一层中，对每个神经元的输入进行归一化。具体来说，对于一个批次中的每个样本，计算该样本在当前层的所有神经元上的均值和标准差。然后，使用这个均值和标准差对当前层的所有神经元的输入进行线性变换，使其均值接近 0，标准差接近 1。

2）可学习参数：为了增加模型的表达能力，BN 引入了两个可学习参数，称为拉伸（scale）和偏置（shift）参数。这些参数允许模型自己学习正确的归一化比例和偏移，以便更好地拟合数据。

3）训练过程中的批次统计：在训练期间，对于每个批次，计算该批次的均值和标准差，并使用这些统计信息来进行归一化。这意味着每个批次都有不同的均值和标准差，从而减少了内部协变量漂移的影响。

4）测试期间的移动平均统计：在测试或推断期间，不再使用每个批次的统计信息，而是使用移动平均的均值和标准差。这些移动平均统计信息是在训练期间积累的，可以提高模型的泛化性能。

批量归一化方法的优点在于：减少了梯度消失问题，使得可以使用更深的神经网络；加速训练收敛，允许使用更大的学习率；提高模型的泛化性能，减少了过拟合的风险；对初始化权重的选择不太敏感，不需要像传统的网络那样小心翼翼地初始化权重。

4.7.3　缩小解空间正则化方法

1. 最大范数约束

最大范数约束和 L1、L2 范数约束思路一样，也是防止某一参数被训练得过大的正则化方法。不同的是，最大范数约束缩小了解空间，而不是像 L1、L2 一样提供了参数变化趋势。

最大范数约束的正则项不能显式地表现出来，其算法如下：

定义 M 为所有参数构成的向量，即 M 包含了模型中的所有参数，这些参数通常表示为向量的组成部分。当 $\|M\|_2 \leq c$ 时，不对参数进行多余的变动，但如果判定 $\|M\|_2 > c$，就要

将向量 M 的范数约束到常数 c。将网络内每一个参数（权重或偏置量）w 都乘以这个数，即式（4.31）中的 k，达到将向量 M 范数规约到常数的目的。

$$k = \frac{c}{\|M\|_2} \tag{4.31}$$

最大范数约束的优点包括：

1）正则化效果：有助于降低模型的复杂性，降低过拟合风险，提高模型的泛化能力。

2）稳定性：通过限制权重的范数，可以减少梯度爆炸问题，有助于稳定训练过程。

3）不需要调整学习率：相对于其他正则化方法，最大范数约束不需要调整学习率，这使得超参数调整变得更加简单。

4）提高模型的鲁棒性：最大范数约束有助于防止某些权重过大，从而减少对训练数据的极端敏感性。

最大范数约束通常应用于神经网络的权重矩阵（或权重矩阵的每一行），以确保每一层的权重都受到约束。它可以与其他正则化技术（如 L1 和 L2 正则化）一起使用，以进一步提高模型的性能。

2. 早停策略

早停策略是一种用于训练深度学习模型的正则化技术，旨在防止模型过度拟合训练数据，提高模型的泛化能力。该方法的原理非常简单，它在训练过程中监测模型在验证数据集上的性能，并在性能开始下降时停止训练，从而避免继续拟合噪声和训练数据的细节。

早停法是一种非常简单但有效的正则化方法，可以帮助防止模型过度拟合；可以避免在训练过程中浪费时间和计算资源，通过在性能开始下降时停止训练，可以避免模型过拟合。

但同时也要注意，早停法需要一个独立的验证集来监测性能，因此需要足够的数据来划分训练集、验证集和测试集。早停法中的"耐心"参数是需要手动选择的，需要根据问题的特性进行调整。在某些情况下，模型性能可能会在训练过程中出现波动，因此早停法可能不是最佳选择。

总而言之，早停法是一种有用的正则化技术，特别适用于训练深度神经网络等复杂模型。在实践中，通常会与其他正则化技术（如 L1 和 L2 正则化）一起使用，以进一步提高模型的性能和稳定性。

1. 如何选择合适的学习率、批次大小和迭代次数以优化神经网络的训练过程？可以使用哪种超参数优化方法来自动调整这些超参数？

2. 权重初始化方法对网络的性能有何影响？如何选择最适合特定任务的初始化方法？

3. 除了 L1 和 L2 正则化，还有哪些正则化技术可用于改善网络的泛化能力？如何选择适当的正则化策略？

4. 神经网络训练中有多种优化器可供选择，如随机梯度下降（SGD）、Adam、RMSprop等。如何选择适合特定问题的优化器？

5. 神经网络的架构（如深度、层次结构）如何影响优化过程和性能？是否还有自动搜索最佳架构的方法？

第 5 章

基于 CNN 的自动驾驶目标检测理论与实践

目标检测是自动驾驶领域的核心技术之一，它是自动驾驶感知环境的重要途径，影响着车辆的控制决策。目标检测的主要任务是判断数字图像中是否具有目标对象的区域，并输出该区域的位置和该区域是此目标对象的置信度。如超市中的商品识别，就侧重于"物体分类"；工厂中的消防检测，就侧重于"物体定位"；医疗领域中人体组织病变检测，则对"物体分类""物体定位"两个子任务的准确性都提出了较高的要求。在自动驾驶领域，目标检测最直观的两种典型应用为：根据自动驾驶车辆的感知摄像头或者激光点云信息，识别可行驶道路与交通标志、识别静态与动态障碍物，如道路场景中的其他车辆、行人等。

5.1 目标检测概述

5.1.1 目标检测的基本介绍

目标检测方法目前已在众多领域得到了应用，但使用该方法却始终存在着不少挑战。以自动驾驶领域的目标检测为例，其挑战大致分为以下几个方面：

1）目标检测方法主要是基于数字图像进行，图像质量的好坏，根本上决定了目标检测结果准确性的上限。对于自动驾驶车辆来说，影响图像质量的因素包括感知摄像头的硬件成像能力，光照、拍摄角度、恶劣天气（如雨、雪、雾、霾、扬尘等）对成像画面的干扰，同一图像中不同对象的大小尺度、密集程度、遮挡程度等。

2）目标检测方法自身的特性决定了目标检测任务完成的效果。采用传统的目标检测方法，模型的可解释性好，但适应能力较差、模型较为复杂；随着样本数量的增加，模型的复杂程度也在增加，而准确度却并没有明显的提升。基于深度学习的目标检测算法，则要求相当规模的训练样本数量，模型训练对硬件算力的要求也较高；但方法简单、方便增删分类数量、适应性好；且随着样本数量的增加，算法的准确度也逐渐提高。图5.1所示为传统目标检测方法和深度学习目标检测方法的对比。

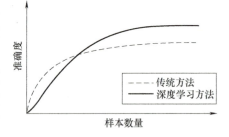

图 5.1 两类目标检测算法的特性对比

5.1.2 目标检测方法的发展

在过去 20 年里，学术界涌现了大量的目标检测算法。根据特征提取的方式，这些目标检测算法可以分为传统的目标检测算法和基于深度学习的目标检测算法两大类，如图 5.2 所示。

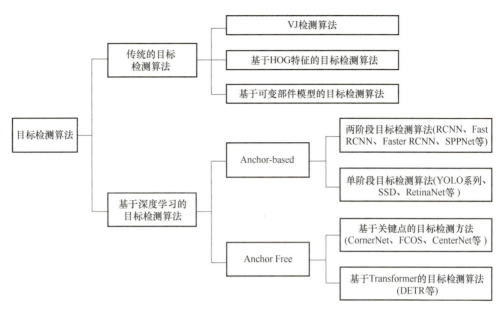

图 5.2　目标检测算法的分类

1. 传统目标检测算法

传统的目标检测算法主要依靠人工设计的特征进行目标的表征与筛选，其过程大致为：首先使用滑动窗口、边缘检测、选择性搜索等方式获取可能存在目标的候选区域；然后使用 Haar 特征、方向梯度直方图、SIFT 特征等人工设计的特征对候选区域进行表征与筛选；最后使用线性分类器、SVM 分类器等方法对目标进行分类。下面对部分典型算法进行简单介绍。

1）VJ 检测算法：VJ 检测算法由 P. Viola 和 M. Jones 于 2001 年提出。该算法能够以同等的检测精度、更快的速度得到人脸的实时检测结果，首次让全世界看到了目标检测算法投入实际应用的潜力。该算法使用 Adaboost 算法，采用滑动窗口的方式，利用 Haar 特征作为盒滤波器提取特征，判断当前窗口内是否包含人脸；使用"积分图像"来加速盒滤波器计算过程；在局部对每一个简单分类器进行过滤以减少窗口数量，使用级联方式以得到最终的强分类器。

2）基于 HOG 特征的目标检测算法：2005 年，N. Dalal 和 B. Triggs 首先提出了基于方向梯度直方图（Histogram of Oriented Gradient，HOG）特征的目标检测算法，该算法是可以看作是对尺度不变特征变换（Scale-Invariant Feature Transform，SIFT）方法的重要改进。该方法令 HOG 描述符在密集、等间隔的单元网格上计算，使用局部重叠归一化的方式来提高精度；对于不同大小的目标，该方法还能在保持检测窗口不变的情况下，在多个尺度上的图像使用 HOG 特征进行检测。

3）基于可变形部件模型的目标检测算法：P. Felzenszwalb 在 2008 年提出了可变形部件模型（Deformable Part Model，DPM），DPM 可以看作是基于 HOG 特征的目标检测算法的扩展。该算法的核心在于其"分而治之"的思想，即把目标看作是不同种类的对象的组合。

该算法在 VOC07、VOC08、VOC09 目标检测挑战赛中取得极大成功，且今天众多的目标检测算法仍然继承了其更多有价值的思想，如"混合模型""困难负样本挖掘""边界框回归"等。

2. 基于深度学习的目标检测算法

基于深度学习的目标检测算法是通过大规模的数据样本进行深度神经网络训练、自动学习目标的特征并构建模型，最后调用该模型输出结果的方法。在 2018 年之前，基于深度学习的目标检测算法主要分为以下两类：两阶段目标检测算法和单阶段目标检测算法。而在 2018 年，CornerNet 的提出，为基于深度学习的目标检测算法提供了一个新的思路，即无锚框（Anchor Free）目标检测算法。从严格意义上来说，Anchor Free 算法也是一类单阶段目标检测算法。由于其超参数极少、处理过程极为简洁，因此相关研究成果不断涌现，本书将其单独列为一个类别进行介绍。

1）两阶段目标检测算法：2014 年，R. Girshick 提出了利用卷积神经网络的区域特征（Regions with Convolutional Neural Network Features，RCNN）算法，原论文是深度学习被引入目标检测领域的开山之作。该算法构建了两阶段目标检测算法的最基本框架，即"候选框提取"和"分类识别"。在 VOC07 比赛上，RCNN 的检测精度远超传统的目标检测算法，但其运行速度非常慢。因此，作者本人及其团队于 2015 年又分别提出了 Fast RCNN 和 Faster RCNN。2014 年，何凯明在 RCNN 的启发下提出了空间金字塔池化网络（Spatial Pyramid Pooling Networks，SPPNet）。

2）单阶段目标检测算法：2015 年，R. Joseph 等人提出了 YOLO（You Only Look Once），开启了对单阶段目标检测算法的研究。与两阶段目标检测算法相比，单阶段目标检测算法将"候选框选择"和"分类识别"整合在一起，即不再分阶段进行，因此其运行速度比两阶段目标检测算法更快；但 YOLOv1 比同时期两阶段目标检测算法精度要低。为此，出现了单次多边框检测器（Single Shot MultiBox Detector，SSD）（W. Liu 等，2015）、RetinaNet（Lin T. Y. 等，2017）等一系列改进算法；与此同时，YOLO 系列也在不断迭代，2023 年，YOLO 家族已经迭代到了 YOLOv8。

3）Anchor Free 目标检测算法：基于 Anchor 策略的目标检测算法中，各个 Anchor 的超参数（如不同尺度、不同长宽比等）在不同场景下的差距较大；随着训练集规模的增大，Anchor 和超参数也相应增多，检测精度则会受到较大影响。因此，流程更简单、超参数更少的 Anchor Free 目标检测算法应运而生。

Law H. 等人在 2018 年提出首个 Anchor Free 目标检测算法。其基本思想是将目标检测问题转化为目标框角点的检测、对角点进行分组得到目标框，避免了 Anchor 的设计。FCOS 由 Tian Z. 等人于 2019 年提出，其基本思想是对每一个点到目标框四边的距离进行回归，CenterNet 由 Zhao Z. Q. 等人在 2019 年提出，其基本思想是根据中心点来回归目标框的高度和宽度。两种基于中心点的 Anchor Free 算法都避免了 CornerNet 中对角点分组的过程，且使用"一对一"的正负样本策略，使得运行速度得到大大提高。

DETR（Detection Transformer）方法是近几年出现的 Anchor Free 目标检测算法，是首个

基于Transformer的端到端目标检测模型，由Facebook于2020年提出。其主要思想是将目标检测看作是一种集合预测问题，最后使用Transformer来预测目标框的集合与类别。由于DETR方法使用了当下热门的Transformer模型，因此相关的优化、改进等研究成果层出不穷，现已成为新的研究热点。

5.1.3 目标检测数据格式与评估指标

1. 数据格式

在进行模型训练时，需要使用标注工具生成的数据集或开源数据集。然而数据集之间格式多样，且目标检测的数据格式相比其他任务对数据集的要求更为复杂，为了实现数据集在不同模型上的兼容性，使用标准格式的数据集成为一种必要手段。

目前，在目标检测领域，主流的数据格式有两种：PASCAL VOC格式和COCO格式。VOC数据集格式来自于同名的竞赛，该数据集格式定义了数据存放的目录结构，其中，一个xml文件对应一张图片，用于保存图片的标注信息；COCO格式是微软构建的一种目标检测大型基准数据集，其与VOC数据集最大的不同在于整个训练集的标注信息都存放在一个json文件内。

除以上两种数据格式外，还有许多其他的数据集格式，用户也可以根据实际需要进行自定义。数据集格式并没有优劣之分，但使用不同模型进行训练时可能会有不同的加载效率、训练精度等。随着硬件处理能力和效率的提高，因数据集格式而带来的效率差异已经不那么重要，数据集选择的主要依据为模型训练精度、自身的易用性、可移植性等。

2. 评估指标

评价一种目标检测算法可以从两个角度考虑：一是模型的复杂度；二是目标检测模型的性能。前者反映了模型在应用时需要的存储空间大小、计算资源多少、运行时间长短；后者反映了目标检测算法的预测结果与真实值的接近程度。

在目标检测任务中，使用FLOPS（浮点运算数量）能够直观地反映该算法大致所需的计算资源，使用FPS（每秒帧数）来反映模型执行过程中的执行速度。其中，FLOPS与模型本身相关，FPS则由硬件设备、运行环境、编译速度、编程语言等因素共同决定。因此使用FPS指标时，必须提供模型运行时的处理器型号、处理器主频、内存容量、操作系统、软件版本、语言选择等指标。

评估目标检测算法的性能，同样需要从两个角度考虑：目标检测模型输出位置的准确性和目标检测模型输出类别的准确性。

目标检测通常使用矩形框来标注目标位置，因此检验位置准确性可以通过对比模型给出的矩形框位置与目标真实的矩形框位置来进行。具体的可量化的值包括：中心距离、图像重叠程度、倒角距离等。中心距离指的是模型给出的矩形框中心与目标真实的矩形框中心之间距离；此距离越小，表示预测框的位置离真实框越近。图像重叠程度指的是模型给出的矩形框与真实框的重叠度；此项指标越大，表示位置预测的准确性越高。倒角距离是形状 A 边缘上的点到形状 B 边缘上的最近点之间距离的平均值；倒角距离越小，则对应形状间的相似性越高。

评估目标检测的准确性的常用指标有：准确率（Accuracy）、精确率（Precision）、召回率（Recall）、P-R 曲线、平均正确率（Average Precision，AP）、均值平均精度（mean Average Precision，mAP）等。假设测试数据中包含 N_P 个正样本和 N_N 个负样本，则此时目标检测的结果可以分为四类：①正样本识别为正样本（True Positive，TP）；②正样本识别为负样本（False Positive，FP）；③负样本识别为负样本（True Negative，TN）；④负样本识别为正样本（False Negative，FN）。用 N_{TP}、N_{FP}、N_{TN}、N_{FN} 分别表示 TP、FP、TN、FN 的数量。

1）准确率定义为预测正确的样本数量与样本总数的比值。

$$准确率 = \frac{N_{TP}+N_{TN}}{N_{TP}+N_{FP}+N_{TN}+N_{FN}} \tag{5.1}$$

准确率可以评估总体的准确程度，但片面追求准确率并不合适，因为样本种类分布不均匀时，该指标不足以说明模型的好坏。例如，当正样本占据 99%、负样本占据 1% 时，将所有样本都预测为正，便可以有 0.99 的准确率。此时得到的准确率虽然很高，但并没有参考价值。

2）精确率也叫查准率，定义为正确预测的正样本数与全部预测为正的样本数量的比值。

$$P = \frac{N_{TP}}{N_{TP}+N_{FP}} \tag{5.2}$$

精确率仅针对预测结果，其表示在预测为正样本的结果中，有多少把握可以预测正确。

3）召回率也叫查全率、命中率，定义为测试集中的正样本数量被正确预测为正样本的比例。

$$R = \frac{N_{TP}}{N_{TP}+N_{FN}} \tag{5.3}$$

召回率越高，表示正样本被检测出来的概率越高。精确率和召回率在计算时分子相同、分母不同。前者为预测结果为正的样本数量，后者为测试样本中的正样本数。

4）为了综合评估模型的好坏，可以使用 P-R 曲线。其定义为记录同一模型在不同参数下的精确率和召回率，并以召回率为横坐标、精确率为纵坐标，绘制出来的曲线即为 P-R 曲线，如图 5.3 所示。P-R 曲线反映了分类器对于正样本识别准确程度和正样本覆盖能力的权衡。一个较好的分类器应该能够保证，随着召回率的提高，精确率始终处在较高水平，如图 5.3 中的曲线 A。

使用 P-R 曲线对模型进行评估的缺点是，在大多数情况下，调整参数并不能使精准率和召回率双

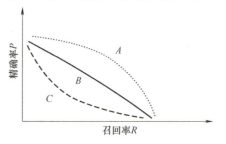

图 5.3　P-R 曲线

高,且 P-R 曲线容易受到正负样本分布的影响。通过对 P-R 曲线的分析可以知道,测试集中正负样本比例不变的情况下,想要较高的精确率就必然会牺牲一些召回率,反之亦然。一个较好的目标检测模型应该有随着召回率的提高,精确率始终保持一个较高的水平的特点。

5)数字比曲线图更能体现一个模型的好坏,因此定义平均精确率 AP 为 P-R 曲线下与横轴围成的面积。通常 AP 值越大,分类器的性能越好。图 5.3 中,曲线 A 与横轴围成的面积,相较于曲线 B、曲线 C 与横轴围成的面积都更大,即曲线 A 的 AP 值大于曲线 B、曲线 C 的 AP 值。因此曲线 A 对应分类器,比曲线 B、曲线 C 对应分类器的性能要好。

6)由于 AP 只针对单一种类的目标检测,对于多分类的目标检测问题,定义均值平均精度(mAP)。mAP 是对每一类别结果 AP 值的平均数,反映了多分类目标检测模型的整体性能。通常 mAP 越高,多分类器的性能越好。

5.2 两阶段目标检测方法

两阶段目标检测算法主要分为候选区域生成和分类回归两步。其首先在图像中生成若干候选区域(可能包含带检测物体的预选框),然后使用卷积神经网络提取候选区域内的特征进行分类,并修正检测框的位置。本节将从 RCNN 开始,阐述两阶段目标检测算法的基本框架、原理,分析两阶段目标检测方法的优缺点,最终介绍几种优化和改进的方法。

5.2.1 RCNN

RCNN 是首个将深度学习网络引入目标检测领域的算法,其建立的两阶段目标检测流程奠定了后续众多算法的框架基础。RCNN 的总体思路是:区域选择、提取特征、分类和定位。其整体结构如图 5.4 所示。

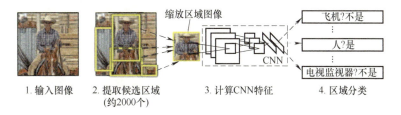

图 5.4 RCNN 整体结构

RCNN 使用传统的选择性搜索算法(Selective Search,SS)来获取候选框。然而该方法得到的候选框尺寸与长宽比例并不相同,但所使用的 CNN 网络要求输入尺寸是固定的,因此需要强制缩放到固定的尺寸(227 像素×227 像素)。RCNN 使用了两种缩放方式:一种是各向同性缩放,另一种是各向异性缩放(先将候选框剪裁,再使用候选框内的像素平均值颜色填充多余的像素，缩放后，对边界填充16个像素的0）。

在RCNN以及后续的目标检测方法中，都使用了交并比（Intersection over Union，IoU）来评价目标框的定位精度，其本质是用来描述两个候选框的重合程度。如图5.5所示，矩形框A与矩形框B的IoU为式（5.4）。IoU越大，说明预测框与标注的真实框越接近。

$$IoU = \frac{A \cap B}{A \cup B} \tag{5.4}$$

人工标注的训练集中，每张照片只标注了一个真实框；而采用SS方法得到的有约2000个候选框，因此需要借助IoU对这2000个候选框进行分类。如果候选框与标注框之间的IoU大于0.5，则将该候选框标注为正样本，否则就标注为负样本。如此做法可以获得大量的训练数据，尽量避免后续CNN训练过程中出现过拟合。

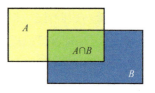

图5.5　计算IoU

RCNN中使用AlexNet作为特征提取网络（去掉最后一个全连接层），并且使用ImageNet训练好的模型，将经过缩放后相同尺寸的候选框输入模型进行训练。最终，每个候选框图像输出一个4096维的特征向量，2000个候选框输出2000×4096个特征向量矩阵。

接下来的步骤就是分类和定位。首先，将上述特征向量对每个类别训练一个SVM分类器。在训练SVM时，对于正负样本划分所采用的IoU阈值为0.3。将2000×4096的特征向量矩阵与4096×21的SVM权重矩阵相乘，便可以得到每个候选框对应每一类的概率。

对于同一个目标，算法可能给出多个候选框，因此需要通过非极大值抑制（Non-Maximum Suppression，NMS）剔除多余的候选框。其处理流程为：①按照SVM分类器得到的分类概率对所有候选框进行得分排序，选出得分最高的候选框；②遍历其余的候选框，删除与该候选框之间的IoU大于一定阈值的候选框；③从保留下来的候选框中继续选择一个得分最高的候选框，重复上述过程，直到找到所有被留下来的候选框。

经过SVM分类和NMS操作之后，只是得到了检测到物体的类别概率，候选框并没有精确地匹配目标，所以还需要进行边框回归来获得精确的检测框。边框用四维向量来表示(x, y, w, h)来表示，四个量分别代表边框中心点的横坐标和纵坐标、边框的宽度和高度。边框回归采用最小二乘法设计损失函数，边框回归的输入是候选框内的特征。在训练过程中，应使输入的候选框不断向真实框的位置贴近，得到最终的检测框。

但是RCNN有以下不足：①每个候选框都需要通过CNN计算特征，计算量极大，存储空间占用极大；②选择性搜索提取得到的候选框质量不够好，导致进入CNN网络训练的候选框中很多都是重复的计算；③特征提取、分类定位都是分模块独立训练，没有联合起来进行系统性优化，训练耗时长。

5.2.2　SPPNet和Fast RCNN

1. SPPNet

SPPNet全称为Spatial Pyramid Pooling Networks（空间金字塔池化网络），该算法是在

RCNN 的基础上提出的。RCNN 算法存在以下不足：①特征提取次数过多，使用选择性搜索的方式对一张图片提取 2k 左右的候选区域，则一张图片需要经过 2k 次左右的完整 CNN 计算才能得到最终结果；②对于候选区域的缩放可能会导致失真的几何形变，而且因为训练时长本身已经很长，使用数据增强的方式会使训练时长成倍增加。

由于 CNN 只能接受固定规模的输入，SPPNet 为了适应这一特性，采用在全连接层之前加入一个网络层，即空间金字塔池化（spatial pyramid pooling layer，SPP）层，令其对任意的输入都能产生固定的输出，如图 5.6 所示。SPPNet 相比于 RCNN 还有一个重要的不同是，其采用特征共享的方式，将整张图片输入 CNN 网络中，每张图片只需要提取一次特征。

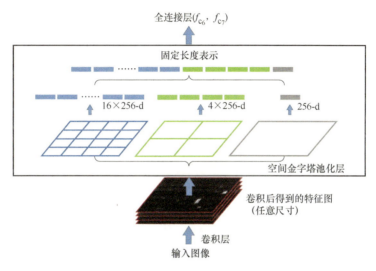

图 5.6　SPPNet 网络结构

SPPNet 相比于 RCNN，通过特征共享计算和空间金字塔池化，极大提高了运行效率；在精度基本保持不变的同时，大大节省了运行时间。

2. Fast RCNN

Fast RCNN 相比于 RCNN，改进的点主要包括：①不再对每个候选框，而是对整个图像进行 CNN 特征提取；②不再使用 SVM 进行分类，而是使用 Softmax 进行分类；③将目标分类和边框回归整合到一起。Fast RCNN 的整体结构如图 5.7 所示。

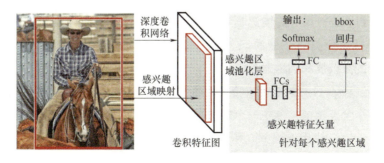

图 5.7　Fast RCNN 整体结构

Fast RCNN 与 RCNN 一样，使用 SS 算生成多个候选框、划分正负样本。但 Fast RCNN 使用了 VGG16 来进行特征提取，其将整个图像作为输入，并在第 5 层的池化层得到特征图。接下来将候选框映射到该特征图上。如此，便可以只通过一个卷积神经网络得到所有候选框的特征，大大加速了特征提取的过程。

此时，多个候选框的尺寸依然各不相同。RCNN 使用缩放的方式对候选框的尺寸进行统一；Fast RCNN 则对候选区域（Region of Interest，ROI）进行 ROI 池化，得到相同维度的特征向量，输入给后续的全连接层。

ROI 池化层有两个输入：一是 VGG 网络得到的固定大小的特征向量；二是表示感兴趣区域列表的 $N \times 5$ 矩阵，其中 N 是 ROI 的数量，第一列表示图像索引，其余四列是区域左上角和右下角的坐标。

ROI 池化过程实际上就是对于来自输入列表的每一个感兴趣区域，采用与其对应的输入特征图的一部分并将其缩放到预定义的大小。缩放过程如下：首先将候选区域划分为相等大小的部分，然后找到每个部分的最大值，最后输出将最大值复制输出。池化的过程如图 5.8 和图 5.9 所示。

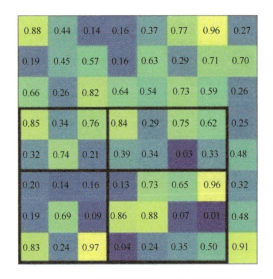

图 5.8　输入特征图的 ROI 区域划分　　　图 5.9　ROI 池化后的输出

ROI 池化得到了统一尺寸的候选框特征向量，便可输入神经网络进行分类。Fast RCNN 没有像 RCNN 那样把分类与边框回归分为两个过程，而是直接放到同一个网络中进行优化，减少了模型的复杂度和训练时长。

整合优化的过程如下：首先 ROI 特征图通过全连接层得到 4096 维的 ROI 特征向量，然后并行的连接两个全连接层，其中一个输出接 Softmax 用于类别预测，另一个用于边框回归。在损失函数的设计上，使用 loss_cls 用于衡量分类损失，loss_bbox 用于衡量检测框定位的损失。

综上所述，提高提取候选框的效率、使用 Softmax 分类器替换 SVM、将分类和边框回归整合到一起进行优化、使用 SVD 矩阵分解方式减少计算量等方法，使得 Fast RCNN 与 RCNN 相比，训练时间从 84h 减少到了 9.5h，测试时间从 47s 减少到了 2.32s。

5.2.3　Faster RCNN

Fast RCNN 的优化效果极为明显，但在最开始的时候仍然使用了 RCNN 的方式来生成候选框，即使用选择性搜索的方式进行。该方法不能使用 GPU 进行加速，拖慢了整体的速度。Fast RCNN 使用 2.32s 进行测试，其中有 2s 用在了选择性搜索上。而 Faster RCNN 提出了区域生成网络（Region Proposal Network，RPN），使得搜索速度不再成为限制测试时间的瓶颈。Faster RCNN 的整体结构如图 5.10 所示。

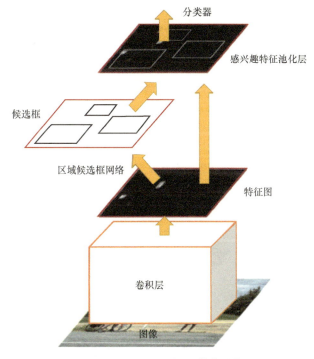

图 5.10　Faster RCNN 整体结构

Faster RCNN 与 Fast RCNN 使用了同样的 VGG-16 网络提取特征，不同之处是，得到的特征图没有候选框的映射，而是直接进入 RPN，使用 Anchor 替代 Selective Search 选取候选区域来生成候选框。最后，选出包含物体的锚框（Anchor）进入感兴趣区域池化层（ROI Pooling）提取特征。

Anchor 是指特征图上以每个点作为中心点，生成多个大小比例不同的边界框。Faser RCNN 作者选择了 3 种尺度、3 种长宽比，共 9 个 Anchor，如图 5.11 所示。如果图像的尺寸是 P 像素×Q 像素，则一共有 $P×Q×9$ 个 Anchor。训练时，需要向 RPN 网络输入一个监督信息，根据 Anchor 和真实框 IoU 取值，判断 Anchor 是否包含物体，与某一真实框 IoU 最大的 Anchor 或与任意真实框 IoU>0.7 的 Anchor 为正样本、与所有真实框 IoU<0.3 的 Anchor 则为

负样本。原论文采样了 256 个样本；从正样本中随机采样，采样的个数不超过 128 个；从负样本中随机采样，补齐剩余的 256 个样本。

图 5.12 展示了基于 VGG16 的 Faster RCNN 网络结构。其中，对于一幅任意大小的 $P×Q$ 图像，其首先被缩放到 $M×N$ 大小，然后输入到一个具有 13 个卷积层、13 个 ReLU 层、4 个池化层的卷积神经网络中，得到特征图。该特征图输入 RPN 网络后，利用锚框作为初始的检测框，计算得到候选框。对于最后的 ROI Pooling 层，利用计算得到的候选框，在特征图中提取候选框特征，送入后续的全连接层，进行边框回归和 Softmax 分类。

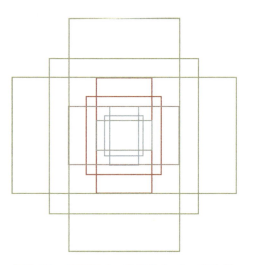

图 5.11　不同尺寸、比例的 Anchor 示意图

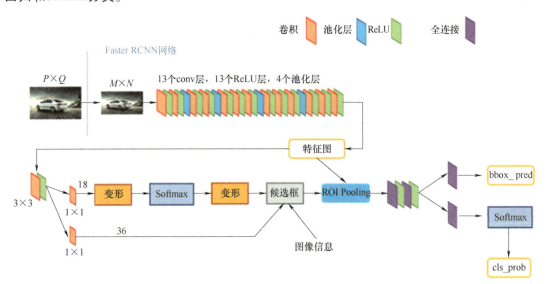

图 5.12　基于 VGG16 的 Faster RCNN 网络结构

RPN 网络的结构如图 5.13 所示。可以看到，PRN 网络一条线通过 Softmax 分类获得 Anchor 的正负样本分类；另一条线用于计算对于 Anchor 的边框回归偏移量，得到较为准确的候选框。

候选框层则综合两条线的结果获取候选框，输入给感兴趣区域池化层。因此，RPN 网络的损失函数同样也分为两项：一项是分类分支的损失；另一项是边框回归分支的损失，如式（5.5）所示。

$$L(p_i,t_i)=\frac{1}{N_{\text{cls}}}\sum_{i}L_{\text{cls}}(p_i,p_i^*)+\lambda\frac{1}{N_{\text{reg}}}\sum_{i}p_i^*L_{\text{reg}}(t_i,t_i^*) \qquad (5.5)$$

式中，$L(p_i,t_i)$ 为总损失函数，p_i 表示一个 mini-batch 中第 i 个 Anchor 是待检测目标的概率，$p_i^* = 1$ 表示该 Anchor 是待检测目标，$p_i^* = 0$ 则表示该 Anchor 不是待检测目标；$L_{cls}(p_i, p_i^*)$ 为第 i 个 Anchor 是分类损失；t_i 为该 Anchor 中由 4 个参数构成的物体位置的向量；t_i^* 为该 Anchor 中物体位置的真实值；$p_i^* L_{reg}(t_i, t_i^*)$ 为该 Anchor 的回归损失；N_{cls} 和 N_{reg} 分别为分类损失和边框回归损失的归一化参数；λ 为调节上述两种损失的权重。

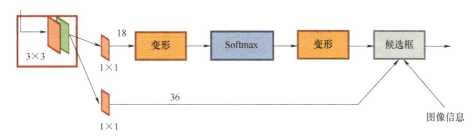

图 5.13　RPN 整体结构

在 RPN 中使用不同尺寸比例 Anchor 的作用在于，提前给 CNN 网络框选了一个区域，在这些不同大小的 Anchor 区域中，判断内部是否包含感兴趣对象，进而指出该 Anchor 是否是正样本。Anchor 代替选择性搜索，直观上可以理解为认为指定了候选区域的选择规则，减少了候选区域的数量。

由上面的介绍可以知道，Faster RCNN 实际上由两个网络组成：RPN 网络和 Fast RCNN 网络，二者需要分别进行训练。训练的过程采用迭代训练的方式：先独立训练 RPN，再用 RPN 输出的候选框训练 Fast RCNN；Fast RCNN 训练结束后又可以将参数传给 RPN 网络，如此迭代训练，最后训练到想要的效果。

5.2.4　进阶的两阶段算法

传统的目标检测算法大多数会通过构建图像金字塔的方式来提高对不同尺度目标的检测精度。然而，图像金字塔的计算量极其庞大，计算效率较低。

2017 年，Lin T. Y. 等人提出特征金字塔网络（Feature Pyramid Network，FPN），其构造的是一种多尺度金字塔——将图像缩放到不同尺度，在不同层使用不同的模型进行预测，最后对不同层的预测进行融合，使模型能够具备检测不同大小尺度物体的能力。浅层的特征图分辨率高，保留了原区域中的大部分信息，有利于定位；深层的特征图包含较强的语义信息，有利于分类识别。

基于 FPN 网络的两阶段目标检测算法，实际上是 FPN 网络与 Faster RCNN 方法的结合。FPN 是一种自顶向下的分层式的网络结构，如图 5.14 所示。其输入为骨干网络的每一层的输出（图 5.14a）；每一层的特征将进行上采样（图 5.14b），再与上一层特征相叠加（图 5.14c）得到 FPN 结构里每一层的输出（图 5.14d）。

除了 FPN 以外，比较典型的进阶的两阶段目标检测算法还有 Cascade RCNN、Libra RCNN 等。时至今日，对两阶段目标检测算法的改进和优化方案仍在不断出现。作为最早引入深度学习领域的两阶段目标检测框架，与后续两节将要介绍的单阶段目标检测算法、

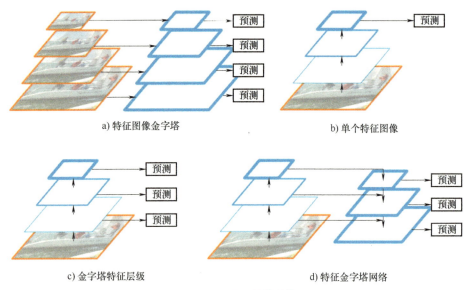

a) 特征图像金字塔 b) 单个特征图像

c) 金字塔特征层级 d) 特征金字塔网络

图 5.14　FPN 整体结构

Anchor Free 算法相比，精度更高；但其网络结构则较为复杂、预测速度较慢、超参数数量较多、可扩展性一般。但其思路和方法，为后续其他类型目标检测算法的提出提供了必要的启发和铺垫。

5.3　单阶段目标检测方法

所谓单阶段目标检测算法，就是只使用一个神经网络完成目标定位和目标分类的任务。相比于两阶段目标检测算法，其不再把候选框生成过程单独处理。这样做虽然会使精度有所下降，但是运行速度极快。

5.3.1　YOLO

YOLO（You Only Look Once）是一个典型的单阶段目标检测算法，其首次把检测任务当作回归问题来处理，把目标定位和目标分类两个任务合并为一个任务。

YOLO 的网络结构如图 5.15 所示，其含有 24 个卷积层和 2 个全连接层，其中卷积层用来提取特征，全连接层用来输出位置和类别概率。YOLO 网络的输入为 448 像素×448 像素的图像，接下来被划分为 7×7 个网格，如果某个对象的中心落在了这个网格中，则这个网格负责预测这个对象。对于每个网格，都预测 2 个边框，因此总共预测了 7×7×2 个边框（包括每个边框是目标的置信度，以及每个边框在多个类别上的概率），最后使用 NMS 方法剔除冗余边框。

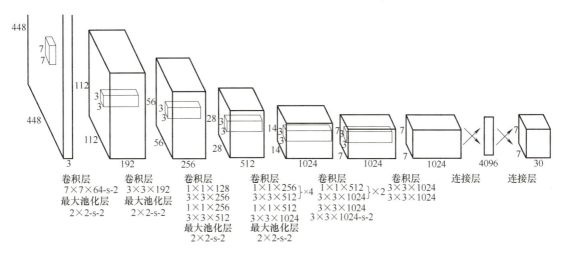

图 5.15　YOLOv1 网络结构

原作者在设计 YOLO 的损失函数时，使用了平方和来计算损失。总的损失函数实际上就是各个因素带来的损失的叠加：

$$L_{\text{total}} = \lambda_{\text{coord}} \sum_{i=0}^{S^2} \sum_{j=0}^{B} \bm{I}_{ij}^{\text{obj}} [(x_i - \hat{x}_i)^2 + (y_i - \hat{y}_i)^2] + \\ \lambda_{\text{coord}} \sum_{i=0}^{S^2} \sum_{j=0}^{B} \bm{I}_{ij}^{\text{obj}} [(\sqrt{w_i} - \sqrt{\hat{w}_i})^2 + (\sqrt{h_i} - \sqrt{\hat{h}_i})^2] + \sum_{i=0}^{S^2} \sum_{j=0}^{B} \bm{I}_{ij}^{\text{obj}} (C_i - \hat{C}_i)^2 + \\ \lambda_{\text{noobj}} \sum_{i=0}^{S^2} \sum_{j=0}^{B} \bm{I}_{ij}^{\text{noobj}} (C_i - \hat{C}_i)^2 + \sum_{i=0}^{S^2} \bm{I}_i^{\text{obj}} \sum_{c \in \text{classes}} [p_i(c) - \hat{p}_i(c)]^2 \tag{5.6}$$

式中，λ_{coord} 为位置权重，原作者将其设置为 5，加大对错误位置的惩罚；λ_{noobj} 为无对象权重，原作者将其设置为 0.5，减小对不含目标的方框的惩罚；(x_i, y_i, w_i, h_i) 为方框的横坐标、纵坐标、宽度、长度，$(\hat{x}_i, \hat{y}_i, \hat{w}_i, \hat{h}_i)$ 表示方框的真实横坐标、纵坐标、宽度、长度。$\bm{I}_{ij}^{\text{obj}}$ 为第 i 个网格中的第 j 个方框是目标时元素为 1 的矩阵；$\bm{I}_i^{\text{obj}}$ 为第 i 个网格中出现目标是元素为 1 的矩阵；$\bm{I}_{ij}^{\text{noobj}}$ 为第 i 个网格中第 j 个方框不是目标时元素为 1 的矩阵；C_i 为第 i 个网格是目标的置信度；$p_i(c)$ 为第 i 个网格是类别 c 的概率。

总的损失函数中共有以下几项：①边框的横纵坐标预测损失；②边框的长度宽度预测损失；③网格包含目标的方框的置信度的预测损失；④网格不包含目标的方框的置信度的预测损失；⑤方框分类类别的预测损失。

YOLO 是首个单阶段目标检测算法，其首次实现了端到端的训练方式，不再像 RCNN 系列算法那样分阶段训练和测试，使训练和测试的时间都大大缩短。同时，由于 YOLO 在训练和测试时都在整张图片的基础上进行，能够较好地学习上下文信息，比两阶段算法的背景误检率低很多。最后，YOLO 算法的通用性更强，其对非自然物体（如艺术类）图像物体的检测率远远高于 DPM 和 RCNN 系列算法。

5.3.2 SSD

单次多边框检测器（Single Shot MultiBox Detector，SSD）算法于 2016 年被提出，其网络结构如图 5.16 所示。SSD 采用 VGG16 作为特征提取模型，不同的是将最后的 2 个全连接层替换为了 4 个卷积层。如此便能够提取更高层次的语义信息。SSD 的核心思路在于采用多卷积层提取多尺度的特征图进行融合后再检测。SSD 借鉴了 Faster RCNN 中设置不同尺寸、不同长宽比的 Anchor 的思想，在 6 个不同尺度的特征图上设置候选框，如图 5.17 所示，训练和预测的边界框正是以这些候选框为基准。SSD 具有多层的特征图，浅层的特征图携带更多较大目标的信息，深层的特征图携带更多较小目标的信息，如此便能提高模型对多种尺度目标的检测能力和准确性。

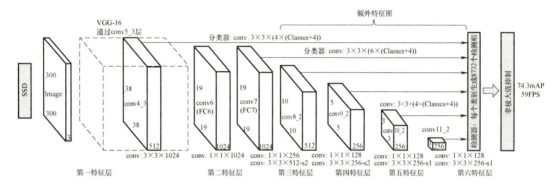

图 5.16　SSD 网络结构

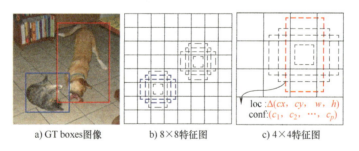

a) GT boxes 图像　　b) 8×8 特征图　　c) 4×4 特征图

图 5.17　SSD 在不同尺度特征图上的候选框

SSD 网络的损失函数由两部分组成：类别预测损失和位置预测损失，见式（5.7）~式（5.10）。

$$L(x,c,l,g)=\frac{1}{N}[L_{\mathrm{conf}}(x,c)+\alpha L_{\mathrm{loc}}(x,l,g)] \quad (5.7)$$

$$L_{\mathrm{loc}}(x,l,g)=\sum_{i\in \mathrm{Pos}}^{N}\sum_{m\in\{cx,cy,w,h\}}x_{ij}^{k}\mathrm{smooth}_{\mathrm{L1}}(l_{i}^{m}-\hat{g}_{j}^{m}) \quad (5.8)$$

$$L_{\mathrm{conf}}(x,c)=-\sum_{i\in \mathrm{Pos}}^{N}x_{ij}^{p}\log(\hat{c}_{i}^{p})-\sum_{i\in \mathrm{Neg}}\log(\hat{c}_{i}^{0}) \quad (5.9)$$

$$\hat{c}_i^p = \frac{\exp(c_i^p)}{\sum_p \exp(c_i^p)} \qquad (5.10)$$

式中，$L(x, c, l, g)$ 为总损失函数；$L_{\text{conf}}(x, c)$ 为分类损失函数；$L_{\text{loc}}(x, l, g)$ 为位置损失函数；c 为 Anchor 的分类置信度；l 为预测框的坐标；g 为坐标的真实值；N 为匹配的默认框数量；x_{ij}^k 为第 i 个 Anchor 与第 j 个真实框关于真实类别 k 是否匹配（匹配为 1，否则为 0），其与 Smooth L1 的乘积，求和得到损失函数，其中代入 Smooth L1 计算的是维度 m（与 Anchor 中心 x 方向上的补偿 cx、与 Anchor 中心 y 方向上的补偿 cy、宽度 w、高度 h，四者之一）；$x_{ij}^p \log(\hat{c}_i^p)$ 为第 i 个 Anchor 与第 j 个真实框关于类别 p 的匹配程度，预测为 p 类的概率越高，损失越小；$\log(\hat{c}_i^0)$ 为第 i 个 Anchor 中没有物体的概率，预测为背景类的概率越高，损失越小；$\hat{c}_i^p = \dfrac{\exp(c_i^p)}{\sum_p \exp(c_i^p)}$ 为第 i 个 Anchor 是 p 类物体的概率计算方式。

SSD 与 YOLO 相比，速度接近，但精度更高。SSD 后续也有众多改进算法。以 DSSD 为例，其改进之处有：DSSD 将基础网络从 VGG16 改为 ResNet101。DSSD 引入了反卷积网络，将高维信息与低维信息进行融合，提高了网络对语义信息的整合能力。同时，DSSD 还在每个预测层后都增加了预测模块，使网络在高分辨率图像的预测上获得了更高的精度。

5.3.3　YOLOv2

YOLO 检测算法虽然检测速度快，但精度还不够高。因此，原团队在 YOLO 的基础上进行优化改进，得到了 YOLOv2。

YOLOv2 在采用 224 像素×224 像素图像进行分类模型进行预训练后，再采用 448 像素×448 像素的高分辨率样本对分类模型进行 10 个 epoch 的微调。接下来，使用 DarkNet-19，将输入图像的分辨率提升到 448 像素×448 像素，再进行训练。使用高分辨率网络的好处之一就是，检测精度得到了提高。

YOLOv2 在每个卷积层的后面都增加了一个批量归一化（Batch Norm，BN）层，去掉了 Dropout 层。BN 层的引入是为了对数据的分布进行改善，改变方差的大小和均值，使数据更加符合真实数据的分布，防止数据的过拟合，增强了模型的非线性表达能力。

YOLO 对边界框使用全连接层进行预测。实际上使用全连接层会导致训练时丢失较多空间信息，位置预测的准确性会下降。YOLOv2 则借鉴了 Faster RCNN 的 Anchor 思想，同时又做了改进：使用聚类的方法对 Anchor 进行聚类分析，聚类的依据就是 IoU 指标，最终选择 5 个聚类中心。通过比较，发现使用这 5 个聚类得到的 Anchor 进行训练，比手动选择选择 Anchor 有更高的平均 IoU 值，有利于模型的快速收敛。图 5.18 所示为 9 种不同尺度的 Anchor，图 5.19 所示为数据集 VOC 和 COCO 上的边界框聚类分析结果。

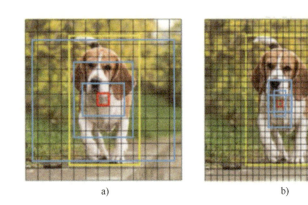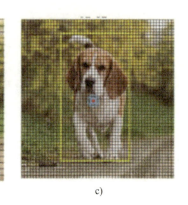

图 5.18　9 种不同尺度的 Anchor 示意图

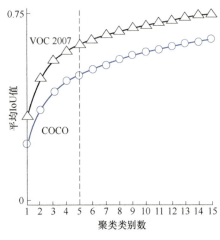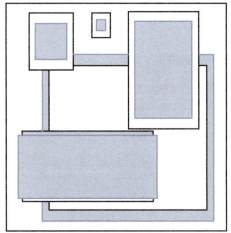

图 5.19　数据集 VOC 和 COCO 上的边界框聚类分析结果

YOLOv2 中对于边框位置的预测，借鉴了 Faster RCNN 的 Anchor 的思想。首先根据划分的网格位置来预测坐标，13 像素×13 像素的特征图上每个网格预测 5 个候选框，每个候选框上需要预测 5 个量 [4 个坐标（x，y，h，w）、1 个置信度 σ]。假设一个网格中心与图像左上角点的偏移是 C_x、C_y，候选框的高度和宽度是 P_h、P_w，则预测的边框（b_x，b_y，b_h，b_w）计算如图 5.20 所示。

YOLOv2 使用了转移层（passthrough layer），把高分辨率的特征图与低分辨率的特征图进行融合，融合后的特征图具有更好的细粒度特征。在融合后的特征图上进行训练和预测，拥有更好的检测精度。

YOLO 由于全连接层的存在，限制其

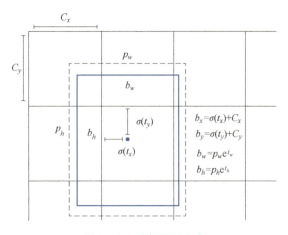

图 5.20　边框预测公式

输入只能使用固定的 448 像素×448 像素图像；YOLOv2 只有卷积层和池化层，对输入图像的尺寸没有限制，故采用了多尺度输入的方式进行训练。训练时，每经过 10 个 epoch，便随机制定一个新的图片尺寸。由于下采样参数是 32，因此该尺寸必须为 32 的倍数（320，352,…,608）。这种做法使得 YOLOv2 对不同尺寸的输入都能取到一个很好的预测效果。当输入图片尺寸较小时，训练和预测速度快；当输入图片尺寸较大时，训练和预测精度高。

YOLOv2 的训练包括 3 个阶段：首先，在 ImageNet 数据集上预训练 DarkNet-19，使用的输入图像尺寸为 224×224，共训练 160 个 epoch；接着，将输入图像分辨率调整到 448 像素×448 像素，并在 ImageNet 数据集上微调分类模型，训练 10 个 epoch；最后，修改 DarkNet-19 网络为检测模型，并在检测数据集上继续微调网络。

总体而言，YOLOv2 吸收了其他目标检测模型的很多方法，使得 YOLOv2 相比于 YOLO，在速度差不多的情况下提高了检测精度。

5.3.4 RetinaNet

RetinaNet 是 YOLOv2 诞生后、YOLOv3 诞生前出现的一款目标检测模型。RetinaNet 的网络结构如图 5.21 所示。其中，特征提取网络是残差网络 ResNet-50，特征融合处理使用的是特征金字塔（FPN）网络。RetinaNet 中的 FPN 网络用的是自顶向下的 FPN 结构，使其对较小物体也能够保持检测的精度。对于 FPN 网络输出的三个尺寸的特征图，又使用了三个可以并行进行分类和回归的子网络。这三个子网络的权重是共享的，每个子网络由 5 个卷积层构成，其中最后一个卷积层的输出通道数为检测目标的类别个数。

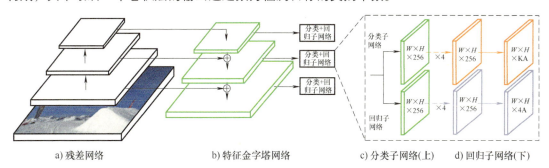

图 5.21 RetinaNet 的网络结构

RetinaNet 最重要的创新点在于提出了 Focal 损失函数（Focal loss）。以往的单阶段目标检测算法对密集采样的情形下精度更高更快，但精度落后于两阶段算法。作者发现造成此现象的原因在于训练时前景和背景类别不平衡。针对此现象，Focal loss 重新设计了交叉熵损失函数：降低分类良好例子的 loss，将训练重点放在稀疏的例子上，有效地减少了容易分类的负样本给训练带来的影响。Focal loss 本质上是一个能够动态缩放交叉熵损失的函数，当正确类别的置信度提高时，缩放衰减因子衰减为 0；缩放因子可以自动降低容易分类的负样本在训练期间贡献 loss 的权重，使得模型更加注重难分类的正样本。式（5.11）为最终的 Focal loss（FL）形式：

$$FL(p_t) = -\alpha_t (1-p_t)^\gamma \log(p_t) \tag{5.11}$$

式中，α_t 可以抑制正负样本的数量失衡；γ 可以控制简单或困难区分样本的数量失衡。无论是前景类还是背景类，正样本的概率 p_t 越大，权重 $(1-p_t)^\gamma$ 就越小，即简单样本会被抑制。

5.3.5 YOLO 后续版本

YOLOv3 是 YOLOv2 的改进版本。

首先是网络结构的改进：YOLOv3 的骨干网络使用的是 DarkNet-53，其相比于 DarkNet-19，加深了网络层数，并加入了残差网络。原论文中通过对比，指出 DarkNet-53 比 ResNet-101 的速度快约 1.5 倍，比 ResNet-152 的速度快约 2 倍。

其次，YOLOv3 在多尺度检测上的改进是：YOLOv3 借鉴了使用多层级特征图进行检测的思想，小尺寸特征图用于检测大物体，大尺寸特征图检测小尺寸物体。YOLOv3 使用聚类的方法得到 9 种尺度的边界框，最终输出 3 种尺寸的特征图。

最后，YOLOv3 使用逻辑回归代替了 Softmax。如此便能实现在一些复杂场景下，实现多标签多分类问题；如一个目标同时属于多个类别的情景。

在提出 YOLOv3 的当时，可以说是整合了众多网络的精髓，如 ResNet、DenseNet、FPN 等，很多技巧和思路直到现在仍然有很好的借鉴意义。

YOLO 系列本身一直在不断地发展，后续众多算法的提出，共同组成了现在 YOLO 系列庞大的家族。2023 年 1 月，Ultralytics 公司开源了基于 YOLOv5 改进而来的 YOLOv8 的代码，以官网的介绍来看，YOLOv8 使用了全新的骨干网络和损失函数，使其拥有了更快、更准确的性能。

5.4 Anchor Free 目标检测方法

前两节提到的方法都是使用基于 Anchor 的方法，即 Anchor-based 方法。该方法能够在同一像素点生成各种尺寸、比例的 Anchor，接下来再进行筛选、分类和回归。这样的做法能够在一定程度上解决目标尺度不一和目标遮挡的问题，提高检测精度。举例来讲，若有两个物体靠得很近，则它们的中心点在特征图上很有可能对准到了同一个点。此时若不考虑多个 Anchor 的话，就很有可能丢掉一个物体的信息。

使用 Anchor 的弊端有：

1）该方法过于依赖手动设计，超参数过多（如 Anchor 的数量、大小、宽高比等），调参困难。在实际项目中，这些参数往往需要根据真实数据实际的参数来进行确定。比如，车牌检测和人脸检测，Anchor 的宽高比一定是不同的。此类超参数需要根据经验来进行确定，一种检测任务里 Anchor 的超参数往往在另一个任务中并不适用。

2）基于 Anchor 的方法在训练和预测的过程非常耗时和低效。为了增大模型的召回率，则还需要密集地设置更多的 Anchor，让训练和预测的耗时更长。同时，尽管 Anchor 非常多，但实际上真正对训练起作用的正样本的 Anchor 却不一定很多，这就导致了基于 Anchor 算法的低效。

因此，目标检测领域出现了一类新的算法：Anchor Free 目标检测算法。

5.4.1 CornerNet

CornerNet 是一种基于角点的 Anchor Free 方法。CornerNet 的提出者认为，目标检测里面的目标框，实际上只要检测目标框左上角点和右下角点，再组合起来，便锁定了这个目标框的位置。之所以选择角点而不是中心点，是因为角点更有利于训练，即左上角点只与左边框和上边框有关，右下角点只与右边框和下边框有关。

CornerNet 的网络结构如图 5.22 所示。其基本思想是：①输入一张图片，通过卷积神经网络 Hourglass-104 来提取特征。②提取出来的特征会输入给两个检测器，以分别检测图片的左上角点和右下角点。

每个检测器又分成热图（Heatmaps）和嵌入（Embeddings）两层。其中，Heatmaps 层找到角点的位置，并对其进行分类；Embedding 层则将两个检测器里 Heatmaps 的输出角点进行匹配，匹配成功则组合到一起，形成检测框。

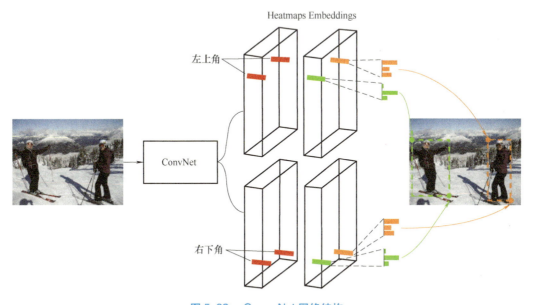

图 5.22　CornerNet 网络结构

Heatmaps 层的设计主要基于以下两个规则：

1）对于角点位置的预测，使用像素点位置是角点概率的高斯分布的圆圈来回归真实框角点。靠近圆心的位置目标值接近于 1，靠近边缘的区域目标值接近于 0。

2）使用角点池化（Corner Pooling）的方法对训练过程中的角点赋予更多信息。以获得左上角点的特征为例，其特征值的计算分为两步，首先是从右往左扫描，保留每行中最大的像素值；然后是从下向上扫描，保留每列中最大的像素值，如图 5.23 所示。

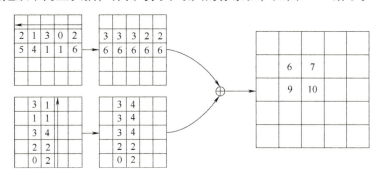

图 5.23　Corner Pooling 的过程

到了 Embeddings 层，首先对输入特征图上的每个点使用卷积的方式进行编码，得到的编码向量即为 Embeddings，其包含了该点的位置信息。接下来，计算左上角点和右下角点的 Embeddings 距离作为两个点的相似度，通过相似度来对角点进行匹配。

在网络的损失函数设计中，损失值等于 Heatmaps、Embeddings 和一个 Offset 层各自损失值的加权和。Heatmaps 层的损失值与 Focal loss 相似，其对难易样本的划分标准是当前点与真实点之间的距离。距离较远时会认为该点是一个困难的样本，其权重更大，需要更多的训练去学习。Embeddings 层的损失值，则由同一目标的角点匹配损失、不同目标的角点匹配损失加权求和得到。在训练过程中，该方法希望前者的损失值小，后者损失值大。Offset 层的损失值，主要是用来降低训练过程中角点经过降采样之后坐标与原始坐标之间的误差。

通过对比实验，CornerNet 的检测精度已经与 RetinaNet、Cascade RCNN 等 Anchor-based 方法差距不大，但 CornerNet 方法也存在不足：①其对同一类别的不同目标，CornerNet 容易判定为一个目标并形成误检框。②其使用 Hourglass-104 网络，所以其检测速度仍然还有可以优化的空间。

因此，原作者后续又提出了改进版的 CornerNet-Lite，减少了对每个像素点的处理，在速度和精度两个方面都进行了优化，对比实验的效果已经好于 YOLOv3。

5.4.2　FCOS 和 CenterNet

除了基于边角点的 Anchor Free 目标检测方法外，还有一类基于中心点的 Anchor Free 目标检测方法，如 FCOS、CenterNet 等。

1. FCOS

FCOS 的核心思想是，使用全卷积网络 FCN 直接对特征图的每一个位置到目标框四边的距离进行回归，每个点都是训练样本。FCOS 的网络结构如图 5.24 所示。首先其采用了一个 FPN 结构，在不同层级预测不同尺度的目标，能有效对图像中大小不同但位置重叠的物体进行很好的区分。FPN 输出的 5 个特征图信息输入 5 个 Heads 网络，每个 Heads 网络里面又有分类、中心度、回归三个分支。

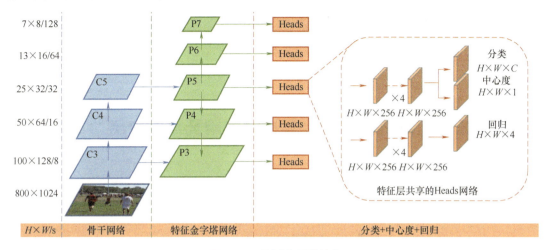

图 5.24　FCOS 网络结构

在 Heads 网络里，分类分支采用 Focal loss，以像素点为训练样本，每个像素被标上类别或背景标签进行训练。回归分支采用 IoU loss，以真实框每个像素到真实框四条边的距离作为监督值进行边框回归的训练；最后，使用设置阈值的方式，将不同尺寸的边框分配给不同层级 Heads 的输出。FCOS 首次提出了中心度（Center-ness）的概念：在一个预测框中，像素点离目标中心越近，Center-ness 值越大。使用中心度损失可以很好地抑制那些离目标中心很远的像素点对训练的影响，最后使用 NMS 的方法便可以将这些远离中心的像素点进行滤除。

2. CenterNet

CenterNet 也是一种 Anchor Free 目标检测算法，其核心思想就是检测中心点和物体尺寸（长和宽），如图 5.25 所示。CenterNet 训练时，指定每个位置仅有一个样本，不必使用 NMS 进行筛选。对于物体尺寸的预测问题，CenterNet 选择直接预测真实框的大小，这使得其灵活性较高，方便扩展到其他任务。

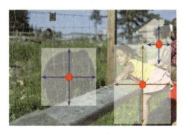  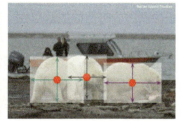

图 5.25　CenterNet 的关键点检测方式

与单阶段 Anchor-based 方法相比，CenterNet 网络中每个中心点都可以认为是一个不含形状信息的 Anchor。每个物体仅有一个正样本点，不再需要 NMS，仅通过提取 heatmaps 上局部最大值的位置即可。另外，CenterNet 分配正样本时仅依赖位置，没有手动区分前景背景的阈值。与 CornerNet 相比，CenterNet 同样使用 heatmaps 和变种 Focal loss 进行训练、使用 offset 分支来弥补下采样点的误差，不同之处是不再需要对关键点进行配对操作。最后，CenterNet 直接去预测输入图像中预测框的大小。训练的监督信息只在真实框的中心点处产生，并使用一个 L1 loss 进行计算。

5.5 自动驾驶目标检测技术应用及案例介绍

5.5.1 自动驾驶目标检测技术应用概述

随着人工智能技术以及车载感知元器件的发展，自动驾驶感知技术的上限正在不断提高。自动驾驶的感知模块作为自动驾驶系统的"眼睛"，是整个系统中必要且关键的组成部分。基于视觉的目标检测是自动驾驶感知技术的重要手段，其主要任务是从车载的光学传感器（即摄像头）处获得图像，并从中快速、精准、稳定地识别出各个目标的类别与位置。

由 5.1 节可知，过去的 20 多年里，基于二维视觉图像的目标检测方法从传统目标检测算法、发展到基于深度学习的目标检测算法，其泛化能力、精度等都有了大幅度的提高。具体而言，传统目标检测算法强依赖于人工设计的规则，泛化能力不强，仅对特定特征、特定类别有效，且检测精度难以保证，不适合于自动驾驶安全性、可靠性的要求。而基于深度学习的目标检测算法，借助于卷积神经网络的表达能力和泛化能力，可对多种目标进行检测，且检测精度和速度也在不断提高，能很好地满足自动驾驶的需求。

传统的目标检测算法需要人工设定规则，所以此类自动驾驶目标检测方法主要是对某一类特定的目标进行检测，如行人检测、车辆检测、交通标志检测等；基于深度学习的目标检测算法不再需要人工设计目标特征，复杂度较传统目标检测算法大大降低。同时，基于深度学习的目标检测算法，能够使用同一网络框架对不同种类的目标进行检测，检测的精度也远远超过了传统的目标检测算法。在自动驾驶领域，基于深度学习的目标检测方式显然比传统目标检测方式有更好的适应性、可靠性。

YOLO 系列算法因其简单的网络结构、快速的预测过程，自然受到了自动驾驶目标检测领域相关学者的青睐。对交通标志、交通信号灯、交通车辆、行人等检测任务中，都能看到 YOLO 系列算法的使用。

基于深度学习的目标检测方法的不断发展，是未来自动驾驶领域的重要研究方向之一。在可以预见的未来，学术界与产业界必会联手，共同推动自动驾驶技术更快速、更安全、更可靠地应用落地。

5.5.2 自动驾驶障碍物危险等级预测案例介绍

1. 背景介绍

如今,智能交通系统得到了快速的发展。高级驾驶辅助系统(Advanced Driver Assistant Systems,ADAS)能够感知车辆周边环境并预警、提高车辆的主动安全性,现已成为智能交通系统的重要的应用领域。不同车型、不同场景下的 ADAS 系统方案千差万别,其在使用的传感器种类与数量、目标识别算法、硬件平台选型上,都有着非常大的差异。基于摄像头 ADAS 产品相对于其他传感器具有成本低、易安装、图像信息丰富且容易处理的特点,因此得到了广泛应用。

本节以基于单目视觉的驾驶辅助系统相关技术为背景,介绍了一种适用于车载移动端的基于单目视觉的快速障碍物检测方法,同时能够输出障碍物的危险程度。本节介绍的方法首先应用卷积神经网络检测障碍物,再利用快速跟踪算法处理视频相邻帧之间的相关信息,提升平均检测精度;基于检测到的障碍物目标,使用单目测距方法测定障碍物与车身的相对距离,计算相对速度与估计碰撞时间,对障碍物进行危险程度分级,最终输出预警信息。

2. 技术路线

本节所介绍的自动驾驶障碍物危险等级预测案例,总共分为三个部分:①基于卷积神经网络的图像障碍物检测算法;②融合目标跟踪的障碍物实时检测算法;③基于单目视觉的障碍物运动信息测算以及危险等级判别算法。其技术路线如图 5.26 所示。

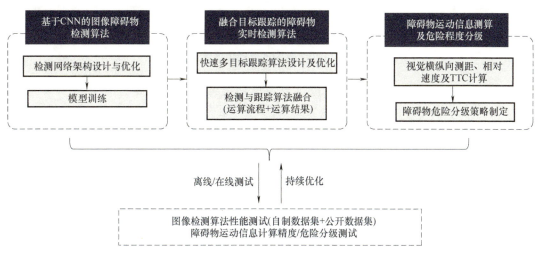

图 5.26 自动驾驶障碍物危险等级预测案例的技术路线

(1) 基于卷积神经网络的图像障碍物检测算法

本案例的第一步,基于快速的单阶段检测框架 SSD 来设计目标检测网络,该目标检测网络结构如图 5.27 所示。整体网络组成分为两个部分：第一部分是特征提取网络，用于充分提取输入图片的特征，其结构可以灵活设计，是检测网络的主体；第二部分是额外添加的卷积层，目的是得到更小更抽象的特征图，为后面预测目标框做准备。

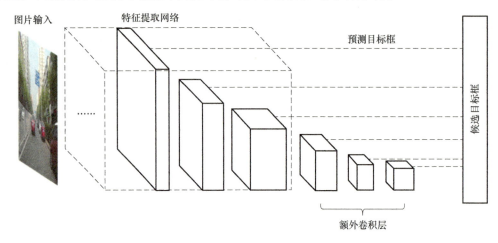

图 5.27　目标检测网络结构

随着网络的由浅入深，所提取的特征就越来越抽象且有代表性，最后会从不同层次特征图中选取若干层用于预测，即在每个像素位置上回归出该位置的目标框坐标及类别，这样便于预测出不同尺度的目标。本次目标检测网络需要检测的障碍物分为 8 种：行人、自行车、摩托车、三轮车、轿车、无盖货车、厢式货车、公交车，如图 5.28 所示。

a) 行人　　b) 自行车　　c) 摩托车　　d) 三轮车　　e) 轿车　　f) 无盖货车　　g) 厢式货车　　h) 公交车

图 5.28　检测的障碍物示意图

网络输出预测框的信息由式（5.12）~式（5.14）表示。

$$C_k = \{S_{background}, S_{ped}, S_{bic}, S_{mot}, S_{tri}, S_{car}, S_{tru}, S_{van}, S_{bus}\}, 当 k=1,2,\cdots,N \quad (5.12)$$

$$L_k = \{x_k, y_k, w_k, h_k\} \, (k=1,2,\cdots,N) \quad (5.13)$$

$$U_k = \{C_k, L_k\} \, (k=1,2,\cdots,N) \quad (5.14)$$

式中，C_k 为第 k 个目标框中每个类别的概率。这里除了上述提到的 8 种障碍物概率，还包括检测为背景的概率；L_k 为第 k 个目标框的位置信息，x_k、y_k、w_k、h_k 分别表示目标矩形框左上角在原图中的像素横坐标、像素纵坐标、目标框的像素宽、目标框的像素高；U_k 则包含类别与位置的完整信息。

对于特征提取过程，本案例设计的网络结构见表 5.1。特征提取网络输入大小初步设定为 288×288，网络由若干个残差单元组成，每个残差单元由 1×1 的标准卷积与 3×3 的标准卷积或者深度可分离卷积组成，其中 1×1 的卷积核用于升维与降维，使用步长为 2 的卷积核可以得到更小的特征图，一方面能减少后面层次的计算量，另一方面可提高后面特征图的感受野，即特征提取范围。网络输入大小与残差单元的数量可以根据需求和计算平台性能进行适当调整。

表 5.1 本文特征提取网络结构

重复次数	层次类型	核数量	核大小	输出特征图大小
1×	标准卷积	32	3×3，步长 2	144×144×32
1×	标准卷积	32	3×3	
	标准卷积	32	3×3	
	残差			144×144×32
1×	标准卷积	64	3×3，步长 2	72×72×64
2×	标准卷积	32	1×1	
	标准卷积/DS 卷积	32	3×3	
	标准卷积	64	1×1	
	残差			72×72×64
1×	标准卷积	128	3×3，步长 2	36×36×128
2~3×	标准卷积	64	1×1	
	标准卷积/DS 卷积	64	3×3	
	标准卷积	128	1×1	
	残差			36×36×128
1×	标准卷积	256	3×3，步长 2	18×18×256
2~3×	标准卷积	128	1×1	
	标准卷积/DS 卷积	128	3×3	
	标准卷积	256	1×1	
	残差			18×18×256
1×	标准卷积	512	3×3，步长 2	9×9×512
2×	标准卷积	256	1×1	
	标准卷积/DS 卷积	256	3×3	
	标准卷积	512	1×1	
	残差			9×9×512

在设计特征提取网络时，具体使用了残差连接、深度可分离卷积以及多尺度特征融合这三种策略。其中，残差连接策略能够提高网络的表达能力；深度可分离卷积策略能够在适当削减精度的情况下减少计算量；多尺度特征融合策略能够将网络低层丰富的细节信息与高层丰富的特征信息相融合，提高小目标的识别率。

本案例同样设计了一个额外层和预测层。额外层的作用是将特征提取网络得到的特征图进行进一步的压缩，得到更小更抽象的特征，为后面预测较大的目标做准备。本案例所设计特征提取网络最后输出的特征图大小为原图的 1/32，大小为 9×9，因此可用步长为 2 的卷积核继续压缩特征图大小。另外考虑到特征图的通道数此时较大，执行卷积操作的计算量较大，所以使用 1×1 卷积核事先进行通道降维，最终额外层设计方案见表 5.2。

表 5.2　额外层设计方案

序　号	层次类型	核　数　量	核　大　小	输出特征图大小
1	标准卷积	128	1×1	9×9×128
2	标准卷积	256	3×3，步长 2	5×5×256
3	标准卷积	128	1×1	5×5×128
4	标准卷积	256	3×3，步长 2	3×3×256
5	标准卷积	128	1×1	3×3×128
6	标准卷积	256	3×3	1×1×256

接下来需要从不同层次特征图中选取若干作为预测层。预测层中每个像素位置都能映射至原图，并对应一个初始的固定尺寸和长宽比的目标框。本文选取最后 6 种大小的特征图作为预测层，最终预测层设计方案如图 5.29 所示，图 5.30 所示为每个预测层生成预测框的流程。

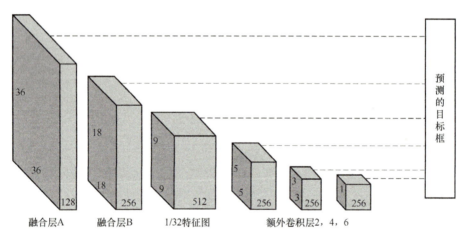

图 5.29　网络预测层设计方案

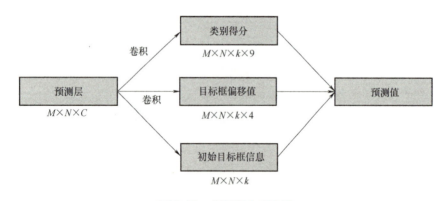

图 5.30　预测框生成流程

对于 M×N×C 的预测层来说，分别使用卷积运算得到每个初始目标框的类别得分以及偏移值，然后基于初始的目标框信息即可得到预测值。在训练阶段，预测值与最初输入的真值一同输入损失函数，得到损失值后反向传播到网络中，更新网络权重。

训练网络需要设置初始框的尺寸。不同尺寸的特征图具有的语义信息丰富程度并不相同。越高层的特征图具有的语义信息越丰富，但是缺少细节信息，因此适合预测大目标；反之，越低层的特征图适合预测小目标。因此，不同的预测层对应的初始目标框的尺寸大小也不同。本案例使用了一种针对初始目标框长宽比的自适应设定方法，目的是增加初始框的先验性，使得训练阶段更容易回归出精准的目标框。对于任何给定的图像数据集，本案例能够统计所有已经标注完成的目标框的长宽比例分布情况，将不同类型的目标分开统计，分布最集中的区间中值作为初始框长宽比的设定值，因为出现频率最高的长宽比例更具有代表性。以提前采集并标注完成的 4 万张道路环境图片为例，统计 8 种障碍物目标的长宽比例分布如图 5.31 所示，横轴表示矩形纵边与横边的长度比值，纵轴表示区间内的样本数量。

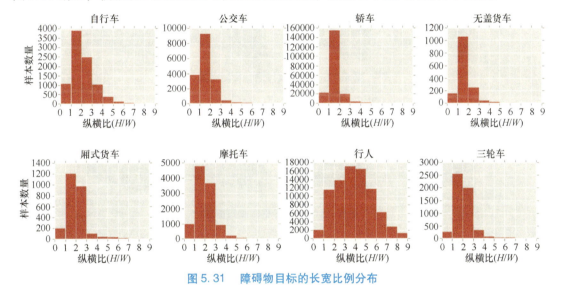

图 5.31 障碍物目标的长宽比例分布

从图中可以看出每个类别目标框的长宽比分布显示出明显的单峰形状，使用位于峰值区间的长宽比作为训练时的设定值更具有先验性和代表性。针对这个统计结果，我们将峰值区间的中值设置为初始值，对于此数据集，初始框长宽比设定为集合 $\{1.5, 2.5, 3.5\}$。一般情况下，我们可以将这种初始框设定方法应用在不同的训练数据集上，出现频率最高的目标框更大概率接近真实框。

对于模型的训练，本案例使用 Adam 算法，其能基于训练数据迭代的更新神经网络权重，它利用梯度的一阶矩估计和二阶矩估计动态调整每个参数的学习率，另外 Adam 的优点主要在于经过偏置校正后，每一次迭代学习率范围确定，使得参数更新比较平稳，基本公式为

$$\Delta \theta_t = -\frac{\hat{m}_t}{\sqrt{\hat{n}_t + \varepsilon}} \eta \tag{5.15}$$

$$\theta \leftarrow \theta + \Delta \theta_t \tag{5.16}$$

式中，$\hat{m}_t$ 与 $\hat{n}_t$ 分别为对梯度的一阶和二阶矩估计；ε 值为 10^{-9}，作用是防止分母为 0；η 为学习率；θ 为本次迭代计算的参数更新值。这里 $\dfrac{1}{\sqrt{\hat{n}_t}+\varepsilon}$ 相当于梯度 $\hat{m}_t$ 一个约束，总是可以向相反的方向调整梯度值，保证稳定性。学习率的初始值设定为 0.001，学习率更新方式设定为每迭代 40000 次变为原来的 1/10。此外，为了避免过拟合，还需设定权重衰减参数，即在损失函数后面增加一个正则化项。

（2）融合目标跟踪的障碍物检测实时检测算法

多目标跟踪指的是在连续的视频流中跟踪定位多个移动目标，生成多个目标的移动轨迹。图 5.32 所示为单独执行目标检测算法的结果，图 5.33 所示为执行多目标跟踪算法的结果，可以发现跟踪算法定位目标的精度比单独检测更高。

图 5.32　单独执行目标检测算法

图 5.33　执行多目标跟踪算法

本案例设计了一种适用于移动端的多目标跟踪算法，如图 5.34 所示。其主要思想是基于障碍物检测的结果，初始化多个快速的单目标跟踪器，并行跟踪多个障碍物目标。每个跟踪器只负责跟踪一个障碍物，且跟踪器之间没有联系。本案例最终选用 KCF 跟踪器来跟踪单个障碍物目标，多个跟踪器并行操作。对于检测算法与跟踪算法的融合，本案例使用了一种检测与跟踪算法并行的方案，如图 5.35 所示。

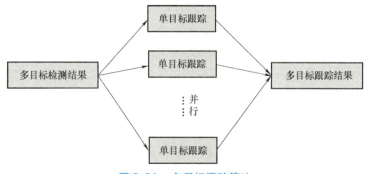

图 5.34　多目标跟踪算法

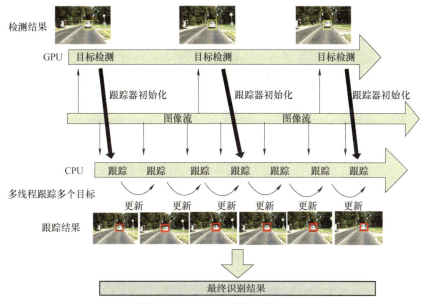

图 5.35　检测与跟踪运算流程并行方案

（3）障碍物运动信息测算与危险程度分级

对于辅助驾驶系统，对周边障碍物进行危险程度分级、实现危险预警功能，需要当前环境下较为准确的障碍物相对距离、相对速度等运动信息。视觉测距指的是根据图像信息测量对应像素点的实际距离，这个实际距离一般都是纵向距离（即深度），而不是与摄像头的绝对距离。基于视觉的纵向测距方法根据摄像头数量可分为单目测距方法和双目测距方法，本次采用的是单目测距方法。简单来说，其通过相机的内参、相机安装位置的高度和相机的俯仰角建立图像像素坐标系，通过其与世界坐标系的几何关系计算得到，如图 5.36 所示。

基于视觉的横向测距方法同样是根据几何关系建立的。由于所有平行于摄像机光轴的直线均汇聚于消失点，待测点与消失点连线上任意一点到光轴的距离均相等，因此待测点与消失点连线与光轴的夹角 γ 与横向距离具有很强的相关性，如图 5.37 所示。本案例待测点实际横向距离为横坐标、以待测点与消失点连线与光轴的夹角 γ 为纵坐标，使用三次曲线进行拟合，计算障碍物的横向距离。

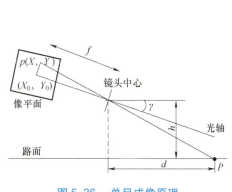

图 5.36　单目成像原理

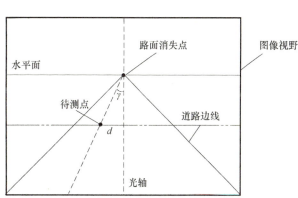

图 5.37　路面待测点示意图

已知车辆与前方障碍物的相对距离、估计的碰撞时间，可以分析出前方障碍物的运动状态（靠近或远离），计算以当前形式状态预计还有多长时间发生碰撞。最后，依据障碍物危险等级划分标准，利用上述信息对所有的检测到的所有目标进行分级，按照危险等级将障碍物信息逐个显示出来，即为最终的输出。本案例采用的障碍物危险等级划分标准见表 5.3。

表 5.3　障碍物危险等级划分标准

道路环境	障碍物类别	障碍物状态及危险等级
结构化道路	机动车	当前车道+纵向危险距离（60m）以内
		当前车道+纵向危险距离以外+靠近 虚线一侧邻车道+纵向危险距离以内
		当前车道+纵向危险距离以外+远离 虚线一侧邻车道+纵向危险距离以外 实线外侧邻车道
	行人+非机动车	横纵向危险距离（纵向60m、横向5m）以内
		横纵向危险距离以外+靠近
		横纵向危险距离以外+远离
非结构化道路	所有类型	横纵向危险距离（纵向60m、横向5m）以内
		横纵向危险距离以外+靠近
		横纵向危险距离以外+远离

3. 结果与分析

本案例的最终实现的效果共分为两部分：图像检测；障碍物信息与危险程度分级。图像检测部分效果如图 5.38 和图 5.39 所示，障碍物信息检测与危险程度分级效果如图 5.40 和图 5.41 所示。

图 5.38　目标检测效果（结构化道路）

图 5.39 目标检测效果(非结构化道路)

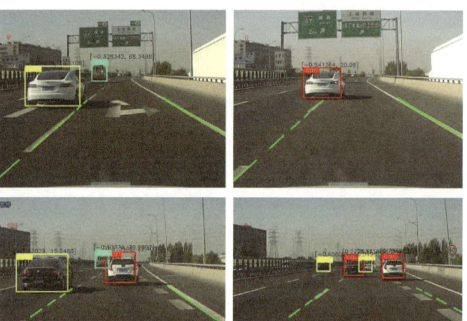

图 5.40　障碍物信息检测与危险程度分级效果（结构化道路）

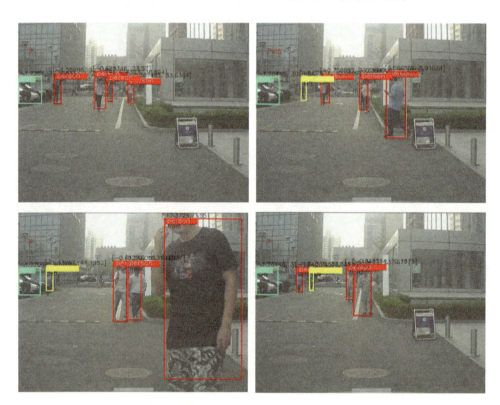

图 5.41　障碍物信息检测与危险程度分级效果（非结构化道路）

5.6 实践项目：基于 YOLOv5 的自动驾驶数据集目标检测

本实践项目基于 PaddlePaddle 框架，使用 YOLOv5 网络对矿区自动驾驶目标检测数据集（mine_object_detection.zip）进行目标检测；PaddlePaddle 做了很好的模型封装，并且提供了一些预训练模型可以直接调用，YOLOv5 在目标检测的速度与精度表现上都得到了极大提升。

首先需确认数据输入有源图像以及 YOLOv5 标准格式（class，center_x，center_y，w，h）的标签文件，随后划分训练集、测试集与验证集并生成包含图像数据集绝对路径的标签文件来为接下来的训练做准备。

微信扫一扫，即可获取
项目数据集及代码

```
import os
import random
trainval_percent = 0.1
train_percent = 0.9
imgfilepath = '/home/aistudio/work/VOCdata/images'
if not os.path.exists('ImageSets/'):
    os.makedirs('ImageSets/')

total_img = os.listdir(imgfilepath)
num = len(total_img)
list = range(num)
tv = int(num * trainval_percent)
tr = int(tv * train_percent)
trainval = random.sample(list, tv)
train = random.sample(trainval, tr)
ftrainval = open('ImageSets/trainval.txt', 'w')
ftest = open('ImageSets/test.txt', 'w')
ftrain = open('ImageSets/train.txt', 'w')
fval = open('ImageSets/val.txt', 'w')
for i in list:
    name = total_img[i][: -4] + '\n'
    if i in trainval:
```

```
ftrainval.write（name）
if i in train：
ftest.write（name）
else：
fval.write（name）
else：
ftrain.write（name）
ftrainval.close（）
ftrain.close（）
fval.close（）
ftest.close（）
```

本实践项目选择 YOLOv5s 模型作为预训练模型，在训练之前还需要安装 GPUtil 等依赖库来保证能够成功调用相关训练文件，之后通过直接调用 train.py 函数即可开始训练过程：

! python train.py --img 960 --batch 64 --epochs 20 --data ./data/vehicle.yaml --cfg yolov5s.yaml --weights ./weights/yolov5s.pdparams

最后对训练好的模型进行验证和推理，效果图如图 5.42~图 5.45 所示。

```
     Class     Images     Labels          P          R     mAP@.5 mAP@.5:.95: 100%|█| 1/1
       all         10         28      0.963      0.941      0.979      0.692
Mine_truck         10          5      0.912          1      0.995      0.895
     Truck         10          7          1      0.889      0.995      0.584
       Car         10          8       0.94          1      0.995      0.909
```

图 5.42　验证结果

图 5.43　Car 预测结果 1

图 5.44　Car 预测结果 2

图 5.45　Mine_truck 预测结果

1. 目标检测包括哪两个子任务？目标检测分为哪两类方法？这两类方法各有什么优缺点？

2. 对于目标检测中的两个子任务，本章所述的基于卷积神经网络的三类目标检测方法，是如何处理每一个子任务的？

3. 对于不同尺寸的图像或特征，RCNN、Faster RCNN、SPPNet 目标检测方法是如何处理不同尺寸图像输入的？

4. 对于目标检测模型，损失函数的设计往往对模型训练方向、模型训练结果有着很大的影响。请梳理本章各个目标检测算法中损失函数的设计思路，并思考：损失函数考虑的因素越多，模型的训练速度、训练效果就会越好吗？为什么？

5. 如何理解 NMS？对于 Anchor Based 方法，其必有 NMS 的过程；对于 Anchor Free 方法，其一定没有 NMS 的过程。这种说法对吗？为什么？

6. Anchor Based 方法有哪些缺点？本章介绍的三种 Anchor Free 方法，其检测思路上有什么不同？

7. 针对 5.6 节所述项目，采用不同的目标检测模型，设置不同的超参数，对比分析结果。

第6章

基于 CNN 的自动驾驶场景图像分割理论与实践

语义分割是计算机视觉领域中的一项重要任务，是将图像中的每个像素分配到其对应的语义类别中的过程。与图像分类和目标检测不同，语义分割关注的是对整个图像场景的理解和分析，不仅能够识别图像中出现的物体，还能够区分不同物体之间的边界以及它们在图像中的空间关系，并按照类别的异同将图像分为多个块。语义分割可以帮助自动驾驶车辆识别车身周围环境，可以提供更加准确的环境信息。自动驾驶车辆在行驶时，语义分割可以帮助车辆识别道路和人行道的分界线，准确判断可行驶区域，避免与行人发生碰撞。此外，语义分割还可以识别交通标志和标线，从而帮助自动驾驶车辆遵守交通规则，提高行车安全性。

6.1 图像分割概述

6.1.1 图像分割的分类

根据任务和输入数据类型的不同，图像分割可以细化为以下三种具体任务：语义分割、实例分割、全景分割，如图6.1所示。其中，语义分割主要是对图像中每一个像素点进行类别预测；实例分割则是在目标检测的基础上融合了语义分割，在每个预测框中勾勒出对应的"实例"；全景分割则是融合了语义分割与实例分割，既要把所有目标都检测出来，又要区分同类别中的不同实例。

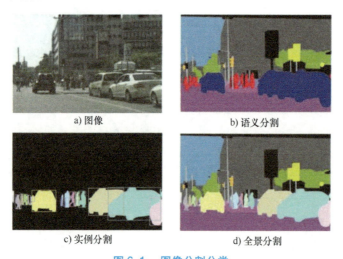

图6.1 图像分割分类

当输入的数据从静态图像变为视频时，图像分割又有了新的两类任务：视频目标分割和视频实例分割。视频目标分割往往是在视频片段中的每一帧都进行单个对象的检测与分割，后者则是对视频片段中的每一帧都进行多个对象的检测与分割。图像分割技术现已在多个领域中得到应用，如安防领域的人像分割、自动驾驶领域的车道检测、医学图像中的病理分析、工业领域的质检环节等。

6.1.2 图像分割方法的发展

语义分割是图像分割方法的基础，实例分割、全景分割在某种程度上其实是语义分割与目标检测算法融合的应用。因此，本章接下来所说的图像分割与图像分割方法，若无特殊说明，均指语义分割和语义分割方法。

图像分割算法与目标检测算法一样，存在着传统图像分割算法与基于深度学习的图像分割算法两大类，如图 6.2 所示。

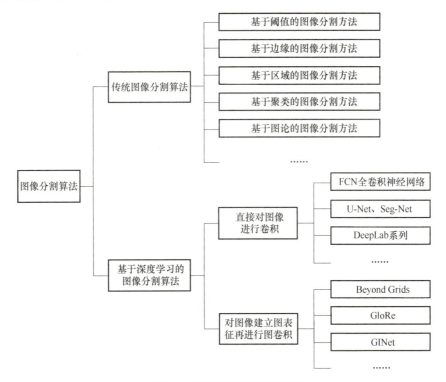

图 6.2　图像分割算法的分类

1. 传统图像分割算法

传统图像分割方法简单有效，经常作为图像分割的预处理步骤，快速提取图像信息，提升图像分割任务的效率。传统的方法主要有：基于阈值的方法、基于边缘的方法、基于区域的方法、基于聚类的方法、基于图论的方法等。

1) 基于阈值的图像分割方法，实质上是一种简单的统计方法。其根据图片的灰度统计直方图，将同一区间范围内的灰度值对应的像素认为是同一类。对于输入彩色的图片，既可以将其转化为单通道的灰度图，也可以对三个通道分别使用基于阈值方法的灰度值进行统计。基于阈值的方法对于画面内容单一、灰度分布均匀、对比度较高的图片效果较好，但对于复杂的图片、有噪声的图片效果较差，且对于阈值的设定提出了较高的要求。阈值的选择往往决定了算法最终的图像分割效果。

2）基于边缘的图像分割方法，就是筛选出图像中各个目标可能边界，筛选的依据是判断图像中某一像素点与相邻点像素值的差异。基于边缘的算法常常有两类：基于相似性准则的串行边缘检测；基于微分算子与卷积运算的并行边缘检测。其中，后者简单快捷、性能较好，目前是最常用的边缘检测算法。常见的边缘检测算子有 Robert、Sobel、Prewitt 等。

3）基于区域的图像分割方法，是一类利用图像空间信息与像素相似性特征构成区域的分割方法。常用的区域分割方法有区域生长法、分裂合并法。区域生长法首先选择一个种子区域作为生长起点，根据一定的生长规则（如颜色、纹理等）向附近具有类似特征的区域扩张，再将新的区域作为种子继续扩张，重复执行直到所有区域都不再生长为止。分裂合并法则首先将图像分成若干区域，再根据相似性准则进行分裂、合并，重复执行直到不再分裂合并为止。

4）基于聚类的图像分割方法，是将具有相似特征的像素点聚集到同一区域，重复执行聚类过程，最终将像素点聚集到几个不同的类别中，实现对图像的分割。随着图像分割任务越来越复杂，聚类分割技术也在不断地发展。2012 年，Achanta 等提出的简单线性迭代聚类（Simple Linear Iterative Clustering, SLIC）算法，通过像素点距离、颜色相似度，聚类生成"超像素"，进而实现图像分割。该方法还适用于位姿估计、目标跟踪与识别等场景，是图像处理的一种经典方法。

5）基于图论的图像分割方法，其基本思想是将分割问题转化为图的划分问题，通过对目标函数的最优化求解，得到最终的分割结果。以经典的 Graph Cut 算法为例，其将图论中的"最小割（min cut）"问题引入图像分割，将图像分为前景和背景，并转化为 S-T 无向图，通过分割操作来减小目标函数值。通过不断迭代找到使目标函数最小的分割操作，从而实现图像分割。

除了介绍的以上几类算法，传统的图像分割算法还有许多基于特定理论的方法，如形态学、遗传算法、小波变换、模糊理论等。随着对分割任务要求的提高，图像分割方法也不断推陈出新。

2. 基于深度学习的图像分割算法

基于深度学习的图像分割算法有两类：一类是直接对图像进行卷积运算；另一类是对图像建立图表征后再进行图卷积运算。

直接对图像进行卷积运算的代表算法有 FCN、U-Net、Seg-Net、DeepLab 系列等。2015 年，Long J. 等人首次将深度学习方法引入图像分割领域的方法（即 FCN 网络），其去掉了 DNN 中最后的全连接层，再经过上采样得到了图像分割结果。Ronneberger O 针对医学图像中的分割问题，提出了 U-Net 方法，这是首个采用"Encoder-Decoder"结构的图像分割方法。2017 年，Badrinarayanan V 等人发表了 Seg-Net，其本质上其实是 U-Net 的一种改进方案。DeepLab 系列是谷歌团队提出的一系列语义分割算法。2014 年，DeepLab V1 首次亮相，并在 PASCAL VOC2012 数据集上斩获第二名。随后的 2017—2018 年，又相继推出了 DeepLab V2、DeepLab V3 以及 DeepLab V3+。其中，空洞卷积（Atros Convolution）、空洞空间金字塔池化（Atros Spatial Pyramid Pooling，ASPP）等思路，如今更是成为深度学习中的基本方法。

使用空洞卷积是可以增大感受野的，但增大的感受野也非常有限；且由于多次空洞卷积造成的长程依赖问题，空洞卷积的层数越多，整体模型对于上下文的建模效果越差。为了缓解这个问题，后续的学者提出了很多种方法，其中有一类是图卷积方法。本质上，图卷积方法就是将输入图像的特征，根据一定规则投影到图结构里，在这个新的图结构里进行特征计算、网络训练。对图像建立图表征后再进行图卷积运算的代表算法有 Beyond Grids、GloRe、GINet 等。2018 年，Li Y. 提出利用图卷积方法执行图像分割任务的算法 Beyond Grids，该方法建立了基于图卷积的图像分割算法的基本框架。Chen Y. 等人在 2019 年提出的 GloRe 方法，也是基于该框架提出的；作者还首次定义了"交互空间"的概念。2020 年，Wu T. 进一步将语义信息与图像特征进行融合，通过 Graph Interaction 过程来丰富图表征的上下文信息。

6.1.3 图像分割数据格式与评估指标

与目标检测任务相同，图像分割任务主流的数据格式仍然是 PASCAL VOC 格式和 COCO 格式。这两种数据集都被广泛应用于图像分类、目标检测、图像分割任务中。

评价一个图像分割算法的好坏，常用两个指标：平均交并比（mean Intersection over Union，mIoU）和平均准确率（mean Accuracy，mAcc）。

其中，指标 mIoU 表征的是图像上所有类别的交并比的总和，此处 IoU 的概念与第 5 章相同，都是某一类的预测区域与真实区域所占面积的比值。图 6.3a 是图像分割的真实值，图 6.3b 是图像分割输出的预测值。对于图 6.4 中的每个类别分别求 IoU，再求平均数，即为 mIoU。mIoU 越大，说明每个类别的预测越好，预测的准确性越高。

指标 mAcc 表征的是预测结果与真实结果之间的差距。由于图像分割任务通常是逐像素的分类问题，因此该值计算的是图像上类别预测正确的像素数量占图像像素总数的比率。mAcc 越大，说明越多的像素被正确预测，预测的准确性越高。

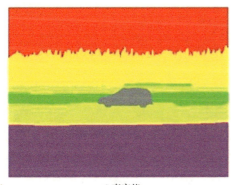

a) 真实值　　　　　　　　　　　　　　　b) 预测值

图 6.3　图像分割 mIoU 评价示例

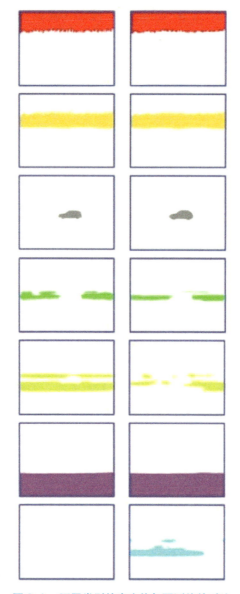

图 6.4 不同类别的真实值与预测值的对比

6.2 FCN 全卷积神经网络

  FCN 网络即全卷积神经网络（Fully Convolutional Networks），其结构如图 6.5 所示。FCN 中没有全连接层（FC 层）：在卷积神经网络 CNN 中，放在网络最后的全连接层是用来分类的；如果去掉全连接层，网络中仅有卷积层，输出的应该是特征图。FCN 使用 C 个通道的 1×1 的卷积核对 FC 层进行替换。1×1 卷积核的作用在于，在不改变输入的长和宽的情况下,将输出的通道数调整为 C(该过程也被称作"降维"或"升维")。接下来,再通过上采样过程,将特征图还原到输入图像的大小,每个位置的值即为对应像素的类别。对该特征图进行可视化,该结果即为 FCN 图像分割的结果。

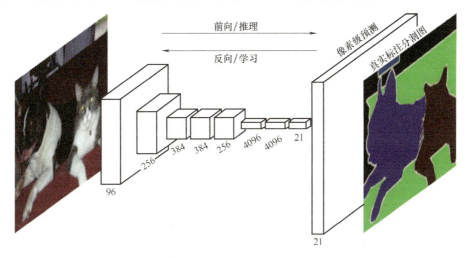

图 6.5　FCN 网络结构

6.2.1　上采样过程

经过了一系列的卷积层后,特征图的尺寸变得很小,此时需要进行上采样过程将特征图还原到输入图像的尺寸。常见的上采样方式有:双线性插值、上池化、反卷积等。

双线性插值(Bilinear Interpolation)的计算过程如图 6.6 所示,已知 Q_{11}、Q_{12}、Q_{21}、Q_{22} 四个点的像素值,如果想在内部一点进行双线性插值,首先需要假定矩形的每条边上点的像素值变化都为线性过渡。将 P 投影到矩形的上下两条边 $Q_{11}Q_{21}$、$Q_{12}Q_{22}$ 上,得到点 R_1、R_2 及其像素值;再根据 R_1、R_2 像素值计算得到 P 点像素值:

$$v(R_1) = \frac{x_2-x}{x_2-x_1}v(Q_{11}) + \frac{x-x_1}{x_2-x_1}v(Q_{21}) \quad (6.1)$$

$$v(R_2) = \frac{x_2-x}{x_2-x_1}v(Q_{12}) + \frac{x-x_1}{x_2-x_1}v(Q_{22}) \quad (6.2)$$

$$v(P) = \frac{y_2-y}{y_2-y_1}v(R_1) + \frac{y-y_1}{y_2-y_1}v(R_2) \quad (6.3)$$

式中,$v(P)$ 表示 P 点处像素值。

上池化(Un-pooling)即池化的反向操作,其目的是对特征图的尺寸进行放大,例如从 2×2 大小扩为 4×4 大小。上池化常见的操作有近邻复制法、左上角放置法等方式,如图 6.7 所示。除此之外,常用的还有最

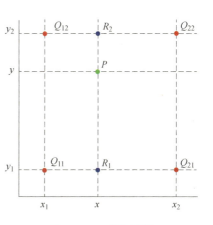

图 6.6　双线性插值

大上池化（Max Unpooling），如图 6.8 所示，其是最大池化（Max Pooling）的反向操作。但需要注意的是，进行最大池化时需要先记住池化后的元素在原图像上的位置。

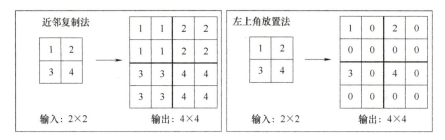

图 6.7　常见上池化操作

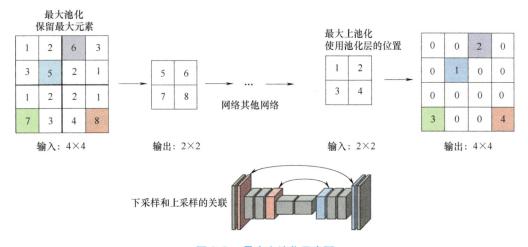

图 6.8　最大上池化示意图

反卷积（Transpose Convolution）是第三种上采样方式，顾名思义，其是卷积过程的反向操作，如图 6.9 所示。卷积的过程如图 6.9a 所示，对于一个 6×6 大小的输入，通过一个 3×3 大小的卷积核，在不加填充的情况下可以得到一个 4×4 的特征图。而反卷积如图 6.9b 所示，就是以 4×4 大小的特征图为输入，通过一个 3×3 大小的卷积核，得到一个 6×6 大小的特征图。

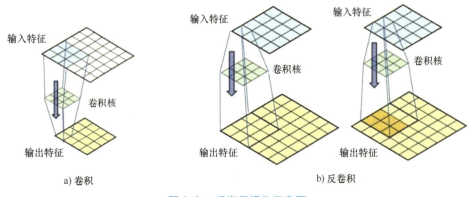

图 6.9　反卷积操作示意图

反卷积具体的实现过程如图 6.10 所示。首先将 3×3 的卷积核进行翻转，接下来令其以图 6.10 的方式在 2×2 的特征图上滑动，重合处的数字相乘、所有乘积相加，便得到了所需位置处的输出值。

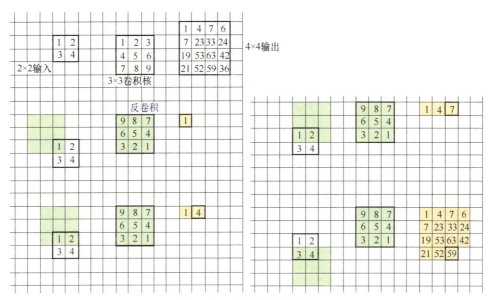

图 6.10　反卷积实现过程

6.2.2　特征融合

若对卷积后得到的特征图仅简单地进行上采样，最终得到的图像分割效果并不好。全卷积神经网络（FCN）中采用了多尺度特征图融合的方式，使最后的特征图能够得到更多信息。如图 6.11 所示，FCN 对 conv7 进行一次上采样，并使其与 pool4 层的特征进行融合；对 conv7 进行两次上采样，并使其与 pool3 层的特征进行融合。最后对融合后的特征图进行上采样，得到整个网络输出的结果。

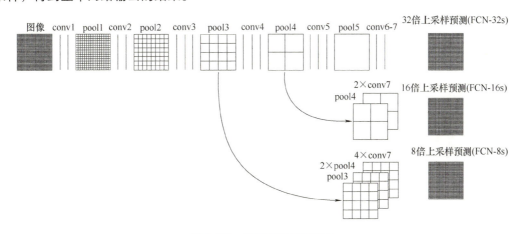

图 6.11　多尺度特征图融合

虽然 FCN 训练和预测的速度比同时期传统图像的分割算法较慢,但其移植方便、适应性极强,使深度学习首次应用于图像分割领域。FCN 的缺点主要有:分割结果不够精细;由于其是对各个像素进行分类,没有考虑像素与像素之间的关系,导致输出结果中像素所属类别在空间上的分布较为零碎、一致性差。

6.3 U-Net/Seg-Net

6.3.1 U-Net 网络

U-Net 是基于 Encoder-Decoder 的 U 形结构,如图 6.12 所示。U-Net 最初是为了解决生物医学图像方面的问题而提出的。

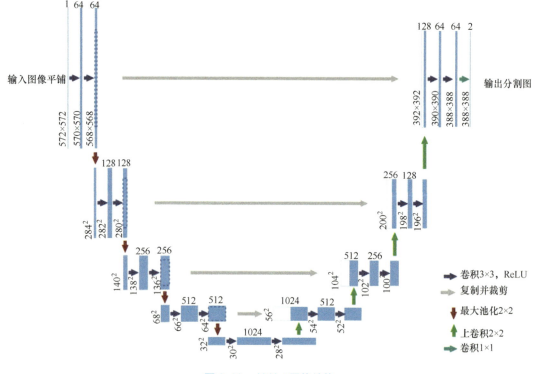

图 6.12 U-Net 网络结构

在 U-Net 中,Encoder 负责特征提取,Decoder 负责恢复图像的原始分辨率。对于一幅大小为 572×572 的输入图像,在 Encoder 部分,通过 5 次"3×3 卷积+ReLU、3×3 卷积+ReLU、2×2 最大池化"的操作,得到一张大小为 28×28 像素、1024 通道的特征图。在 Decoder 部分,通过 4 次"上采样、特征融合、3×3 卷积+ReLU、3×3 卷积+ReLU"的操作，得到 338×338 大小、64 通道的特征图；最后再使用 1×1 卷积，将通道数量设定为类别数量，得到最终的特征图。该特征图通过 Softmax 和 Argmax 操作，输出最终的图像分割结果。

上述过程中，特征融合采用的方式是"拼接"，即把 Encoder 中不同尺寸卷积层的输出复制并裁剪（copy and crop）出一个与 Decoder 中待拼接的上采样结果尺寸相同的部分，直接进行"拼接"。该方式能够使不同尺寸的特征较好地融合，减少了细节的丢失。

U-Net 的损失函数使用的是关于类别的交叉熵，如式（6.4）所示。对于像素 x，$p_l(x)$ 表示像素是"细胞"的概率，$w(x)$ 是权重变量，满足式（6.5）。原论文是医学细胞检测，不同细胞之间的交界比较明显，某一像素点距离细胞边界第一近和第二近的距离为 d_1、d_2。σ 表示两个细胞之间像素距离经验值，Unet 网络原始模型中将此值设置为 5。$w(x)$ 的设置可以使距离边界越近的像素惩罚越大、越远的惩罚越小。

$$E = \sum_{x \in \Omega} w(x) \log(p_l(x)) \quad (6.4)$$

$$w(x) = w_c(x) + w_0 \cdot \exp\left[-\frac{(d_1(x) + d_2(x))^2}{2\sigma^2}\right] \quad (6.5)$$

6.3.2 Seg-Net 网络

Seg-Net 是 2015 年由剑桥大学团队提出的一个开源的图像分割项目，该项目可以对输入的图像进行像素级的分类，即精确到像素的图像分割。Seg-Net 的结构如图 6.13 所示，其同样是一个编码器-解码器 Encoder-Decoder 结构。

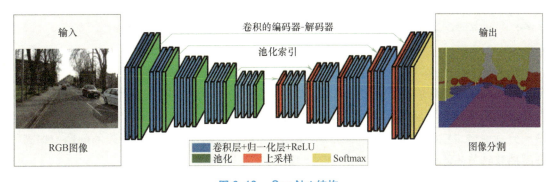

图 6.13　Seg-Net 结构

其中，Encoder 部分是一个与 VGG16 类似的网络模型，主要由卷积层（Conv）、归一化（Batch Normal，BN）层、激活函数层（ReLU）、池化层（Pooling）组成。其中，卷积层负责提取区域特征；池化层对特征图进行下采样并传送到下一层；而 BN 层则对特征图的数值进行分布归一化，加速训练过程。

Decoder 部分主要由上采样层（Upsampling）、卷积层（Conv）组成。其中，上采样层与以往的网络不同，其是借助"池化索引"来进行上采样的，如图 6.14 所示。池化索引，就是指在 Encoder 部分的最大池化过程中，建立一个矩阵来记录最大值所在的位置；在 Decoder 部分的上采样过程中，根据池化索引矩阵的记录来填写原来位置上的新的特征值，空缺的位置用 0 填充，这种上采样方式得到的是一个稀疏特征图。后续继续通过卷积层得到稠密特征图，再进行上采样，循环往复，直到特征图的大小与输入图像一致。

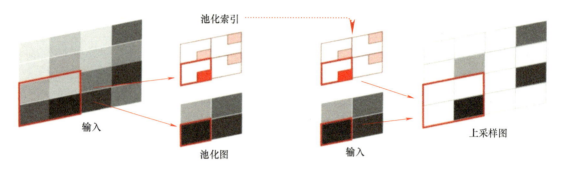

图 6.14　池化索引

相比于 U-Net，Seg-Net 虽然在精度上没有提高，但池化索引的提出，使其内存消耗、时间消耗、计算量都有一定程度的减小。

6.4　DeepLab 系列

6.4.1　DeepLab V1/V2

在 DeepLab V1 出现之前，图像分割的 DCNN 网络存在两个问题：首先，最大池化等采样方式会导致图像中的细节丢失；其次，分类器使用以对象为中心的决策，依赖于特征图变换的空间不变性，该特点限制了 DCNN 的空间精度。因此，DeepLab V1 针对上述两个问题，分别使用"空洞卷积、条件随机场（CRF）"的方式解决了分辨率下降的问题，提高了模型捕获细节的能力。

DeepLab V1 的整体结构如图 6.15 所示。图中的 5 个 VGG 层与以往不同，其内部的卷积层使用的是空洞卷积，FC6 同样使用了空洞卷积，FC7 使用的是一个 1×1 的普通卷积。6 个分类（Classification）内部有 3 个卷积层，其作用是通过双线性插值统一特征图大小、通过卷积操作使输出特征图的通道数等于类别数。最后，进行按像素叠加、按原图大小进行插值缩放，得到最终的输出。

空洞卷积是一种能够增大感受野的卷积方法，而感受野是指计算特征图上某个点的像素值时，计算使用的像素在输入图片上覆盖范围。图 6.16 所示的图片中，输出的每一个像素点，其感受野的范围都是 3×3。而空洞卷积是指在不改变计算量（9 个像素值）的情况

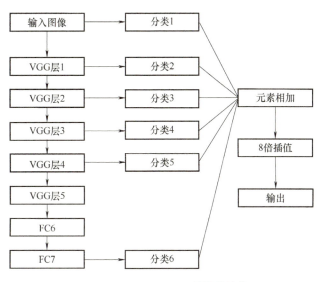

图 6.15　DeepLab V1 的整体结构

下，对特征图上的原始区域进行卷积时，没有逐像素进行计算，而是间隔一定步长进行计算。图 6.17 所示的图片中，输出的每一个像素点的感受野的范围都是 5×5。

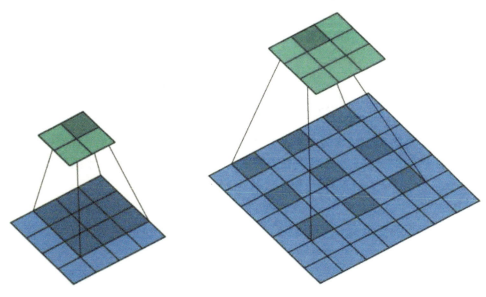

图 6.16　感受野示意图　　　　　图 6.17　空洞卷积示意图

条件随机场（CRF）是一种无向图，图中的顶点代表随机变量，顶点之间的连线代表相互关系。图 6.18 所示为 CRF 在 DeepLab V1 整体网络结构中的作用，CRF 的效果如图 6.19 所示，由图可知，CRF 与其他方法相比，其分类结果的边缘更加精细。

对于 CRF，作者通过建立一个全连接 CRF 模型使用的能量函数来表征分类结果的准确性。令 $E(x)$ 表示二维图像 x 的"总能量"，能量函数为

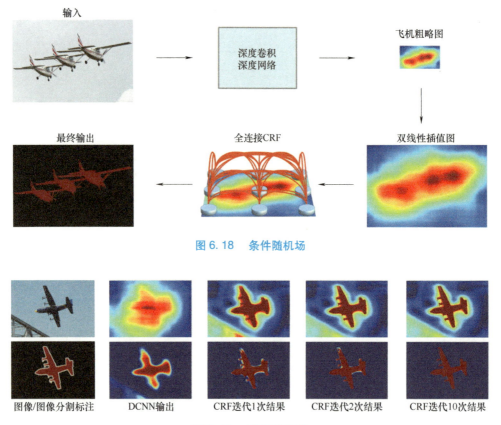

图 6.18 条件随机场

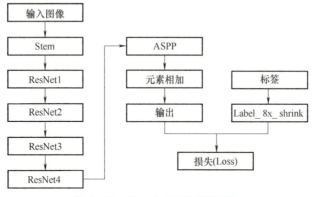

图 6.19 CRF 的效果

$$E(x) = \sum_i \theta_i(x_i) + \sum_{ij} \theta_{ij}(x_i, x_j) \quad (6.6)$$

式中，一元势能函数 $\theta_i(x_i)$ 由单个像素 x_i 决定，其考虑的是每个像素自身的正确分类的概率；二元势能函数 $\theta_{ij}(x_i, y_j)$ 由像素 x_i 与像素 x_j 申通决定，其考虑了不同像素之间正确分类的相关性，势能计算方式不再展开。

DeepLab V2 是 DeepLab V1 的改进版，其网络结构如图 6.20 所示。首先，V2 使用 ResNet 替换了 V1 所使用的 VGG 网络。其次，引入了一个空间空洞金字塔池化（Atrous

图 6.20 DeepLab V2 网络结构

Spatial Pyramid Pooling，ASPP）层，使不同尺寸的特征图都扩大了自身的感受野，获得了更多的上下文信息。

ASPP 层的作用在于，其使用不同感受野的卷积核，如图 6.21 所示。具体来说，就是将输入的特征图以 4 个不同扩张率（rate）的 3×3 卷积核进行空洞卷积的计算，以此获得了多尺度、不同感受野的上下文信息。

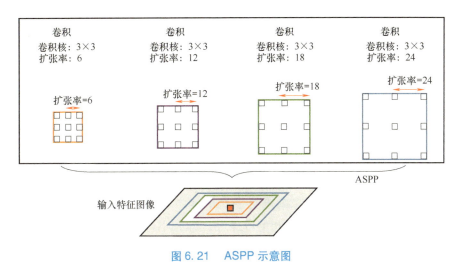

图 6.21　ASPP 示意图

另外，DeepLab V2 还采用了 Poly 的学习率训练策略，见式（6.7）。相比于传统的固定步长方式，该方式能使模型更快收敛，效果更好。其中，lr_m 表示第 m 次迭代的学习率，其由学习率初始值 lr_0 与衰减倍数 $\left(1-\dfrac{m}{m_{max}}\right)^{power}$ 的乘积决定。衰减速度与最大迭代次数 m_{max}、幂次 power 有关。

$$lr_m = lr_0 \times \left(1 - \dfrac{m}{m_{max}}\right)^{power} \tag{6.7}$$

6.4.2　DeepLab V3/V3+

DeepLab V1 与 DeepLab V2 的成功，证明了上下文信息在图像分割任务的重要性，因此才有了后续的 DeepLab V3 和 DeepLab V3+。在 V1 和 V2 中，CRF 的作用是使图像分类结果的边缘更加精细，但这种方法需要建立一种能量函数，需要理解其原理，并有针对性地设计和调参，过程稍显复杂。

因此，DeepLab V3 直接去除了 CRF 的过程，并引入了 Multi-Grid 策略、优化 ASPP 的结构，仅凭卷积网络便达到了 DeepLab V2 的效果。DeepLab V3 的网络结构如图 6.22 所示。输入的图像经过 4 个 ResNet 后，进入 ASPP′（即改进后的 ASPP），再进行后续的图像分割过程。

Multi-Grid 策略是指在一个 Res Block 中连续使用多个不同扩张率的空洞卷积。越高层的

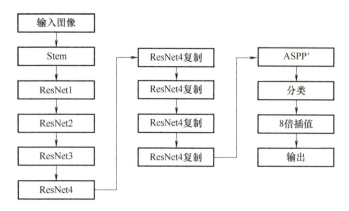

图 6.22　DeepLab V3 网络结构

空洞卷积，扩张率越大，其对输入的采样就会越稀疏，很多局部信息就会被丢失，使得输出的特征图出现 gridding 问题。如图 6.23 所示，第一行是真实值，第二行是具有 gridding 问题的特征图。该现象的产生源自空洞卷积使用了相同间隔的扩张率，导致其在某一特定像素的周围总是对相对固定位置的那些像素进行多次采样，造成过拟合，导致失真。为了解决 gridding 问题，DeepLab V3 使用了 Multi-grid 策略，即在不同的空洞卷积层上，使用不同间隔的扩张率来替代固定间隔的扩张率。如图 6.24 所示，扩张率（rate）不再固定间隔地增加（如 2，4，6，8），而是非等间隔地增加（如 2，4，8，16）。

图 6.23　真实值与 gridding 现象

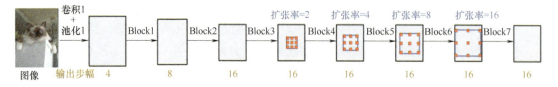

图 6.24　引入 Multi-grid 策略的训练过程

BN 层能够均衡特征图上的像素值分布情况，减轻计算压力，进而减少训练和预测的总时间。此外，扩张率越大，卷积核中的有效权重越少；当扩张率足够大时，只有卷积核最中间的权重是有效的，此时卷积核退化成了 1×1 卷积核，空洞卷积便丢失了预期的上下文信息。因此，作者对最后一层的特征图进行全局池化，经过 256 个 1×1 卷积核和 BN 层，使用双线性插值得到最终所需维度的特征图。综上，改进后的 ASPP 即 ASPP′ 如图 6.25 所示，其融合了 Multi-grid 策略、BN 层、全局池化，使模型训练的时间更短，效果也更好。

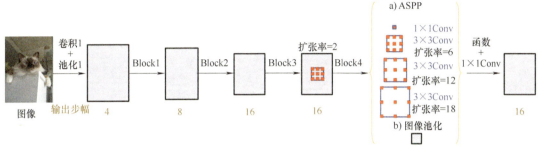

图 6.25　带有 ASPP′ 层的 DeepLab V3 训练过程

在图像分割的方法中，对于上下文信息的提取主要有两种思路：一种是利用空间金字塔池化（SPP）结构，如图 6.26a 所示；另一种是编码器-解码器（Encoder-Decoder）结构，如图 6.26b 所示。而 DeepLab V3+ 则是 DeepLab V3 的改进版，其融合了上述两种思路，即在 Encoder-Decoder 结构的基础上，采用了 SPP 模块，如图 6.26c 所示。

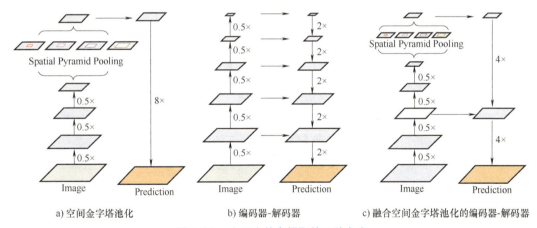

图 6.26　上下文信息提取的三种方式

因此，DeepLab V3+ 很好地融合了前两种结构的优点：通过 SPP 利用多种感受野池化不同分辨率的特征来挖掘上下文信息；通过 Encoder-Decoder 逐步重构空间信息来捕获物体的边缘。引入空洞卷积后，Encoder-Decoder 模型的运行时间有所减少，但精度有所下降；这意味着 DeepLab V3+ 的运行时间和输出精度，是可以通过空洞卷积的扩张率等参数来进行调整的。

此外，DeepLab V3+ 的改进之处还包括：使用深度可分离卷积方法（Depthwise separable

comvolution）降低模型复杂度，有效地减少了模型的运行时间；使用修改过的 Xception 来进行语义分割任务。DeepLab V3+的完整的网络结构如图 6.27 所示。

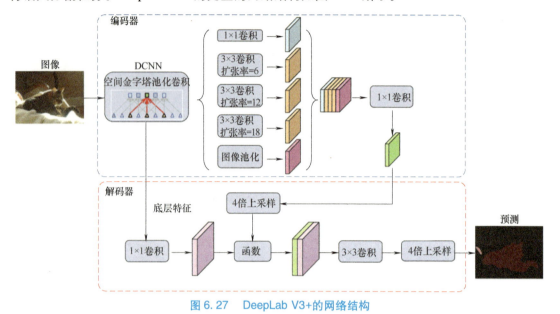

图 6.27　DeepLab V3+的网络结构

6.5　图卷积网络方法

6.5.1　图卷积的定义

在深度学习领域，CNN、RNN 等经典模型在 CV、NLP 等领域都取得了优异的效果；但当训练数据是图结构时，CNN、RNN 等经典模型并不擅长，甚至无法解决这类问题。这里所说的图与图像并不相同：图是一类数据结构，其描述了各种复杂关系；而图像则是二维的单通道或多通道数值矩阵。

图是由节点（node）和边（edge）构成的，节点表示实体，而边描述了实体与实体之间的关系。图有四种基本类型：无向图、有向图、加权图和混合图，如图 6.28 所示。实际上，根据图的形状和特点，图还可以细分为更多种类，规则简单的类别有树、环、轨道等，如图 6.29 所示；规则复杂的类别有连通图、偶图、边图、弦图、欧拉图、哈密顿图等。

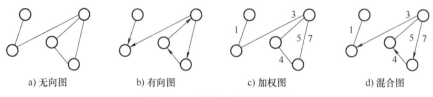

图 6.28　图的四种基本类型

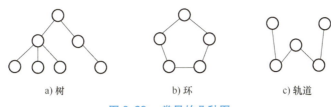

图 6.29　常见的几种图

有了图的定义，那么便需要推导图卷积的定义。回忆二维平面卷积运算的定义，其计算过程就是利用卷积核，在输入图像上滑动，将图像上点的像素值与卷积核上对应位置的数值相乘，再将所有乘积相加求和，作为输出特征图上卷积核中间位置的特征值，重复该过程直到遍历完输入图片上所有的像素。图卷积则与之类似，将每个节点描述为一个特征向量，通过设计一个可以遍历全部节点的矩阵运算，该运算方法便命名为图卷积。

如图 6.30 所示，节点 1 共有 5 个邻居节点，对于节点 1 进行图卷积，则就是对节点 1 及其邻居节点的信息进行聚合，其形式化表达为

$$Z = D^{-\frac{1}{2}}(A+I)D^{-\frac{1}{2}}XW \tag{6.8}$$

式中，每个节点都用一个向量来表示，所有的节点向量则构成了节点矩阵 $n×c$ 维的矩阵 X（n 是节点数量，c 是节点向量的维度）；A 是 $n×n$ 维的邻接矩阵，$A_{ij}=1$ 表示节点 i 与节点 j 相邻、$A_{ij}=0$ 表示不相邻；I 是单位矩阵；D 是对角矩阵，其作为归一化的因子参与矩阵乘积运算；W 是可学习的参数矩阵。本质

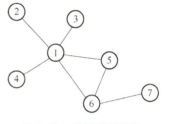

图 6.30　图卷积的运算

上，图卷积也是一种消息传递网络，令 $L = D^{-\frac{1}{2}}(A+I)D^{-\frac{1}{2}}$，$L$ 便描述了节点间消息的传递过程。

6.5.2　Beyond Grids

在 Beyond Grids 提出之前，应用于图像分割的深度学习网络大多数都是通过堆叠多个卷积层、池化层来增大感受野，进而获得目标与场景的上下文关系。实际上，这种方法得到的有效感受野非常有限，并不能很好地对上下文进行建模。因此，Beyond Grids 方法定义了图卷积单元（Graph Convolution Unit，GCU）来处理相关问题。一个 GCU 由三部分构成：Graph Projection、Graph Convolution、Graph Re-Projection。

其中，Graph Projection 为特征投影过程，即将二维特征图投影到图 $G=(V, E)$ 上（V 是节点的集合，E 是节点间相互关系的集合）；对于 V 中的各个节点，都是通过特征聚合的方式得到的。Graph Convolution 为图卷积过程，采用 6.5.1 节所述的公式进行运算，通过训练的方式来学习参数矩阵 W。Graph Re-Projection 为反投影过程，将经过图卷积运算的图表征重新投影到二维空间。图 6.31 展示了一个 GCU 的处理过程。

对于 Graph Projection 阶段：假设输入的特征图是一个 $H×W×C$ 的矩阵，将其写为 $N×d$ 的矩阵，其中 $N=H×W$，表示特征图上特征的总个数；C 是特征图的通道数；d 是节点向量的维数。接下来定义了一个软分配矩阵 $Q \in R^{H×W×|V|}$，其中 $|V|$ 表示最终聚合的节点数量。

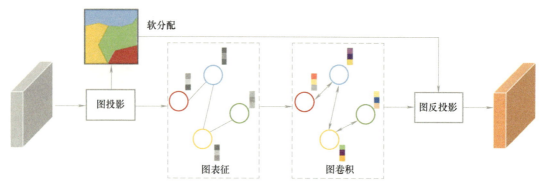

图 6.31　GCU 示意

$$q_{ij}^k = \frac{\exp\left(-\left\|\frac{x_{ij}-\omega_k}{\sigma_k}\right\|^2/2\right)}{\sum_k \exp\left(-\left\|\frac{x_{ij}-\omega_k}{\sigma_k}\right\|^2/2\right)} \quad (6.9)$$

式中，q_{ij}^k 是 Q 中的每一个元素；x_{ij} 是二维图像中第 i 行第 j 列的 C 维特征特征向量；ω_k 表示 ω 中对应节点 k 的一列；σ_k 是一个列向量，表示 sigmoid 函数的输出，其每一个元素的值都在（0，1）之间。式（6.9）计算了所有 x_{ij} 与 ω_k 的欧氏距离，并且利用 Softmax 函数建立了这个软分配矩阵的元素值，这个软分配矩阵中的每一个向量 q_{ij}^k 均满足 $\sum_k q_{ij}^k = 1$。

$$z_k = \frac{z_k'}{\|z_k'\|}, z_k' = \frac{1}{\sum_{ij} q_{ij}^k} q_{ij}^k (x_{ij}-\omega_k)/\sigma_k \quad (6.10)$$

式中，z_k 表示 $Z \in \mathbf{R}^{d \times |V|}$ 中的每一个元素，可以由 z_k' 来计算。本质上，z_k' 是特征向量 x_{ij} 与节点特征向量 ω_k 差值的加权平均值。

$$A = Z^T Z \quad (6.11)$$

式中，邻接矩阵 A 则可以用 Z 来计算。对于 Graph Convolution 阶段，使用一个激活函数 $f(\cdot)$ 得到图卷积的结果 $\widetilde{Z}$，W_g 是单个图卷积运算的参数：

$$\widetilde{Z} = f(AZ^T W_g) \quad (6.12)$$

对于 Graph Re-Projection 阶段，使用反投影矩阵 Q 来进行反投影计算，得到最终的分割结果 $\widetilde{X}$：

$$\widetilde{X} = Q\widetilde{Z}^T \quad (6.13)$$

6.5.3　GloRe

GloRe 是 Graph-Based Global Reasoning Networks 的缩写，是另一种区域图推理的方法。经典的深度学习方法中感受野是有限的，其无法建模相距较远的区域之间的上下文关系。针对于此，GloRe 提出了一种推理方法：将坐标空间（Coordinate Space）的像素级特征聚合投影到交互空间（Interaction Space）中，经过一系列运算后再投回到原始的坐标空间。图 6.32b 描述了坐标空间下的区域划分,同种颜色的区域内部,其像素是相似的,即根据像素的相似性划分坐标空间中的区域;图 6.32c 描述了坐标空间与交互空间中区域的投影与反投影关系。

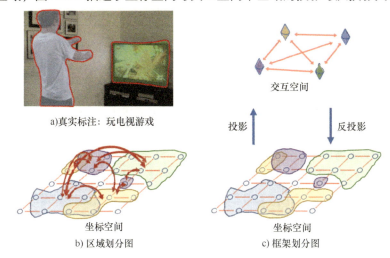

图 6.32　GloRe 的投影示意

GloRe 方法的流程如图 6.33 所示,总的来说,其分为三个步骤:从坐标空间到交互空间、在交互空间下进行图卷积的推理、从交互空间回到坐标空间。首先,将输入特征图 $X \in R^{L \times C}$ 投影为交互空间的表征 V,如式(6.14)。

$$V = f(X) \in R^{N \times C} \tag{6.14}$$

该式实际上是一个加权全局池化的过程,将所有 L 个像素点的维度为 C 的组成特征 X 通过投影 $f(\ )$ 变成方便计算的、图空间下的 N 个节点的维度为 C 的特征矩阵 V,实际上就是融合类似区域内像素特征,使得节点合并,生成新特征矩阵 V 的第 i 行 $v_i = b_i X = \sum_{\forall j} b_{ij} x_j \in R^{1 \times C}$,$B = [b_1, b_2, \cdots, b_N] \in R^{N \times L}$ 是可学习的参数矩阵。

$$Z = (I - A_g) V W_g \tag{6.15}$$

式中,A_g 是一个节点适应性矩阵,其携带了节点互相之间的扩散信息;W_g 是一个更新状态的参数矩阵。最后,将新的图表征反投影到坐标空间,完成整个 GloRe 流程:

$$Y = B^T Z + X \tag{6.16}$$

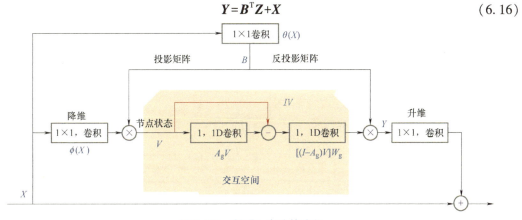

图 6.33　GloRe 方法的流程

6.5.4 GINet

之前的方法都是基于视觉图像来表征、推理上下文的方式,但 GINet 的作者认为上下文信息仅靠其他像素点的信息来捕捉并不够,于是他引入了语义上下文的概念,并在构建图网络时将该语义信息利用起来,如图 6.34 的 Graph Interaction 过程所示。总体来说,GINet 仍然是一种图交互网络,其提出了一种基于数据集的语义知识的图交互单元 GI Unit 来进行上下文的推理建模;同时提出了上下文损失 SC-loss 来增强训练过程,强调出现在场景中的类别,抑制没有出现在场景中的类别。

GINet 方法的框架如图 6.35 所示,其过程大致分为 5 个步骤。

1)将经过预训练的 ResNet 作为骨干网络,对给定的输入图像进行提取特征,即视觉特征(Visual Representation)。与此同时,根据分类网络或先验信息得到该输入图片中的类别

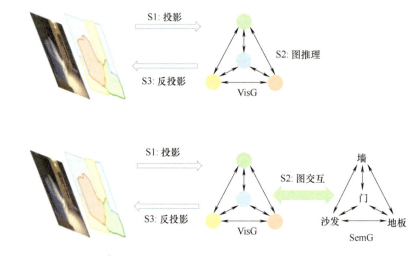

图 6.34　GINet 利用语义信息构建图交互网络

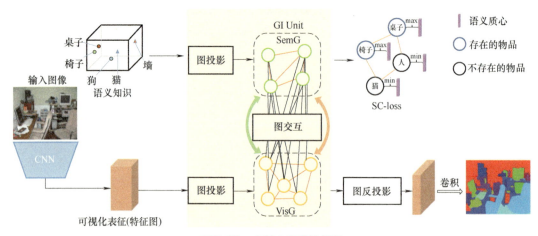

图 6.35　GINet 方法的框架

信息，将其以文本的形式提取出来，经过词嵌入（Word Embedding），将单词映射为方便处理的多维向量，即语义信息（Linguistic Knowledge）。

2）将视觉特征和语义信息，通过 GI Unit 进行投影，得到视觉图（VisG）和语义图（SemG）。其中，视觉图中的节点表示原图像中某一区域的特征，边表示区域之间的关系；语义图中的节点表示文本特征，边表示相互关系。

3）在 GI Unit 中通过 Graph Interaction 过程来进行图推理。其中，语义图用于在视觉图中促进上下文关系，指导视觉图的生成；视觉图反过来又可以强化语义图中语义之间的联系。

4）由 GI Unit 生成的视觉图通过反投影操作，回到原特征空间上，来增强每个局部视觉表示的区分能力；语义图则在训练过程中根据上下文损失（SC-loss）不断进行更新。

5）使用 1×1 卷积、上采样，得到最终的图像分割结果。

上下文损失 SC-loss 如式（6.17）所示，该损失函数强调场景中出现的类别，抑制没有出现在场景中的类别。

$$\text{Loss}_{sc} = -\frac{1}{M}\sum_{i=1}^{M}(y_i \log v_i) + (1-y_i)\log(1-v_i) \tag{6.17}$$

式中，M 表示类别数量，$y_i \in \{0, 1\}$ 表示真实值中类别 i 的比重，v_i 通过二分类训练得到，同样满足 $v_i \in (0, 1)$。总损失函数（Loss）由上下文损失（Loss_{sc}）、辅助损失（Loss_{aux}）、交叉熵损失（Loss_{ce}）共同构成：

$$\text{Loss} = \lambda \text{Loss}_{sc} + \alpha \text{Loss}_{aux} + \text{Loss}_{ce} \tag{6.18}$$

式中，超参数 λ 是上下文损失的权重，其值根据经验值或实验得到；超参数 α 是其他附加损失的参数，在提出该方法的原论文中根据以往经验，将该值设置为 0.4。

6.6　自动驾驶图像分割技术应用及案例介绍

6.6.1　自动驾驶图像分割技术应用概述

在自动驾驶领域中，语义分割一直是一个重要的技术，它能够对驾驶场景中的各种物体做出像素级的识别和分割，进而使车辆安全、高效地行驶。在自动驾驶场景下，图像分割算法需要实时地对车辆当前环境做出合理的分析，辅助下游模块做出合理的决策。

具体来说，在自动驾驶场景下，图像分割需要能够准确识别和分割出道路上不同的物体和区域，如车道线、行人、交通标志、车辆等。传统的图像分割方法，本质上是基于规则的语义分割算法，至于规则如何设定，完全由方法的提出者进行设计，其主观因素极强，泛化能力较差；且每一种规则仅对某种特定的分割场景有效，人工设计分割规则的效率也十分低下。因此，传统图像分割方法很难应用到自动驾驶领域中。

这里以阈值法、边缘检测法来介绍传统图像分割方法在自动驾驶领域中的应用。阈值法是指使用图像的灰度特征来计算灰度值，通过与设定的阈值相比较，来将特定的像素分类到相应的类别。以自动驾驶场景中的行人区域分割为例，由于人体的表面温度高于周围环境，因此使用红外检测设备或算法，可以检测图像中的热源区域，进而从图像或热成像中分割出行人区域。

基于深度学习的图像分割方法，因其简单的网络结构和较好的泛化能力，随着自动驾驶、计算机视觉技术的发展也变得越来越成熟。FCN网络一经提出，便展现了其在自动驾驶领域中应用的潜力：其实现了端到端的输出，可以帮助自动驾驶系统理解场景并做出合理的决策。但FCN并不能对驾驶场景的上下文进行充分利用，因此并没有真正地应用于自动驾驶。研究者在PSPNet基础上引入了DeepLab，引入了ASPP模块。该模块通过不同扩张率的卷积滤波器，提取了多尺度的特征；同时，DeepLab还通过跳跃连接的方式将ASPP模块输出的特征图与不同层级的解码器输出进行融合，使得车道线的边缘更加精细和完整，更有利于车辆自身位置的确定。

6.6.2 矿区自动驾驶路面特征提取案例介绍

近年来，自动驾驶技术发展迅猛，其结合人工智能、计算机视觉、全球定位系统、雷达感知等技术，使得无人驾驶车辆可以在无人干预的情况下安全自主的操纵车辆。在一些封闭园区、运输港口、露天矿区等场景，无人驾驶得到了较好的落地应用；在露天矿区，无人驾驶相比于人工驾驶，能够减少人力成本和人员伤亡；在落地应用层面，因露天矿区行驶区域的行人与社会车辆极少、场景单一且封闭，自动驾驶技术能够更快地实现商业化落地；将自动驾驶技术应用到矿用卡车上，不仅保证了矿区工作的安全性、稳定性，并且在降低了其运营成本的同时提高了矿用卡车工作的效率。

环境感知技术是实现矿区无人驾驶的基础，感知结果可为后续矿车的控制与决策模块提供丰富的环境信息。其中，若能够对路面状态进行有效感知，则可为矿区自动驾驶车辆安全高效行驶提供有力保障。通常情况下，道路可以分为结构化道路和非结构化道路。以封闭园区、高速公路以及运输港口等无人驾驶场景为代表的结构化道路具有路面平坦、无凸起、无坑洼、无积水等特点。然而，矿区场景下的道路属于非结构化道路，露天矿区道路湿润，土质较为松软，车轮压过路面时，由于车辆重力对所压位置的土质进行下压，旁边土质受下沉路面的挤压向上隆起形成路面凸起状态，达到一定高度后形成路面翻浆区域，矿区路面翻浆（凸起）区域形成过程如图6.36所示。同时，在路面低洼区域还会形成一定的积水，如图6.37所示。

车辆在矿区非结构化路面上行驶时，由于路面翻浆及路面积水区域具有凹凸不平的特点，在这种路面状态下行驶时，车辆剧烈振动，容易损坏部件，还会因机械故障引发事故。因此，面向矿区自动驾驶的路面状态感知研究十分重要，自动驾驶车辆有效对矿区非结构化路面的道路翻浆（凸起）区域以及路面积水等路面状态进行检测并输出相应的路面状态属

第 6 章 基于 CNN 的自动驾驶场景图像分割理论与实践

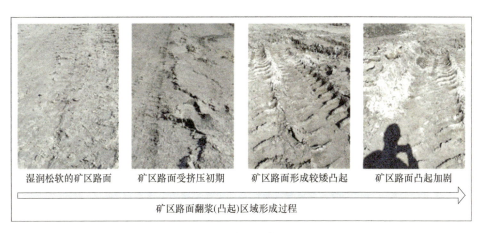

图 6.36 矿区路面翻浆（凸起）区域形成过程

图 6.37 矿区路面积水区域示意图

性（高度、面积）能够提升矿区自动驾驶车辆前向感知能力，为车辆决策、规划、控制提供保障。

单一传感器信息对于自动驾驶车辆环境感知具有一定的局限性，多传感器信息融合不仅可以弥补单一传感器多维信息的不足，还可以形成一定的信息冗余，从而增强环境感知结果的可靠性。本案例采用长焦相机和激光雷达传感器信息融合感知技术对矿区非结构化路面状态进行研究：激光雷达传感器可以弥补图像没有深度信息的不足，图像可以为点云提供路面状态的语义信息。

1. 技术路线

本节所介绍的矿区自动驾驶路面特征提取案例，总共分为两个部分：①矿区路面数据集的构建；②矿区路面特征融合提取及状态输出。其技术路线如图 6.38 所示。

（1）矿区路面数据集的构建

本案例将激光雷达点云和长焦相机的图像作为整体算法的输入，首先运用深度学习网络对图像中具体的路面特征进行分割与提取，然后根据图像与点云的关系对应地获得不同路面

图 6.38　矿区自动驾驶路面特征提取案例技术路线

状态的点云信息，最后提出一种路面状态输出算法实现路面状态的感知，完成关于矿区路面状态的检测与输出。

当前，面向自动驾驶路面状态感知的大规模数据集较为稀少，清华大学发布的首个面向自动驾驶路面感知的大规模图像数据集（RSCD）是一个利用视觉图像进行道路感知的数据集，该数据集通过实车采集、手工标注将路面进行分类。但是，该数据集主要包括了结构化场景下的路面状态数据，非结构化路面场景较少且并不完全适合矿区非结构化路面状态感知研究。为此，本案例中专门构建了面向矿区非结构化场景下的路面数据集。矿区场景多为非结构化道路，且路基由泥土等构成，土质较为松散。本案例为面向矿区路面状态的研究，在构建矿区路面数据集时主要关注路面翻浆（凸起）以及路面积水等路面状态场景。

为了使得所采集的矿区图像及点云数据中的路面特征能够更好地匹配，多模态数据需要在时间上进行同步，空间上进行对齐处理。同时，点云在获取的过程中，一帧点云中的点不是在同一时刻采集的，因为在采集的过程中雷达随着采集平台在移动，但是点云测量的是物体到激光雷达中心的距离，而在同一帧点云中不同激光点的坐标系不同，所以需要把采集过程中的雷达的运动计算出来进行点云去畸变处理。对于时间对齐处理，本案例通过车载嵌入式设备对所采集到的图像信息与激光雷达信息赋予时间戳信息的软同步方式；对于空间对齐处理，本案例进行相机内参标定、激光雷达畸变、图像与点云联合标定三个子过程。其中图像与点云的标定，使用多边形将矿区中同一目标物体的像素位置与空间位置进行对应并自适应调整进而得到多传感器之间的转换矩阵的方式，标定过程如图 6.39 所示，图像与点云联合的自适应标定结果如图 6.40 所示。

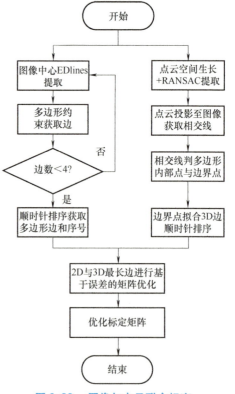

图 6.39　图像与点云联合标定

图 6.40　自适应标定结果

所构建的数据集部分场景如图 6.41 所示。

图 6.41　矿区路面数据集场景展示（部分）

（2）基于图像的矿区路面特征提取

矿区非结构化路面中主要存在路面积水以及载重运输车辆碾压路面所形成的车辙等路面翻浆（凸起）区域。针对非结构化道路中的积水及翻浆（凸起）等路面状态，点云数据包含三维信息以及反射强度信息并不能进行状态区分。不过，可以借助矿区路面图像数据，运用深度学习语义分割网络对图像中不同路面状态赋予语义信息来实现不同路面状态特征的提取。该步骤是后续的图像与点云特征融合过程重要的前置条件。

本案例采取了编码器-解码器结构的 DeepLab V3+作为图像语义分割框架，在此基础上进行优化来获取图片的像素级类别信息。

DeepLab V3+是通过多尺度特征融合来提升整个网络性能的；在此基础上，本案例引入了注意力机制对特征通道中所存在的空间信息和通道信息等目标特征信息进行建模，并通过卷积池化等操作来获得特征通道以突出特征图的细节信息，来针对不同通道特征的重要程度选用不同的注意力机制来进行特征提取。

改进的 DeepLab V3+语义分割网络主要是由通道注意力模块、混合注意力模块以及改进的 DeepLab V3+网络模型组成。改进的 DeepLab V3+网络结构如图 6.42 所示。基于编码器-解码器结构，输入图像经过不同通道深度可分离卷积获得图像特征，将所得到的特征图经过 ASPP 和 ECA 注意力模块进行处理，将由 ASPP 模块中的 1×1 卷积以及空洞率分别为 6、12、18 的空洞卷积和经全局平均池化处理后的图像特征进行拼接融合，将融合后的特征图经过 ECA 注意力模块后利用 1×1 卷积来降维；同时将深度可分离卷积获得的图像特征通过 CBAM 混合注意力模块进行处理，并将处理后的低级特征进行 1×1 卷积来降维，再与编码器中 4 倍上采样获得高级特征进行拼接融合。将融合后的信息运用 3×3 卷积和上采样处理后，获得细化特征并恢复了空间信息，最终可得分割效果图。

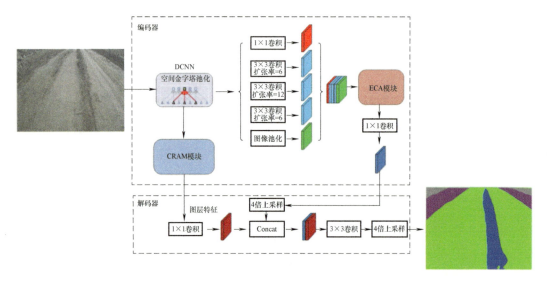

图 6.42　添加注意力机制的 DeepLab V3+网络

本案例中，所采用的数据按照 PASCAL VOC 2007 数据集格式进行标注，用实际应用场景来检验改进网络的性能。在所构建的矿区非结构化路面数据集中，主要包含行驶主路径直道、弯道以及矿区作业区等场景，场景中的路面主要是车辆来回碾压过在松软路面上形成的翻浆等凸起以及下雨天气下在凹坑中的积水等路面状态。标注的类别主要有：非结构化道路路边挡墙、非结构化路面翻浆（凸起）区域、路面积水区域和其他非有效区域四类区域。部分数据集场景如图 6.43 所示。

本案例使用自建的矿区路面数据集，使用 NVIDIA GeForce RTX 3060 Ti 显卡，显存 16GB，单 GPU 进行 500epoch 训练。为验证基于 DeepLab V3+网络的基础上所添加模块的有效性，进行了消融实验，对在网络中相同位置分别添加 ECA 注意力机制和 CBAM 混合注意力机制模块与同时添加两种模块的改进网络进行对比。本书选用平均交并比以及平均像素精度对图像分割结果进行评估，表 6.1 为 DeepLab V3+添加不同模块的类别分割平均交并比及平均像素精度。表 6.2 为 DeepLab V3+添加不同模块的类别分割平均交并比。

图 6.43　矿区路面图像数据集（部分）

表 6.1　DeepLab V3+添加不同模块的类别分割平均交并比及平均像素精度

指标	DeepLab V3+	DeepLab V3+ （ECA）	DeepLab V3+ （CBAM）	DeepLab V3+ （ECA+CBAM）
mIoU（%）	75.46	75.56	76.12	77.83
mPA（%）	84.34	85.72	85.25	86.1

表 6.2　DeepLab V3+添加不同模块的类别分割平均交并比

类别	DeepLab V3+	DeepLab V3+ （ECA）	DeepLab V3+ （CBAM）	DeepLab V3+ （ECA+CBAM）
背景区域	86.7	86.23	87.5	88.13
路面区域	87.42	87.41	88.43	87.94
翻浆区域	79.28	79.56	80.69	82.09
积水区域	74.6	74.1	76	77.91
路边挡墙	49.34	50.5	47.97	53.09

基于 DeepLab V3+网络添加 ECA 注意力机制以及 CBAM 混合注意力机制的改进网络在 mIoU 和 mPA 指标上，相对于 DeepLab V3+网络本身以及分别添加不同注意力模块的网络表现良好，选取训练过程中得到的最优权重，加载最优权重对矿区路面进行分割可以得到所分割的路面状态如图 6.44 所示，图中紫色区域为非结构化道路的挡墙部分，绿色区域为可行驶路面，蓝色区域为车轮在路面上碾压所形成的翻浆（凸起）区域。

图 6.44　路面状态分割效果图

在经过图像分割获得矿区路面状态特征后，为确定感兴趣区域需要对相应路面状态进行轮廓提取。图像二值化操作使图像变得简单，同时减少数据量，有利于图像进一步处理。在获得二值化的图像后，为了实现填补目标区域中的某些空洞以及消除包含在目标区域中的小颗粒噪声的目标，需要对二值化图像进行图像膨胀操作。

最后，对于所获取的膨胀图像将像素位置紧邻且像素值大小相同的前景像素点进行连通，经过图像膨胀和区域连通后对感兴趣区域进行轮廓提取。图6.45为路面特征处理流程图，图6.46为路面状态特征获取过程的效果示意图。

图 6.45　路面特征处理流程示意

a) 输入原图　　　b) 获取路面特征　　　c) 路面二值化　　　d) 特征连通膨胀　　　e) 输出路面特征轮廓

图 6.46　路面状态特征获取过程（效果示意）

（3）基于点云与图像的路面特征融合及状态输出

在获得矿区非结构化路面状态的图像信息后，为了进一步对路面翻浆（凸起）区域的高度及路面积水区域的面积等路面状态属性信息进行有效感知，还需要基于相对应路面状态区域的三维点云信息进行分析。此步骤中根据小孔成像模型以及激光雷达与相机的相对位置关系将路面激光点云与图像进行后融合，并结合图像中路面状态的轮廓信息获得相对应区域的点云，经过后校准得到最终的融合效果，如图6.47所示。最后，运用相对应路面状态区域的点云信息提出了一种面向矿区非结构化路面状态感知算法并对矿区相应的路面状态进行输出，路面状态输出算法的流程如图6.48所示。

2. 结果与分析

最终实现的效果共分为两类：矿区路面翻浆（凸起）检测；矿区路面积水检测。图6.49所示为矿区路面翻浆（凸起）检测效果图，图中以自适应多边形的形式对路面翻浆（凸起）区域进行检测，同时对于翻浆区域的高度属性进行阶梯输出（如图中左上角高度值）。在测试时，本研究将矿区路面翻浆大于0.1m区域以及大于0.2m区域都进行输出（点云蓝色部分以及红色多边形区域）。

图6.50所示为矿区路面积水区域检测效果图，以自适应多边形对路面积水区域进行检测同时输出积水区域面积属性（如图中左上角面积值），同时将路面积水区域点云用绿色表示。

第 6 章 基于 CNN 的自动驾驶场景图像分割理论与实践

a) 初步融合效果

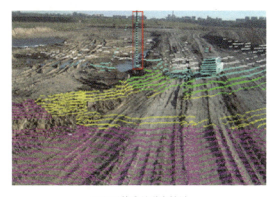

b) 经后校准的融合效果

图 6.47 点云与图像的融合效果

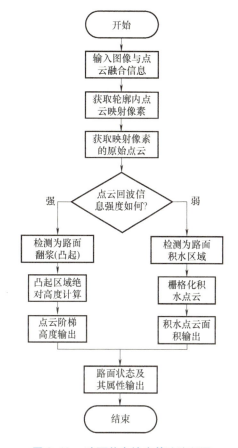

图 6.48 路面状态输出算法流程图

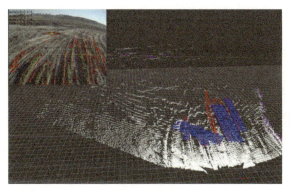

图 6.49 矿区路面翻浆（凸起）检测及状态输出

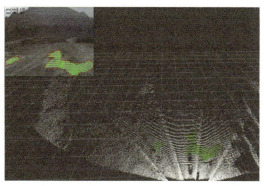

图 6.50 矿区路面积水检测及状态输出

6.7 实践项目：基于 DeepLab V3+的自动驾驶数据集图像分割

本实践项目基于 PaddlePaddle 框架，使用 DeepLab V3+网络对矿区自动驾驶图像分割数据集（mine_Segmentation.zip）进行图像分割，直接采用预训练模型，DeepLab V3+有效缩短了训练时间并提升了图像分割效果。

微信扫一扫，即可获取项目数据集及代码

拿到原始图像数据集和标注好的分割标签文件之后，首先对数据进行遍历生成包含图像数据集路径的标签文件，为接下来的训练做准备。

```python
#数据集处理
import os
import random
trainval_percent = 0.1
train_percent = 0.9
imgfilepath = '/home/aistudio/work/PaddleSeg/data/mine/leftImg8bit/' #图片文件夹
total_img = os.listdir(imgfilepath)
num = len(total_img)
list = range(num)
tv = int(num * train_percent)
train = random.sample(list, tv)
ftrain = open('/home/aistudio/work/PaddleSeg/data/mine/train.txt', 'w')
fval = open('/home/aistudio/work/PaddleSeg/data/mine/val.txt', 'w')
for i in list:
    name = 'leftImg8bit/' + total_img[i] + ' ' + 'gtFine/' + total_img[i][:-4] + '.png' + '\n'
    if i in train:
        ftrain.write(name)
    else:
        fval.write(name)
ftrain.close()
fval.close()
```

之后借助 PaddlePaddle 平台源码编译安装 PaddleSeg 包，环境配置没有问题之后即可开始训练过程：

单卡 GPU 训练
！python tools/train.py --config
configs/deeplabv3p/deeplabv3p_resnet50_os8_cityscapes_1024x512_80k.yml \
--save_interval 5000 \
--save_dir output \
--num_workers 4 \
--log_iters 100

训练之后对最后得到的模型进行评估和推理，最终分割效果如图 6.51 所示，可见分割精度较高。

图 6.51　小轿车与矿用卡车分割结果

1. 静态图像的分割任务具体分为哪三类？如何理解动态图像的分割任务？请举例说明图像分割在自动驾驶领域中的具体应用。

2. 什么是上采样？上采样有哪些方法？每一种方法都是如何实现的？

3. 什么是编码器-解码器结构？本章介绍的该结构的网络有哪些？

4. 什么是感受野？如何增大感受野？如何利用不同大小感受野的特征？

5. 改进后的 ASPP′ 与 ASPP 的区别是什么？其解决了什么问题？

6. DeepLab V3+是什么结构？其具有哪些优点？

7. 图像和图表征有什么区别？如何转换？什么是图卷积运算？其和图像的卷积运算有什么区别？

8. 针对 6.7 节所述项目，选择不同网络模型，调节超参数，对比分析结果。

第7章

循环神经网络及自动驾驶车辆换道行为预测应用

在现代交通科技领域，自动驾驶技术已经成了不可忽视的趋势。自动驾驶发展伴随着与人工智能和深度学习的结合得到了更加深入的发展。相较于前馈神经网络，循环神经网络（RNN）的显著区别在于能够处理序列数据，具备记忆功能，以及对时间依赖性的建模能力。正是由于这些特性，使得 RNN 在自动驾驶汽车的换道预测等任务中具备了出色的应用潜力。本文将深入探讨循环神经网络，着重介绍其原理、优势，并介绍循环神经网络在自动驾驶车辆换道和轨迹预测中的应用。

7.1 循环神经网络概述

在实践中，神经网络经常需要处理一些时序数据。例如，在智能驾驶汽车行驶过程中，车辆的行驶环境是随着时间推移而随时序变化的。又例如，在自然语言处理任务中，一个句子中前一个单词其实对于当前单词的词性预测是有很大影响的。例如，"驾驶员操纵__"，由于"操纵"是一个动词，那么很显然输出一个名词的概率就会远大于动词的概率。因此，根据前文的理解，网络应该输入一个名词。这说明在预测句子中下一个单词时，最好知道前面有哪些单词。

而传统的神经网络假设所有的输入和输出彼此独立，在处理输入之间存在时序或逻辑关联时，无法很好地利用顺序信息。为了更好地处理序列的信息，1986 年，Elman 等人提出了用于处理序列数据的循环神经网络（Recurrent Neural Networks，RNN）。与传统的神经网络相比，RNN 的引入给图像处理和自然语言处理带来了很大的进步，例如天气预报、股票预测、语音识别等。与前馈神经网络和卷积神经网络（CNN）一样，循环神经网络利用训练数据进行学习。区别在于 RNN 具有"记忆"功能，可以从先前的输入中获取信息，以影响当前的输入和输出。

RNN 自 1986 年被提出，为了更好地处理时序数据。RNN 的一个显著特点就是具有"记忆"功能，网络的输出依赖于序列中先前的输入。另一个特点是每个网络层都共享参数。对于前馈神经网络来说，每一层中的不同节点都被训练分配了不同的权重，而 RNN 在模型的不同部分共享参数。这么做的优点是使得模型可以扩展到不同长度、不同形式的样本，增强了模型的泛化能力。

然而，简单 RNN 的一个局限性是它们的短期记忆，这限制了它们保留长序列信息的能力。为了克服这个问题，研究者开发了更先进的 RNN 变体，包括长短时记忆（Long Short-Term Memory，LSTM）、双向 LSTM、门控循环单元（Gated Recurrent Unit，GRU）、双向 GRU 等，其中 LSTM 和 GRU 两种变体更为常见。

长短时记忆网络是循环神经网络（RNN）的高级变体，可解决 RNN 长期依赖关系的问题。LSTM 最初由 Hochreiter 和 Schmidhuber 在 1997 年提出，并于 2013 年进一步改进，在深度学习社区中获得了广泛的欢迎。与标准 RNN 相比，LSTM 模型已被证明在保留和利用较长序列的信息方面更有效。

门控循环单元是 RNN 架构的另一种变体，为了解决长期记忆和反向传播中的梯度等问题，于 2014 年被 Cho 等人提出，并提供比 LSTM 更简单的结构。GRU 在 LSTM 的基础上进一步优化，将 LSTM 的输入门和遗忘门合并为单个更新门，并且不包含单独的细胞状态。GRU 简单的结构设计能够简化神经网络结构并极大地提高网络学习效率。

7.2 长期依赖和门控 RNN

与独立分布的输入样本不同，时空序列数据的特征比较复杂，在进行处理时，不仅需要考虑时间上的连续性和周期性，还要考虑不同区域之间的空间相关性，解决了传统的时序数据难以捕捉数据之间的空间相关性与非线性问题。

7.2.1 RNN

RNN 设计之初是为了解决时序信息处理的问题，其结构较为简单，由一个输入层、隐藏层、输出层组成，如图 7.1 所示。

虽然 RNN 的结构简单，只有三层，但在实际处理时序数据时，为了能够更好地利用顺序信号，RNN 采用了循环的操作，即对输入数据中的每个样本执行相同的操作，并且上一个时序数据的结果会影响到下一个数据的操作。也就是说，对于当前样本，网络已经记住了前面所有样本处理过的信息。因此，RNN 在理论上能够处理无限长的序列信息。具体的数据流程如图 7.2 所示。

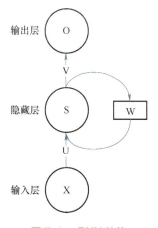

图 7.1　RNN 结构

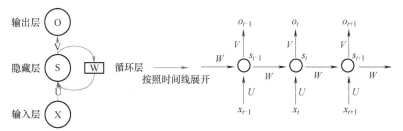

图 7.2　RNN 沿时间顺序展开结构

对于单个时序数据 x_t 来说，RNN 有两个输入，即当前时刻的时序数据 x_t 和上一个时刻的状态 s_{t-1}。RNN 的输出也有两个：一个是当前时刻的状态 s_t；一个是当前时刻状态的输出 o_t。

各个量之间的关系可以表示为：

$$s_t = f_h(\boldsymbol{U} x_t + \boldsymbol{W} s_{t-1} + b_1) \tag{7.1}$$

$$o_t = f_o(\boldsymbol{V} s_t + b_2) \tag{7.2}$$

式中，$\boldsymbol{U}$ 和 $\boldsymbol{W}$ 分别为输入数据与状态数据对应的权重矩阵，b_1 为对应的偏置。对于不同的时序数据，用的是相同的 $\boldsymbol{U}$ 和 $\boldsymbol{W}$；f_h 和 f_o 为激活函数，通常 f_h 采用 tanh（）函数，f_o 采用 Softmax（）函数。$\boldsymbol{V}$ 代表了循环神经网络的输出矩阵，b_2 为对应的偏置。s_t 为 t 时刻的状态变量，o_t 为 t 时刻的输出变量。

当大量时序数据输入时，各个量之间的关系可以进一步拓展为

$$\begin{cases} s_{t-1} = f_h(\boldsymbol{U} x_{t-1} + \boldsymbol{W} s_{t-2} + b_1), o_{t-1} = f_o(\boldsymbol{V} s_{t-1} + b_2) \\ s_t = f_h(\boldsymbol{U} x_t + \boldsymbol{W} s_{t-1} + b_1), o_t = f_o(\boldsymbol{V} s_t + b_2) \\ s_{t+1} = f_h(\boldsymbol{U} x_{t+1} + \boldsymbol{W} s_t + b_1), o_{t+1} = f_o(\boldsymbol{V} s_{t+1} + b_2) \end{cases} \tag{7.3}$$

观察式（7.3）可以发现，对于单个时序数据的处理，不仅依赖于上一个时刻的状态数据，还依赖于共享参数的权重矩阵。而权重矩阵经过了前面所有时序数据的训练，因此在当前时刻，RNN 可以理解为记住了所有时刻的信息，利用学习到的序列特征来更好地处理当前数据。

RNN 这样的结构赋予了它处理时序信息的能力，即后面数据的操作会参考前一数据的结果。另外所有的时序数据共用一套权重参数，对于不同的输入，能够学习到不同的权重更新状态，这样学习到的权重矩阵相当于包含了以前所有的连续状态，不仅使得 RNN 能够处理任意长度的数据，也极大减少了训练参数量。

在训练过程中，RNN 的反向传播过程会与时间序列产生长期依赖。这是因为每个步骤的隐藏状态 s_t 随时间序列向前传播，而 s_t 是 $\boldsymbol{U}$ 和 $\boldsymbol{W}$ 的函数，因此每个时间步骤之间都会存在间接隐藏状态的连续乘法计算。只要不断相乘，就有梯度消失的危险。

因此，在现代应用中，几乎没有研究者使用原始的 RNN 模型，而是以基于 RNN 的 LSTM 和 GRU 模型作为基础研究对象进行探索和研究。根据不同的应用场景，研究人员将根据自己的具体需求对这两种模型进行创新或与其他方法相结合来解决问题。

7.2.2 LSTM

LSTM 网络于 1997 年首次被提出，主要是为了解决循环神经网络存在的长期依赖问题。通过引入"门"到细胞中，LSTM 细胞能够提升标准循环神经细胞的记忆能力。经过多年的研究，研究人员已经提出了多种 LSTM 细胞的改进版本，包括不包含遗忘门的 LSTM 细胞、包含遗忘门的 LSTM 细胞以及带有窥视孔连接的 LSTM 细胞。本书将对标准的带有遗忘门的 LSTM 细胞展开介绍，该网络结构于 2000 年被提出，具体结构如图 7.3 所示。

LSTM 的单元结构包含三个门：输入门、遗忘门和输出门。相比于 RNN 算法中系统状态的递归计算，LSTM 单元的三个门可以实现内部状态的自循环。其中，输入门决定当前时间步的输入以及上一个时间步系统内部的更新状态，遗忘门的作用是用来决定上一个时间步的

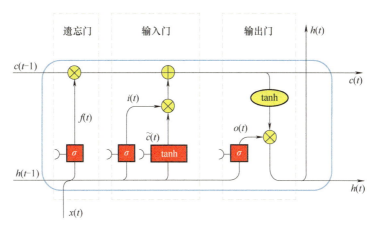

图 7.3　LSTM 网络结构

内部状态更新为当前时间步的内部状态,而输出门则用来决定当前系统内部状态对于输出的影响。

LSTM 在处理序列数据时,每个数据样本都会经过一个 LSTM 细胞。LSTM 细胞的结构可以决定哪些信息需要忘记,哪些信息需要记住,因此使得 LSTM 能够自由选择每个时间步记忆的内容。

带有遗忘门的 LSTM 细胞的数学表达式为

$$f_t = \sigma(W_{fh}h_{t-1} + W_{fx}x_t + b_f) \tag{7.4}$$

$$i_t = \sigma(W_{ih}h_{t-1} + W_{ix}x_t + b_i) \tag{7.5}$$

$$\widetilde{c}_t = \tanh(W_{\tilde{c}h}h_{t-1} + W_{\tilde{c}x}x_t + b_{\tilde{c}}) \tag{7.6}$$

$$c_t = f_t c_{t-1} + i_t \widetilde{c}_t \tag{7.7}$$

$$o_t = \sigma(W_{oh}h_{t-1} + W_{ox}x_t + b_o) \tag{7.8}$$

$$h_t = o_t \tanh(c_t) \tag{7.9}$$

LSTM 细胞有两个传输状态:一个是细胞状态 c_t(cell state);一个是隐藏状态 h_t(hidden state)。σ 是随着时间步长更新的门控,通常采用 sigmoid 激活函数,将输入转换成 0 到 1 之间的数值,相当于一组权重,而 tanh 激活函数则是将输入转换成 -1 到 1 之间的数值。在式(7.4)~式(7.9)中,W_{fh}、W_{fx}、W_{ih}、W_{ix}、$W_{\tilde{c}h}$、$W_{\tilde{c}x}$、W_{oh} 和 W_{ox} 为对应的权重矩阵,b_f、b_i、$b_{\tilde{c}}$、b_o 为对应公式的偏置。

在运算时,LSTM 细胞包括三个阶段:遗忘阶段、输入阶段以及输出阶段。

1)在遗忘阶段,遗忘门的作用是决定细胞状态中哪一部分信息会被遗弃,即当前时刻的记忆状态有多少来自前面时刻的记忆,如图 7.4 所示。当遗忘门 f_t 的值为 1 时,它保留了上一个时刻的细胞状态,当遗忘门 f_t 的值为 0 时,上一个时刻的细胞状态会被遗弃。b_f 是遗忘门的偏置,当增加 b_f 的值时,

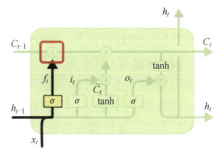

图 7.4　LSTM 细胞中遗忘门

LSTM 网络的效果会有所提升。对应的数学表达式为

$$f_t = \sigma(W_{fh}h_{t-1} + W_{fx}x_t + b_f) \tag{7.10}$$

2）在输入阶段，将会决定输入数据中哪一部分会被遗忘，如图 7.5 所示。输入阶段的数据由上一个细胞状态和一个输入门计算而来，两者相加得到的结果被定义为下一个时刻的细胞状态 c_t。这一阶段可以用来决定当前输入有多少是需要保存到细胞状态中的。其数学表达式为

$$i_t = \sigma(W_{ih}h_{t-1} + W_{ix}x_t + b_i) \tag{7.11}$$

$$\tilde{c}_t = \tanh(W_{\tilde{c}h}h_{t-1} + W_{\tilde{c}x}x_t + b_{\tilde{c}}) \tag{7.12}$$

3）在输出阶段，sigmoid 激活函数用来决定哪些信息可以被输出，通过 sigmoid 激活函数计算得到了 o_t，如图 7.6 所示。而 tanh 函数用来处理新的记忆，通过 tanh 激活函数将细胞状态 c_t 转换成 -1 到 1 之间的数值，和 o_t 相乘，得到了输出结果 h_t。其数学表达式为

$$o_t = \sigma(W_{oh}h_{t-1} + W_{ox}x_t + b_o) \tag{7.13}$$

$$h_t = o_t \tanh(c_t) \tag{7.14}$$

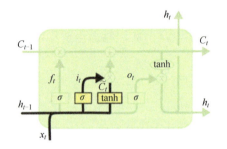

图 7.5　LSTM 细胞中输入门

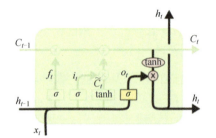

图 7.6　LSTM 细胞中输出门

7.2.3　GRU

由 LSTM 的结构可以发现，LSTM 细胞中的三个门对于提高学习能力的贡献不同，对于其中贡献较小的门可以省略其结构及权重，从而进一步简化神经网络结构，并且提高学习效率。基于上述的思考，GRU 于 2014 年被提出。相比于 LSTM 的网络结构，GRU 的结构更为简单，只包含两个门：更新门和重置门。其中，更新门的功能与 LSTM 中的遗忘门和输出门类似，重置门与 LSTM 中的输入门类似。

GRU 的结构较为简单，因此其参数总数也较少，其参数更新顺序也与 LSTM 有所不同。对于 LSTM 来说，首先更新门控单元，并使用当前时间步的门控来更新状态，而 GRU 先更新状态，再更新门控单元。与 LSTM 细胞中各个门控形成自循环不同，GRU 直接在系统状态之间实现递归。

标准的 GRU 网络结构如图 7.7 所示。

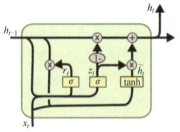

图 7.7　GRU 网络结构

$$z_t = \sigma(\boldsymbol{W}_z x_t + \boldsymbol{U}_z h_{t-1}) \tag{7.15}$$

$$r_t = \sigma(\boldsymbol{W}_r x_t + \boldsymbol{U}_r h_{t-1}) \tag{7.16}$$

$$\widetilde{h}_t = \tanh(\boldsymbol{U}(r_t h_{t-1}) + \boldsymbol{W} x_t) \tag{7.17}$$

$$h_t = (1-z_t) * h_{t-1} + z_t \widetilde{h}_t \tag{7.18}$$

式中，$\boldsymbol{W}_z$、$\boldsymbol{W}_r$ 为输入数据 x_t 对应的权重矩阵；$\boldsymbol{U}_z$、$\boldsymbol{U}_r$ 为隐藏状态 h_{t-1} 对应的权重矩阵。经过式（7.15）~式（7.18）的计算，最终得到当前时刻的隐藏状态 h_t。

在具体处理时序数据时，先基于前一时刻计算得到的状态 h_{t-1} 与当前时刻的输入数据 x_t 来获得两个门控状态，即 z_t 与 r_t，分别为控制更新的门控（update gate）与控制重置的门控（reset gate）。

$$z_t = \sigma(\boldsymbol{W}_z x_t + \boldsymbol{U}_z h_{t-1}) \tag{7.19}$$

$$r_t = \sigma(\boldsymbol{W}_r x_t + \boldsymbol{U}_r h_{t-1}) \tag{7.20}$$

式中，σ 为 sigmoid 激活函数，可以将输入数据映射到 0~1 范围内的数值，用来当作门控的信号；$\boldsymbol{W}_z$ 与 $\boldsymbol{U}_z$ 为更新门控中分别与输入数据和系统状态对应的权重矩阵；$\boldsymbol{W}_r$ 与 $\boldsymbol{U}_r$ 为重置门控中分别与输入数据和系统状态对应的权重矩阵。对于更新门来说，在现有状态和新计算的状态之间求线性和的过程类似于 LSTM 单元。然而，GRU 没有任何机制来控制其状态暴露的程度，而是每次都暴露整个状态。对于重置门来说，当重置门 r_t 接近于 0 时，相当于将之前状态重新置 0，从而允许它忘记之前计算的状态。

进一步，将重置门得到的重置信号 r_t 与前一时刻的状态进行矩阵相乘，并于当前时刻的输入一起，得到候选激活状态 $\widetilde{h}_t$，公式为

$$\widetilde{h}_t = \tanh(\boldsymbol{U}(r_t h_{t-1}) + \boldsymbol{W} x_t) \tag{7.21}$$

式中，$\boldsymbol{U}$ 与 $\boldsymbol{W}$ 分别为重置信号与输入数据对应的权重矩阵；$\widetilde{h}_t$ 包含了当前时刻的输入数据 x_t，相当于记住了当前时刻的状态。

最后一步也是 GRU 的关键步骤，即对各种数据进行重新记忆。在重新记忆阶段，同时进行遗忘与记忆两个步骤。GRU 使用了同一个门控信号 z_t 来实现遗忘和记忆的选择，利用先前计算得到的更新门控信号 z_t、前一时刻的状态数据 h_{t-1} 与候选激活状态数据 $\widetilde{h}_t$，更新表达式为

$$h_t = (1-z_t) h_{t-1} + z_t \widetilde{h}_t \tag{7.22}$$

式中，$(1-z_t) h_{t-1}$ 决定了对前一时刻隐藏状态 h_{t-1} 的选择性记忆，$(1-z_t)$ 类似于 LSTM 中的遗忘门。由式（7.22）可以发现，更新门控信号 z_t 的范围为 0~1，更新门控信号 z_t 越接近 1，$(1-z_t)$ 越接近 0，对前一时刻状态 h_{t-1} 的遗忘越多，更新门控信号 z_t 越接近 0，对前一时刻状态 h_{t-1} 的记忆越多。

$z_t \widetilde{h}_t$ 决定了对当前时刻状态的选择性记忆。由于更新门控信号 z_t 的范围为 0~1，更新门控信号 z_t 越接近 1，则对当前时刻状态的记忆越多，更新门控信号 z_t 越接近 0，则对当前时刻状态的记忆越少。

将对前一时刻隐藏状态的记忆部分与对当前时刻状态的记忆部分相结合，就得到了最终时刻的隐藏状态输出，即 h_t，数学表达式为

$$h_t = (1-z_t)h_{t-1} + z_t \tilde{h}_t \tag{7.23}$$

需要注意的是，对于前一时刻隐藏状态与当前时刻隐藏状态的记忆选择分别为 $(1-z_t)$ 与 z_t，两者互补。这说明如果对当前时刻的隐藏状态 $\tilde{h}_t$ 的记忆增加，则对前一时刻隐藏状态 h_{t-1} 的记忆就会相对减少，以保持一种相对稳定的状态。

归功于 GRU 的门控设计，GRU 细胞能够通过学习来选择哪些信息需要记忆，哪些信息需要遗忘。对于那些对当前任务没有帮助的参数，不需要更新，保持不变即可。在反向传播时其梯度可以近似为 1，从而抵消掉链式求导中的连乘项，进而缓解梯度消失的问题。

GRU 与 LSTM 网络结构相似，但也存在以下不同：

1）GRU 只有两个门控单元，即更新门和重置门，而 LSTM 有三个门控单元，即遗忘门、输入门和输出门。

2）由于结构上的优化，GRU 细胞的参数小于 LSTM 细胞。

3）GRU 训练速度快，需要归纳的数据更少。在训练数据充足的情况下，GRU 或许能够实现更佳的表达能力。

4）GRU 能够降低过拟合的风险。

7.3 深层循环神经网络

现有研究表明，深层网络在某些函数方面比浅层模型的效率呈指数级提高，深层网络的高级表示往往比原始输入更好地厘清潜在的变化因素。因此，增加网络深度可以使网络具有更优的泛化能力。对于普通的前馈神经网络来说，深度被定义为在输入和输出之间具有多个非线性层。然而对于 RNN 来说，由于其时间结构，这个定义并不适用于循环神经网络（RNN）。例如，如图 7.8 所示，任何 RNN 在时间上展开时都是深的，因为时间 $k<t$ 时的输入到时间 t 时的输出之间的计算路径跨越多个非线性层。

为了增强 RNN 网络的表征学习能力，深度循环神经网络（Deep Recurrent Neural Network，DRNN）被提出。DRNN 是一种 RNN 的扩展形式，可以通过将多个 RNN 隐藏层堆叠在一起来创建，其中一层的输出序列形成下一层的输入序列，并且可以处理长度不固定的序列数据。与传统的 RNN 相比，DRNN 在每个时间步上执行多次非线性转换，以便对更长的序列数据进行建模。

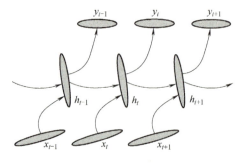

图 7.8 RNN 网络展开结构

DRNN 可以应用于多个领域，如语音识别、自然语言处理、图像处理等。例如，在自然语言处理领域，DRNN 可以用于处理不定长的文本序列，并进行情感分析、语音识别和机器翻译等任务。DRNN 的结构已有多种形式，本书将对几种典型的网络结构进行介绍。

7.3.1　Deep Transition RNN

从 RNN 的数学表达式中可以发现，对状态转换函数 f_h 的形式没有限制。因此，可以使用多层感知器来近似状态转换函数 f_h，例如，可以通过 L 个中间层来实现 f_h，其数学表达式为

$$h_t = f_h(x_t, h_{t-1}) = \phi_h \{ W_L^T \phi_{L-1} [W_{L-1}^T \phi_{L-2} [\cdots \phi_1 (W_1^T h_{t-1} + U^T x_t)]] \} \tag{7.24}$$

式中，ϕ_L、W_L 和 U^T 分别是第 L 层隐藏层的非线性函数、隐藏状态 h_{t-1} 的权重矩阵与数据 x_t 的权重矩阵。这种具有多层转换函数的 RNN 被称为深度转换 RNN（Deep Transition RNN, DTRNN）。与多层感知机一样，隐藏层的数目 L 与隐藏单元的数目 h 都是超参数，可以由自己来调整或指定。DTRNN 的网络结构在 RNN 的基础上，允许 RNN 学习连续隐藏状态之间的非平凡、高度非线性的转换。

7.3.2　Deep Output RNN

与 DTRNN 的思路类似，深度输出循环神经网络（Deep Output RNN）采用具有 L 个中间层的多层感知机来对 RNN 中的输出激活函数 f_o 进行建模，其数学表达式为

$$y_t = f_o(h_t) = \phi_o \{ V_L^T \phi_{L-1} [V_{L-1}^T \phi_{L-2} [\cdots \phi_1 (V_1^T h_t)]] \} \tag{7.25}$$

式中，ϕ_L 和 V_L 是第 L 层的逐元素非线性函数和权重矩阵。实现这种多层输出功能的 RNN 被称为深度输出循环神经网络（Deep Output RNN, DORNN）。

7.3.3　Stacked RNN

堆栈 RNN（Stacked RNN）于 1992 年（Schmidhuber，1992）被首次提出，具有多级转换函数，其数学定义为

$$h_t^{(l)} = f_h^{(l)}(h_t^{(l-1)}, h_{t-1}^{(l)}) = \phi_h(W_l^T h_{t-1}^{(l)} + U_l^T h_t^{(l-1)}) \tag{7.26}$$

式中，$h_t^{(l)}$ 是第 l 层在时间 t 的隐藏状态；W_l^T 和 U_l^T 为前一时刻当前层的隐藏状态 $h_{t-1}^{(l)}$ 和当前时刻前一层的隐藏状态 $h_t^{(l-1)}$ 对应的权重矩阵。当 $l=1$ 时，使用 x_t 而不是 $h_t^{(l-1)}$ 计算状态。所有级别的隐藏状态都是从底层 $l=1$ 开始递归计算的。

一旦计算出顶层隐藏状态，就可以使用 RNN 中的常用公式获得输出。

$$o_t = f_o(V h_t + b_2) \tag{7.27}$$

式中，h_t 为顶层隐藏状态；V 与 b_2 为对应的权重矩阵和偏置；f_o 为激活函数。

还有一种方法，即使用所有隐藏状态来计算输出。每个级别的每个隐藏状态也可能取决于输入。

在 DRNN 的基础上，可以采用门控循环单元或长短时以及网络的隐藏状态来代替 DRNN 中的隐藏状态进行计算，可以得到深度门控循环网络或深度长短时记忆网络，本书在此不再赘述。

7.4 双向循环神经网络

对于自然语言处理任务来说，很多时候光看前面的词是不够的，比如下面这句话："前车___了，后车也需要紧急刹车"。

如果只看横线前面的词，那么横线中的动词可以是"刹车"，也可以是"加速"等。但当看到横线后面的词后，答案就非常确定了，模型输出"刹车"一词的概率就大很多。

根据上述的例子可以发现，在某些任务中，当前时刻的输出不仅和过去的信息有关，还和后续时刻的信息有关。比如给定一个句子，即单词序列，每个单词的词性和上下文有关，因此可以增加一个按照时间的逆序来传递信息的网络层，以提高网络的输出精度。

基于上述的思考，就有了双向循环神经网络（Bidirectional Recurrent Neural Network，Bi-RNN），它由两层循环神经网络组成，这两层网络都输入序列 x，但是信息传递方向相反，因此可以使用特定时间范围的过去和未来的所有可用输入信息进行训练，如图 7.9 所示。

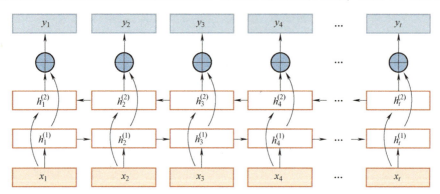

图 7.9 Bi-RNN 网络展开结构

Bi-RNN 将常规的 RNN 细胞分为负责正时间方向（前向状态）的部分和负责负时间方向（后向状态）的部分。前向状态的输出不连接到后向状态的输入，反之亦然。由于在同一网络中考虑了两个时间方向，因此可以直接使用当前评估时间范围的过去和未来的输入信息来最小化目标函数，而无须延迟以包含未来信息。用公式来表达就是，假定第一层按时间顺序传递信息，第二层按时间逆序传递信息，其在时刻 t 的隐藏状态分别表示为 $h_t^{(1)}$ 和 $h_t^{(2)}$。

$$h_t^{(1)} = f(\boldsymbol{U}^{(1)} h_{t-1}^{(1)} + \boldsymbol{W}^{(1)} x_t + b^{(1)}) \tag{7.28}$$

$$h_t^{(2)} = f(\boldsymbol{U}^{(2)} h_{t+1}^{(2)} + \boldsymbol{W}^{(2)} x_t + b^{(2)}) \tag{7.29}$$

$$y_t = g(h_t^{(1)} \oplus h_t^{(2)}) \tag{7.30}$$

式中，$\boldsymbol{U}^{(1)}$、$\boldsymbol{W}^{(1)}$ 为第一层顺序层的权重矩阵；$\boldsymbol{U}^{(2)}$、$\boldsymbol{W}^{(2)}$ 为第二层逆序层的权重矩阵；$h_t^{(1)}$ 为隐藏状态；y_t 为输出状态。也就是说，正向计算过程与反向计算过程不共享权重，即，$\boldsymbol{U}^{(1)} \neq \boldsymbol{U}^{(2)}$，$\boldsymbol{W}^{(1)} \neq \boldsymbol{W}^{(2)}$。

对于双向循环神经网络来说，其细胞需要保存两个值，分别为 $h_t^{(1)}$ 和 $h_t^{(2)}$。其中，$h_t^{(1)}$ 参与正向计算，$h_t^{(2)}$ 参与反向运算。最终的输出 y_t 取决于 $h_t^{(1)}$ 和 $h_t^{(2)}$，为两个状态的加和。

$$y_t = g(h_t^{(1)} \oplus h_t^{(2)}) \tag{7.31}$$

在训练时，Bi-RNN 原则上可以使用与常规单向 RNN 相同的算法进行训练，因为两种类型的状态神经元之间没有交互，因此可以展开为通用前馈网络。

双向循环神经网络（Bi-RNN）能够同时学习序列中的顺序信息和逆序信息，但也存在一些不足：

1）计算速度慢。主要原因是网络的前向传播需要在双向层中进行前向和后向递归，并且网络的反向传播还依赖于前向传播的结果，因此，梯度求解将有一个非常长的链。

2）双向神经网络仅适用于部分场合，如填充缺失的单词、命名实体识别（如常见的 BILSTM+CRF）等，而不能用来预测下一个单词。

7.5 结合注意力机制的 RNN 结构

如前文所述，RNN 擅长处理时序信息，常用于处理顺序或时间问题，如自然语言处理（NLP）、语音识别、天气预测等。如前面的章节所述，RNN 虽然能够学习到之前使用过的信息，但如果序列太长，RNN 的反向传播过程则会产生长期依赖。也就是说，当场景需要更多的上下文数据时，RNN 难以学习到时间间隔较长的信息。

为了解决 RNN 长期依赖的问题，LSTM、GRU 等 RNN 的变体结构被提出，在处理较长序列数据时展现了惊人的效果，已被广泛使用。与此同时，有学者提出了另一种解决长期依赖的方法，即结合注意力机制的 RNN 网络。其核心思想是让 RNN 的每一步都对信息集合进行监视，并从中挑选有用的信息。本文将以机器翻译为例介绍一种典型的结合注意力机制的 RNN 结构。

7.5.1 Seq2Seq

在机器翻译中，通常采用 Seq2Seq 的方式来进行，其核心思想是将输入序列映射到一个固定长度的向量，然后将这个向量解码成目标序列。Seq2Seq 的结构通常由一个编码器（encoder）和一个解码器（decoder）组成，如图 7.10 所示。

编码器（encoder）是该模型的第一个主要组成部分，它负责将输入序列转换为一个固定长度的向量表示或上下文向量（Context Vector），以捕捉输入序列的语义信息。编码器的输入通常是一个由单词、字符或其他离散符号组成的序列，例如一句话或一段文本。这些符号通常首先通过嵌入层（Embedding Layer）转换为密集的词嵌入或符号嵌入，以便模型可以处理它们。

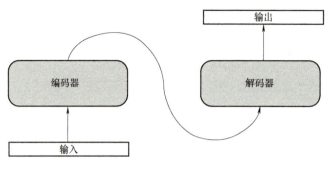

图 7.10　encoder-decoder 结构

传统的 Seq2Seq 模型使用循环神经网络（RNN）来构建编码器。RNN 可以处理可变长度的输入序列，并逐步在每个时间步处理输入。编码器的隐藏状态在每个时间步更新，然后用于捕捉序列信息。可以使用长短时记忆网络（LSTM）或门控循环单元（GRU）等 RNN 的变种来代替传统 RNN，以应对梯度消失问题并提高建模能力。为了增加编码器的表示能力，可以堆叠多个 RNN 层或变种。这样的多层编码器可以捕获更复杂的序列信息。

解码器（decoder）是该模型的第二个主要组成部分，它负责将编码器生成的上下文向量转换为目标序列，即生成一个与输入序列相关的输出序列。解码器的初始隐藏状态通常是编码器生成的上下文向量，它包含了输入序列的信息。这个上下文向量在 Seq2Seq 模型中充当了一个"启动"或"引导"信号，帮助解码器开始生成目标序列。解码器的结构通常与编码器相似，通常使用 RNN 或其变种（如 LSTM 或 GRU）来处理输出序列的生成。在处理数据时，解码器在每个时间步，基于当前的隐藏状态和已生成的部分目标序列元素来预测下一个元素，通常使用 Softmax 函数生成一个概率分布。当解码器生成了一个特殊的终止标记或达到了最大序列长度时，认为任务完成，进而停止生成序列。

7.5.2　增加注意力机制的 Seq2Seq

在机器翻译任务中，当句子很长时，其中的有些信息可能会被遗忘，导致解码器中没有完整的句子信息，其输出的语句很有可能信息不完整。为了解决这种问题，在一些改进的 Seq2Seq 模型中，例如基于注意力机制的模型（如 Bahdanau Attention 或 Transformer 模型），编码器与解码器会使用注意力机制来动态加权不同时间步的编码器隐藏状态，以便更好地捕捉输入序列的重要部分。这允许模型更好地处理长序列和对输入进行更细粒度的建模。

注意力机制的关键思想是允许解码器在生成目标序列的每个时间步时，动态地"关注"输入序列的不同部分。这样，解码器可以根据当前生成的部分目标序列来决定从输入序列的哪些部分获取信息。为了实现这个目标，注意力机制引入了一组注意力权重，这些权重表示了解码器对输入序列每个位置的关注程度。通常，这些权重是一个概率分布，总和为 1。具体工作模式如下：

在编码器完成特征学习后，Seq2Seq 中的注意力机制和解码器同时工作。首先对于编码器中计算得到的所有时间步的系统状态都要保留，然后计算解码器的初始状态 s_0 与所有系统状态的相似度 α_i，用数学公式表示为

$$\alpha_i = \text{align}(h_i, s_0) \tag{7.32}$$

式中，i 表示解码器中系统状态的下标，每个状态对应一个相似度，假如编码器有 m 个状态，则一共有 m 个 α。所有的相似度都为 0 到 1 之间的实数，并且和为 1。在具体计算时，将解码器的隐藏状态 s_0 与编码器的每个隐藏状态 h_i 进行拼接，然后将权重矩阵 W 与之相乘，得到的向量经过 tanh（）函数，映射到 $-1 \sim 1$ 之间。进一步，利用权重矩阵 V，与得到的向量做内积。计算得到所有的相似度 α_i 后，对其做 Softmax 变换，得出最终的注意力分数。

计算得到 m 个相似度分数 α_i 后，每个 α_i 都有一个编码器的隐藏状态 h_i 与之对应，将相似度分数与对应的隐藏状态计算加权平均，得到了上下文本向量 C_0，每一个文本向量 C_0 都对应一个解码器状态 s_i，其计算公式为

$$C_0 = \alpha_1 h_1 + \alpha_2 h_2 + \cdots + \alpha_m h_m \tag{7.33}$$

将得到的上下本文向量与解码器的输入数据 x_1'、旧状态 s_0 进行拼接，然后得到更新后的解码器状态。

$$s_1 = \tanh(W[x_1', s_0, C_0] + b_1) \tag{7.34}$$

在进行下一步时，计算 s_1 与之前编码器所有状态的相关性，通过加权计算得到新的上下文本向量 C_1。解码器接受新的输入数据 x_2'，利用上述公式得出解码器新的隐藏状态，直到结束。

本文介绍的只是一种较为常见的注意力机制，在实际操作时，有多种注意力计算方式，常用的方法有：

1）点积注意力（Dot-Product Attention）：通过计算解码器隐藏状态和编码器隐藏状态之间的点积来计算相似度。

2）缩放点积注意力（Scaled Dot-Product Attention）：在点积注意力的基础上，引入了缩放因子以稳定梯度计算。

3）加性注意力（Additive Attention）：使用神经网络层来计算相似度，可以捕获更复杂的关系。

4）多头注意力（Multi-Head Attention）：在 Transformer 等模型中广泛使用，允许模型关注不同的子空间，以提高性能。Transformer 将在第 8 章介绍。

7.6 基于 LSTM 网络的车辆换道行为预测

7.6.1 自动驾驶车辆换道行为预测应用概述

对于自动驾驶车辆来说，周围行进的车辆是影响自动驾驶安全的最主要的因素，其动态

变化的位置和速度增加了车流特征的不确定性，对周围邻近车辆驾驶行为的准确预测对动态环境中的安全行驶显得至关重要。并且预测时间越长、精准度越高，主车做出的行为决策和规划的行驶轨迹便能具有更高的安全等级。

在众多常态驾驶行为中，换道行为属于驾驶行为中发生最为频繁的一种，非常容易扰乱行车秩序、导致危险情况发生。自动驾驶车辆如果无法对周围车辆实时换道意图实时预测，则极易与周围车辆发生碰撞，造成交通事故。因此，换道行为预测是一项与自动驾驶车辆行车安全至关重要的技术。

当前针对车辆换道行为的相关研究主要包含三个方面的主题：与换道过程表征相关的特征变量获取、影响换道过程的关键因素研究以及能够有效表征换道机制的模型研究。下面将分别介绍这三个方面相关的研究现状。

1. 换道行驶特征变量

自动驾驶在对周围车辆的换道行为进行预测时，通常会参考自车和周边车辆的车道、位置、相对速度等信息以判断被预测车辆是否进行换道。在实际操作时，通常采用一系列特征变量来描述换道具体过程，这些相关变量被称为换道行驶特征变量，可分为车辆行驶场景描述、车辆换道准备程度以及车辆自身运动信息。

车辆在行驶时，如前方遇到障碍物，则会促进车辆采取换道行为；而若相邻车道没有空间或空间过于狭小，则会抑制车辆的换道行为。因此，获知车辆行驶场景中的车道占用情况对预测换道行为起到了重要作用，通常用车辆行驶场景描述相关变量来表述。依据上述分析，Kim、ByeoungDo 等人筛选得到待预测车辆与当前车道及其相邻车道上车辆间的距离、相对速度、加速度等一系列信息来描述车辆行驶场景。

驾驶员在进行换道时，通过会采取一系列的行为动作，这类特征通常被称为车辆换道准备程度相关变量，例如打开转向灯。车辆换道准备程度相关变量能够在一定程度上反映待预测车辆换道的准备程度，然而这类特征变量通常仅针对待预测车辆为有人驾驶的情况。

另外，待预测车辆的加速信号、制动信号、转向轮偏转角度也能够反映该车辆换道的可能性，被称为车辆运动信息获取相关变量。

对上述特征变量进行分析发现，车辆换道准备程度相关变量通常与待预测车辆的驾驶员动作信息相关，车辆运动信息获取相关变量通常由待预测车辆自身的 CAN 网络中获得。对于自动驾驶主车来说，通常采用自身传感器对周围环境的感知来获取待预测车辆的运动信息，即车辆行驶场景描述相关变量。而对于车辆换道准备程度相关变量和车辆运动信息获取相关变量来说，自动驾驶主车则难以获得。因此，对于自动驾驶车辆单车智能化研究来说，通常基于车辆行驶场景描述相关变量展开对周围环境车辆的换道行为预测。

2. 换道影响因素分析

除了上述直接表征车辆换道行为的特征变量外，一些其他方面的因素也在一定程度上影响了待预测车辆的换道行为，这些因素可以被归类为道路结构因素与周围车辆驾驶员行为特性因素。可将换道影响因素作为分析依据之一，能够优化自动驾驶主车对于周围车辆换道行为的预测精度。

(1) 道路结构因素

道路结构因素主要是指用于识别和理解道路环境的重要信息和特征，这些特征对于自动驾驶车辆的安全性和性能至关重要。常用的道路结构因素可分为车道标线、交通信号和标志、道路曲线和坡度、路口和交叉路口、道路表面状况等。Geetank Raipuria 在预测车辆行驶轨迹的过程中用到了道路结构特征，以道路上车辆均按照道路结构走向运动的假设为基础创建由道路中心线方向与其法线方向组成的 CCS 坐标系，利用待预测车辆沿 CCS 坐标系的位置、速度、加速度、朝向等运动特征，对其运动行为进行预测。通过建立 CCS 坐标系，该方法实现了对待预测车辆分别由换道行为与沿道路曲率行驶引起的横向运动进行区分。与普通坐标系下的车辆行为预测相比，该方法增加了预测输入信息的完备性、提高了预测精度，但由于其对与道路结构相关的先验信息有严格要求，因此对高精地图信息、实时定位建图精度也有着更强烈的依赖性。

(2) 周围车辆驾驶员行为特性因素

自动驾驶车辆所处的车流中包含的不只有自动驾驶汽车，技术在发展的过程中必然经历人机混驾（有人驾驶车辆与自动驾驶车辆同时在道路上行驶）的阶段。为了预测自动驾驶车辆周围众多车辆的驾驶行为，有一些研究者从利用传感器采集有人驾驶车辆内驾驶员动作、表情的变化来对该车辆驾驶行为进行预测。该类方法在辅助驾驶、安全预警等方面应用较多，在 V2X 技术落地于自动驾驶车辆前，自动驾驶车辆获取其他车辆内部信息的难度较大，因此通过此类方法对周边车辆的驾驶行为进行预测可行性较低。

因此，上述换道影响因素虽对信息获取非常理想情况下的换道预测有一定参考作用，但考虑到当前地图定位技术和车联网技术仍处于发展阶段，即使以上述换道影响因素作为理论建模输入存在可研究空间，要将理论推广至实车应用也还需要大量技术积累才能得以实现。

3. 换道预测方法研究

当前关于自动驾驶车辆换道预测研究的方法可以大致分为四种：经典预测方法、基于循环神经网络的序列预测、参考行人轨迹预测方法、基于远距离通信的轨迹预测方法。下面对这四种方法做简单介绍。

(1) 经典预测方法

经典预测方法主要包括贝叶斯网络、蒙特卡洛模拟、隐马尔可夫模型、卡尔曼滤波、高斯回归等方法。贝叶斯网络可通过自动驾驶感知过程的不完备信息条件针对周围车辆行为建立时空推理模型；蒙特卡洛模拟可以通过对输入进行采样来得到车辆未来的轨迹分布，且满足无碰撞、舒适且符合车辆动力学性能的约束；隐马尔可夫理论可用于对交通场景中各车辆间关系进行解释和建模，具有较好的参数学习能力和推理能力。这些方法针对运动目标历史情况分析内在运动规律，常用于车辆之间交互较少的简单交通场景，且长时间预测能力较弱，对于复杂交通场景这类方法预测效果欠佳。

(2) 基于循环神经网络的序列预测

循环神经网络（RNN）被广泛用于多专业领域的序列生成研究，如语音识别、机器翻译等。RNN 网络的多种分支也被应用在行为分类、轨迹预测等研究主题中，可大致分为结合 Social Force 理论的 RNN 网络、RNN 的分支 GRU 网络、SRNN 网络等。

结合 Social Force 理论的 RNN 网络通过 Social Force 理论分析得到影响换道行为的因素，其中包括车辆本身特性与外部环境特性，建立的换道预测模型仅在执行层面达到了较好的预测效果，而如何将决策与执行两个层面进行融合预测还有待深入研究。

作为 RNN 的分支，GRU 网络同样被用于车辆换道起始时间及结束时间的预测。对车辆换道行为的预测依赖于车辆的行驶轨迹，对车辆在未来几秒是否会进行换道行为进行预测，并对换道行为进一步预测，精确到何时开始换道行为、何时终止换道行为。因此，GRU 网络通常以车辆的历史行驶数据作为输入、以换道开始及结束时间作为输出。

SRNN（Structural RNN）网络由 Factor Graphs 连接的多个 RNN 单元组成，能够捕捉每个车辆间的空间交互关系。该研究基于车辆自身传感器（LIDAR、GPS、惯性导航、高精地图），对周围车辆行驶状态进行采集，能够对车辆将要采取的驾驶行为进行预测。

（3）参考行人轨迹预测方法

国外李飞飞团队提出的 Social-LSTM 行人轨迹预测模型考虑到每一个行人周围有由其他行人个体或群体组成的邻居，为表达由此形成的这种"社交"关系网络对行人轨迹的影响，他们为每一个行人都单独建立了 LSTM 模型，并在相邻时刻间增加 Social Pooling 层完成当前时刻"社交"关系网络内行人的空间状态汇聚，从而提取出邻近行人影响待预测行人轨迹的机制。这种空间关系对于车辆间空间交互关系的表达具有指导意义。行人轨迹预测过程通常仅考虑邻近范围内行人的影响，Fernand 等人进一步深入考虑如何对邻近范围内行人运动信息进行利用的问题，由此引入了自然语言处理领域内十分流行的注意力机制并取得良好的预测效果。

（4）基于远距离通信的轨迹预测

Williams 等人认为一般的换道预测研究仅关注待预测车辆所在车道及其相邻车道上前后位置的周围车辆信息。实际上这些车辆行驶状况会受到其周围更远范围内车辆的影响，使得原本充足的换道空间变得狭窄，换道过程只能中断，因此作者认为应当获取更全面的信息，更准确地预测换道可行性。增加基于车车通信的信息交互方式进行换道行为预测能够提高安全性和可靠性。文中使用专用短程通信设备（DSRC）实现车车通信功能，并基于跟车模型预测车流行驶间隙，进一步判断车辆是否将进行换道。文中对提出的预测模型进行了实际道路测试，对比一定路段范围内车辆在配备车车通信装置前后的行驶状况后得出结论，所提出的预测模型能有效提高车辆换道行为预测的准确度，并且对道路通行效率仅存在很小的负面影响。

7.6.2 自动驾驶车辆换道行为预测案例介绍

本节将介绍 LSTM 网络如何应用在自动驾驶车辆换道行为预测研究中。

首先对所研究的换道行为确定具体定义和研究边界。从安全预警角度而言，车辆驾驶过程通常对周边车辆的横向异动情况更为敏感；从数据标记难易程度方面而言，车辆横向偏移特征也比其他表示换道起始点和终止点的特征更容易捕捉。为了实现对换道过程起点、终点及其他位置进行精确分割，保证对换道过程特性描述的有效性和可靠性，本案例对一个完整的换道过程进行如下定义：以车辆在结构化道路中行驶时发生连续横向偏移且横向偏移率超过某一阈值的状态作为开始，以车辆从当前车道跨越车道线进入相邻车道，直至在相邻车道中横向偏移率减小至一定阈值作为结束的完整过程。因此，本文要对车辆行驶数据中的换道轨迹进行提取，并基于起始时刻、越线时刻、终止时刻这几个关键信息来实现。其示意图如图 7.11 所示。

考虑到影响车辆换道行为的因素众多，本文仅关注道路上的运动车辆对换道行为的影响，暂不考虑道路结构、交通标志等基础设施对车辆换道过程的引导作用。而关于要实现的预测目标，将其明确为未来一定时长范围内与车辆所采取的换道行为相对应的具体轨迹。

1. 换道行为预测模型特征提取

（1）模型输入数据

本案例中采用 NGSIM 数据集，该数据集由美国联邦公路局于 2010 年发布，采集自美国加利福尼亚州洛杉矶的 US101 和 Lankershim Boulevard 公路、Emeryville 的 I-80 公路以及佐治亚州亚特兰大的 Peachtree 街道。数据由高空中多个同步数字视频相机组成的网络采集，数据刷新频率为 0.1s。本案例中，选取 I-80 路段的车辆轨迹数据作为研究对象进行换道行为特征提取与模型验证，该路段结构特征如图 7.12 所示：

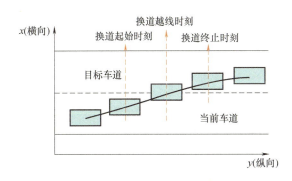

图 7.11　换道示意图

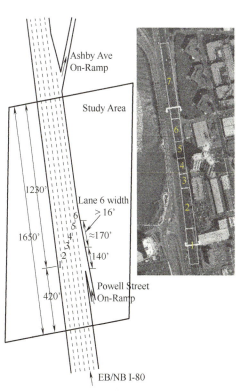

图 7.12　NGSIM 数据集 I-80 示意图

进一步整理该路段数据特征，见表 7.1。

表 7.1 NGSIM 数据集包含内容

名称	单位	内容
Vehicle_ID	—	车辆序号
Global_time	0.001s	全球时刻
Frame_ID	—	帧序号
Local_X	ft	局部横向坐标
Local_Y	ft	局部纵向坐标
Global_X	ft	全局横向坐标
Global_Y	ft	全局纵向坐标
v_Length/v_width	ft	车辆长/宽
Lane_ID	—	车道序号
v_Vel	ft/s	车辆速度
v_Acc	ft/s^2	车辆加速度
v_Class	—	车辆类型

注：1ft＝0.3048m。

考虑到数据集中存在的噪声，本案例采用了小波去噪法对数据集中横向、纵向轨迹的离群点进行剔除。小波去噪过程包含以下步骤：①对原始含噪声的数据进行小波分解；②获取不同尺度下的小波系数；③对各层小波系数进行阈值操作；④基于更新的小波系数逐级进行重构得到去噪数据。以 1882 号车辆为例，采用小波去噪方法，由第 6 级逐级向第 1 级完成重构，得到去噪后的横向速度可视化效果如图 7.13 所示。

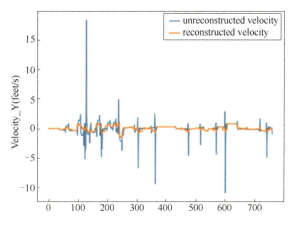

图 7.13 重构前后横向速度曲线对比

（2）轨迹基础特征提取

进一步，对去噪后的数据进行分析，判断其是否进行了换道，并提取相应的行驶轨迹。判断思路主要依赖其车道 ID、车辆朝向角变化以及换道前后时间步长距离进行判定，并保存换道前轨迹数据作为车辆的历史运动轨迹。具体的换道轨迹提取流程如图 7.14 所示。

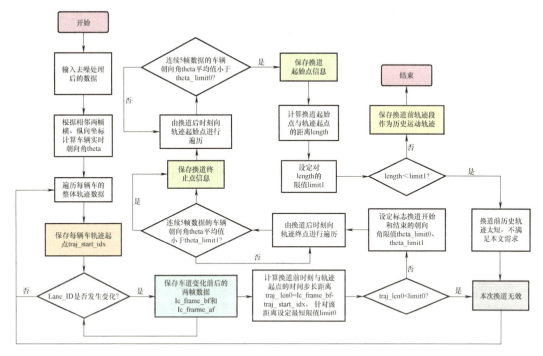

图 7.14　换道轨迹提取流程

1）提取特征位置车辆。得到提取的换道轨迹后，对数据做进一步的特征提取。首先基于得到的车辆完整轨迹集合，选取 8 个特征位置来表达周围车辆与待预测目标车辆间的基础空间交互关系，从中提取轨迹基础特征，如图 7.15 所示。

其中，FLV、FV、FRV、LV、RV、BLV、BV、BRV 分别代表待预测目标车辆的左前车、前车、右前车、左车、右车、左后车、后车、右后车 8 个邻近位置。

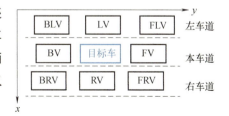

图 7.15　8 个特征位置车辆示意图

对 8 个特征位置的数据做进一步处理，调整数据排列方式、重复数据剔除。并计算每一时刻周围车辆与待预测目标车辆之间的纵向距离，通过比较该距离与设定的阈值大小找出 8 个特征位置车辆，最终提取到目标车辆与周围车辆的位置信息。

2）特征变量筛选。首先提取目标车辆本身行驶轨迹中每一帧的车辆位置（横、纵向坐标 x、y）、速度（v）、加速度（a）、车辆朝向（θ），用来表示其时序运动特征的有效特征标量。然后，考虑到车辆行驶过程中并非每一时刻其周围 8 个特征位置都有车辆存在，为了有效表达每一时刻特征位置存在性，本文将不存在车辆的特征位置以 0 表示，存在车辆的特征位置以 1 表示。与前面确定的目标车辆时序特征变量内容一致，周围特征位置上车辆的时序特征变量同样选择车辆位置（横、纵向坐标 x、y）、速度（v）、加速度（a）、车辆朝向

(θ)作为特征变量用于表示其时序运动特征。

3）轨迹集划分。基于前面得到的完整换道轨迹集合、8 个特征位置车辆、特征变量，接下来需要将轨迹拆分成待预测目标车辆历史轨迹、周围车辆历史轨迹、待预测目标车辆换道过程轨迹 3 部分轨迹集。前两者为后续提取轨迹隐含的时空交互特征提供基本信息，后者作为模型的真实标签信息用于计算预测误差。

（3）轨迹隐含特征提取

轨迹特征提取层均以注意力机制为核心概念对车辆历史轨迹及空间位置关系的深层特征进行了挖掘，主要包含时间注意力机制和空间注意力机制两个层面。

关于时间注意力机制，采用软性注意力机制对车辆自身历史行驶轨迹中的时序特性进行建模，采用 LSTM 单元，并对注意力分布进行计算，最后加权平均，得到待预测车辆自身历史轨迹影响值，如图 7.16 所示。

其中，

$$h_t = f(h_{t-1}, x_t) \tag{7.35}$$

每一时刻 LSTM 单元读取前一时刻隐藏状态 h_{t-1} 和当前输入信息 x_t（$t=-T$，$-T+1$，…，0），得到当前时刻隐藏状态 h_t。接下来基于软性注意力机制计算得到注意力分布权重 α_i 后，对 LSTM 单元在所有历史时刻输出的隐藏状态 h 进行加权平均，得到包含待预测车辆自身历史行驶轨迹特征的中间层信息 seq_attn。

$$\text{seq\_attn} = \sum_{t=-T}^{0} \alpha_i h_t \tag{7.36}$$

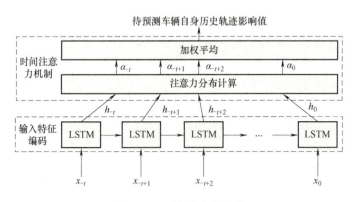

图 7.16　时间注意力机制

关于空间注意力机制，结合 LSTM 单元与注意力权重矩阵，实现对待预测车辆周围 8 个特征位置车辆行驶轨迹特征的权重分析，其结构如图 7.17 所示。

空间注意力机制以 $x_{m,t}$ 与上一时刻隐藏状态 $h_{m,t-1}$ 为输入，基于 LSTM 单元计算得到每个位置上车辆当前时刻的隐藏状态 $h_{m,t}$，拼接当前时刻下 8 个位置上车辆对应的隐藏状态得到 H_t。

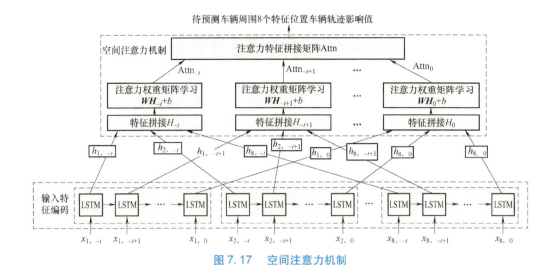

图 7.17　空间注意力机制

当某些特征位置车辆不存在时，相应位置上车辆分配得到的注意力权重可置为 0，通过对表示特征位置车辆存在性的特征向量 ω 进行线性变换后，求得空间注意力权重参数，即

$$\beta_{m,t} = W\omega + b \tag{7.37}$$

最终基于上述空间注意力权重向量对 H_t 加权得到包含 8 个位置上车辆历史行驶轨迹特征的中间层信息 edage_attn。

$$\text{edage\_attn} = \phi_t H_t = \sum_{t=-T}^{0} \beta_{m,t} h_{m,t} \tag{7.38}$$

2. 换道行为预测模型构建

（1）LCTP：换道轨迹预测

将计算得到的目标车辆的时序信息 seq_attn 与 8 个特征位置的空间交互信息 edage_attn 合并，输入解码层进行换道行为预测。LCTP 换道预测层输出 N 个时间步长之后的 2 维坐标集合 $S = [y_0, y_1, \cdots, y_N]$，从而得到要预测的换道行为轨迹，如图 7.18 所示。

（2）ILCTP：换道意图预测与轨迹概率分布估计

对换道行为的表述包括换道意图与换道轨迹概率分布两部分。

1）换道意图预测。对于换道意图的预测基于车辆的时序信息 seq_attn 与 8 个特征位置的空间交互信息 edage_attn，将上述数据通过张量合并、维度变化后输入 LSTM 单元解码后经 Softmax 层得到当前换道意图预测值，如图 7.19 所示。换道意图包含向左换道、直行、向右换道三类，以 3 维向量 $[i_1, i_2, i_3]$ 表示，其中 i_n（$n=0, 1, 2$）表示换道意图概率，且满足

$$\sum_{n}^{3} i_n = 1 \tag{7.39}$$

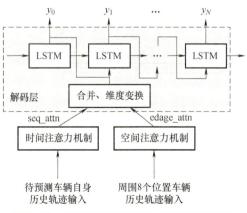

图 7.18　LCTP 模型换道轨迹预测网络结构

当某一类意图置信度为 100% 时，意图向量则分别为 [1, 0, 0]（向左换道）、[0, 1, 0]（直行）、[0, 0, 1]（向右换道），换道意图预测模块输出的换道概率通常为

$$0 \leq i_n = P_n \leq 1 \tag{7.40}$$

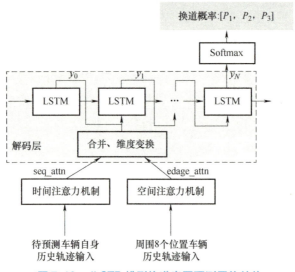

图 7.19　ILCTP 模型换道意图预测网络结构

2）基于混合密度网络（MDN）的轨迹概率分布预测。换道轨迹模块预测包含三部分输入：seq_attn、edage_attn、换道意图预测概率向量 $I=[i_1, i_2, i_3]$。概率向量 I 通过全连接层线性处理后得到与 seq_attn 和 edage_attn 维度匹配的多维张量 v，其中包含与左换道、直行、右换道对应的 3 层张量 v_0、v_1 与 v_2，如图 7.20 所示。每层张量与 seq_attn、edage_attn 进行张量合并及维度变换后，共同输入 LSTM 单元计算得到输出量 R。与 LCTP 换道预测层输出的 2 维坐标集合 S 不同，R 仍为高维张量，用于输入 MDN 单元进一步对目标车辆的换道轨迹概率分布进行估计。

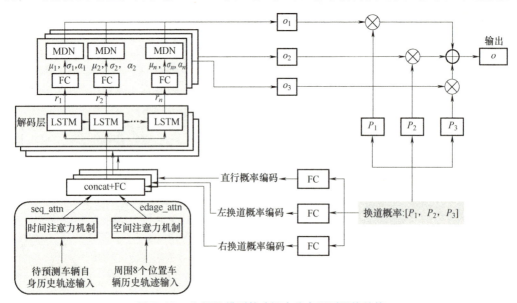

图 7.20　ILCTP 模型轨迹概率分布预测网络结构

混合密度网络（MDN）是将神经网络与高斯混合函数相结合后获得的一类模型，神经网络最末层的输出维度需与高斯混合函数所需维度相匹配，并将输出信息作为高斯混合函数的相关统计参数用于得到概率分布预测。

MDN 模型在简单高斯分布拟合预测输出结果的基础上，引入混合模型，增加了对复杂分布情况的通用表达能力。

$$p(t|x) = \sum_{i=1}^{m} \alpha_i(x) \phi_i(t|x) \tag{7.41}$$

$$\phi_i(t|x) = \frac{1}{(2\pi)^{c/2} \sigma_i(x)^c} \exp(-|t-\mu_i(t|x)|^2 / 2\sigma_i(x)^2) \tag{7.42}$$

式（7.41）中，包含 m 个高斯核函数，$\alpha_i(x)$ 为各个核函数相加时的权重系数，$\mu_i(x)$ 为预测输出各维度核函数的均值矩阵，$\sigma_i(x)$ 为标准差。$\alpha_i(x)$ 满足以下关系：

$$\sum_{i=1}^{m} \alpha_i(x) = 1 \tag{7.43}$$

MDN 模型的巧妙之处在于选择普通神经网络输出变量的组成元素作为上述三种参数 $\alpha_i(x)$、$\mu_i(x)$ 与 $\sigma_i(x)$，从而实现在神经网络的非线性关系表达基础上叠加一层概率分布估计的效果，结构如图 7.21 所示。

整个预测模型进行训练的损失函数采用极大似然函数计算训练损失，通过最小化 E 获得最高预测置信度。

$$E = \sum_j (-\ln(\sum_i^m \alpha_i(x^j) \phi_i(t^j|x^j))) \tag{7.44}$$

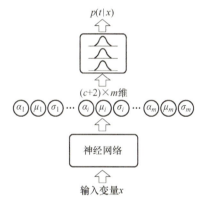

图 7.21　MDN 模型基本结构

7.7　实践项目：基于循环神经网络（GRU/LSTM）的车辆轨迹预测

本项目用于实现基于循环神经网络的车辆换道预测，采用 NGSIM 数据集，该数据集由美国联邦公路局于 2010 年发布，采集自美国加利福尼亚州洛杉矶的 US101 和 Lankershim Boulevard 公路、Emeryville 的 I-80 公路以及佐治亚州亚特兰大的 Peachtree 街道。数据由高空中多个同步数字视频相机组成的网络采集，数据刷新频率为 0.1s。本项目中，选取 US101 路段及 I-80 路段的车辆轨迹数据作为研究对象进行特征提取与模型验证。通过建立基于 GRU 的神经网络模型、基于 LSTM 的神经网络模型，分别实现智能驾驶轨迹预测。本项目案例基于 Pytorch 框架完成，首先采用 Matlaba 对 NGSIM

微信扫一扫，即可获取项目数据集及代码

数据集进行预处理，处理后的数据在 Pytorch 中构建为可用于训练的数据集，并完成 GRU 及 LSTM 网络模型构建及模型训练验证。

1. LSTM 和 GRU 都是 RNN 的变种，它们之间的主要区别是什么？在什么情况下应该选择使用 LSTM 或 GRU？

2. 请解释 LSTM 中的门控机制，包括遗忘门、输入门和输出门的功能。这些门控机制如何帮助 LSTM 捕获长期依赖性？

3. 相对于 LSTM，GRU 采用了更简化的设计。这种简化可能会对模型的性能产生哪些影响？GRU 在哪些任务中表现出色？

4. 注意力机制如何在 RNN 中应用？请解释基于注意力机制的 RNN 是如何帮助模型处理长序列和提高性能的。

5. 相对于浅层 RNN，深层 RNN 有哪些优势和应用场景？

6. 请解释双向循环神经网络的工作原理。它如何利用正向和反向传播来捕获序列中的信息？

第 8 章

基于 Transformer 的自动驾驶目标检测理论与实践

相对于传统的卷积神经网络，Transformer 模型在处理复杂场景和多尺度对象时表现更出色。本章将详细讨论 Transformer 模型的基本原理，并探讨如何将其应用于自动驾驶目标检测。本章将结合 Transformer 模型在自动驾驶领域的实际应用案例，展示了这一技术的潜力。

8.1　Transformer 及自动驾驶应用概述

8.1.1　注意力机制与 Transformer 基本概念

深度学习的发展为人工智能领域带来了许多突破性进展，但在处理序列数据（如文本和音频序列等）时，传统的递归神经网络（RNN）和其变种如长短时记忆网络（LSTM）等都存在一些局限性。这些传统方法在处理长序列时面临着梯度消失和梯度爆炸等问题，同时处理效率和准确度也比较低。此外，这些传统方法的输入和输出长度一般都是固定的，在处理可变序列时不能得到理想的效果。

为了解决这些问题，注意力机制和 Transformer 模型被引入到序列建模任务中，并在自然语言处理领域取得了巨大成功。注意力机制（Attention Mechanism）是一种模拟人类视觉和思考过程的机制。在传统的神经网络中，每个输入的特征都被平等对待，而注意力机制则允许网络关注输入中的特定部分，为每个输入分配不同的重要性权重。这种机制可以在处理长序列数据时更有效地捕捉序列中重要的信息。Transformer 模型是由谷歌提出的一种基于注意力机制的序列到序列（Sequence-to-Sequence）模型，最初用于机器翻译任务。它使用编码器-解码器结构，可以灵活地处理不同的底层任务。它的核心思想是通过注意力机制来对输入序列的不同位置进行加权组合，从而捕捉序列中的关系和依赖关系。

注意力机制是 Transformer 模型的关键组成部分，它允许模型在进行编码和解码时对输入序列的不同部分分配不同的注意力权重。注意力机制主要依赖于计算输入序列中各个位置之间的相关性，然后根据这些相关性来决定在编码或解码过程中的重要性。通过引入注意力机制，模型能够更加有效地对序列中的关键信息进行提取和利用，从而改善模型的建模能力和泛化性能。

Transformer 和注意力机制的引入在自然语言处理领域引起了广泛的关注，并在多项任务中取得了卓越的成果，如机器翻译、文本摘要、语言生成等。此外，由于 Transformer 模型具有并行计算的优势，因此它在大规模训练和部署方面更具可扩展性。

除了在自然语言处理领域的成功应用之外，Transformer 和注意力机制也在自动驾驶领域得到了广泛的探索和应用。在自动驾驶中，传感器（如相机和激光雷达）收集到的数据可以看作是序列数据，而这些数据的准确处理和建模对于实现精准的感知、决策和控制至关重要。Transformer 模型和注意力机制的引入使得自动驾驶系统能够更好地理解和利用序列数据中的关系，从而提高感知、规划和控制的性能。

Transformer 模型和注意力机制的引入为序列建模任务带来了重大的突破，不仅在自然语言处理领域取得了巨大成功，还在自动驾驶等领域展示了广阔的应用前景。理解和掌握这些技术的原理和应用，对于从事深度学习及自动驾驶应用实践的学生和研究者来说，具有重要的意义。

8.1.2　Transformer 在自动驾驶中的应用概述

自动驾驶技术的核心挑战之一是使车辆能够准确地理解和应对复杂的交通环境。这包括对道路、车辆、行人、信号和其他障碍物的感知，以及制定相应的驾驶决策。Transformer 模型和注意力机制在自动驾驶中的应用，旨在提高感知、规划和决策这些关键任务的性能。以下是 Transformer 在自动驾驶应用中的一些关键方面。

1. 感知和环境理解

在自动驾驶中，感知环境是至关重要的。这包括对周围道路和车辆的理解，以及检测和跟踪障碍物。Transformer 模型可以用于以下感知任务：

1）目标检测与分类：使用 Transformer 模型进行目标检测，识别道路上的车辆、行人、自行车和其他物体。注意力机制允许模型更好地关注不同位置的特征，从而提高检测性能。

2）语义分割：将图像分割成不同的语义区域，使车辆能够理解道路、人行道、建筑物等元素的位置和边界。这对于规划和决策非常重要。

3）点云处理：激光雷达数据通常以点云的形式呈现，Transformer 模型可用于处理点云数据，进行障碍物检测和地图构建，从而提供更精确的环境感知。

2. 决策与规划

自动驾驶车辆需要能够实时做出决策，选择适当的行驶路线和速度，以应对不同的交通情境。Transformer 模型在以下方面也发挥了关键作用：

1）行为预测：通过对周围车辆和行人的运动进行建模，Transformer 模型可以预测它们未来的行为。这有助于车辆做出安全的驾驶决策，如避让障碍物或与其他车辆互动。

2）路径规划：Transformer 可以用于规划车辆的最佳行驶路径，并考虑到交通规则、道路状况和其他车辆的行为。这有助于车辆在复杂的城市环境中安全导航。

3. 传感器融合和多模态数据处理

自动驾驶车辆通常配备多种传感器，包括摄像头、激光雷达、毫米波雷达和 GPS 等。Transformer 模型可以用于有效地融合这些多模态数据，以获得更全面的环境认知。通过将不同传感器的信息输入到 Transformer 中，车辆可以更好地理解环境，提高安全性和鲁棒性。

4. 实时性和低延迟要求

在自动驾驶中，实时性和低延迟是至关重要的。车辆需要快速地感知环境并做出决策。Transformer 模型的并行计算能力和高效的注意力机制可以确保自动驾驶系统能够在毫秒级别内做出响应。

虽然 Transformer 模型在自动驾驶中具有巨大的潜力，但面临着计算复杂性、数据需求和实际部署等挑战。随着深度学习技术的不断进步和在自动驾驶领域的应用,可以期待 Transformer 模型在未来更广泛地应用于自动驾驶系统,从而实现更安全、高效和智能的自动驾驶体验。

8.2 从编码器-解码器结构到注意力机制

编码器-解码器结构是一种常用的序列到序列(Sequence-to-Sequence)模型,用于处理序列转换任务,是 Transformer 模型的基础。在传统的编码器-解码器结构中,编码器将输入序列编码成一个固定长度的向量表示,然后解码器使用该向量表示生成输出序列,如图 8.1 所示。

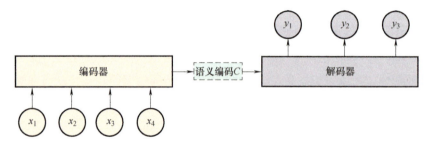

图 8.1 编码器-解码器结构

在自然语言模型处理领域,可以把编码器-解码器框架看作是将一个句子(篇章)转换成另一个句子(篇章),最直观的例子就是机器翻译,将一种语言的表达翻译成另一种语言。编码器通过对输入单词进行编码,转换成语义向量 C:

$$C = F(x_1, x_2, \cdots, x_m) \tag{8.1}$$

式中,x_1,x_2,$\cdots$,x_m 代表输入单词的词向量;F 是映射函数。对于解码器,其任务是根据中间语义 C 和当前已经生成的历史信息来生成下一时刻要生成的单词:

$$y_i = G(C, y_1, y_2, \cdots, y_{i-1}) \tag{8.2}$$

式中,y_1,y_2,$\cdots$,y_{i-1} 是解码器在之前时刻生成的输出;C 代表当前时刻的语义向量;G 代表输出函数。然而,传统的编码器-解码器结构在处理长序列时面临一些问题。例如,当处理长文本时,编码器需要将整个输入序列的信息压缩到一个固定长度的向量中,这导致信息丢失和表示能力受限。可以从解码器的变换函数判断,从上面式子中可以看出,在生成目标句子的单词时,不论生成哪个单词,它们使用的语义编码都是一样的,没有任何区别。因此对于目标输出中的任何一个单词,输入中任意单词对某个目标单词来说影响力都是相同的。

为了解决这个问题,注意力机制被引入到模型中。在注意力机制中,每个解码器的输出根据输入数据的不同部分进行加权,即对不同部分赋予不同的权重。这样可以使模型更加关注输入序列中的关键信息,从而提高模型的精度和效率。注意力机制并不是一种特定的神经网络结构，而是一种通用的机制，可以应用于不同的神经网络结构中。比如，可以在卷积神经网络中使用注意力机制来关注输入图像中的重要区域，也可以在循环神经网络中使用注意力机制来关注输入序列中的重要部分。

下面从最常见的软注意力机制开始介绍。考虑一个机器翻译任务，输入是英文句子"I love Beijing"，输出是对应的中文"我喜欢北京"。在翻译"Beijing"这个单词的时候，在普通编码器-解码器模型中，输入里的每个单词对"北京"的贡献是相同的，很明显这样不太合理，因为"Beijing"对于翻译成"北京"更重要。如果引入注意力机制，在生成"北京"的时候，应该体现出英文单词对于翻译当前中文单词不同的影响程度，比如给出类似下面一个概率分布值：

$$(I,0.1)(love,0.2)(Beijing,0.7)$$

每个英文单词的概率代表了翻译当前单词"北京"时注意力分配模型分配给不同英文单词的注意力大小。同理，对于输出中任意一个单词都应该有对应的输入中单词的注意力分配概率。而且，由于注意力模型的加入，在解码器生成单词时候的中间语义就不再是固定的，而是会根据注意力概率变化的 C_i，加入了注意力模型的编码器-解码器结构如图 8.2 所示。

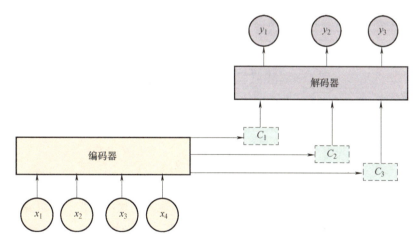

图 8.2 加入注意力模型的编码器-解码器结构

根据图 8.2，解码器输出的过程就变成了如下形式：

$$y_1 = F(c_1) \tag{8.3}$$

$$y_n = F(c_n, y_1, y_2, \cdots, y_{n-1}) \tag{8.4}$$

式中，c_1，c_2，$\cdots$，c_n 代表每个输出对应的语义向量；y_1，y_2，$\cdots$，y_n 代表解码器在每个时刻的输出；F 为输出函数。以上就是注意力机制的基本原理。下面介绍一种常用的注意力机制中的概率分布值的求取方法，比较主流的注意力机制框架如图 8.3 所示。

将输入中的元素想象成一系列的<Key,Value>数据对，此时指定输出中的某个元素 Query（往往与网络结构或者任务有关，例如机器翻译任务中的 C_2），通过计算 Query 和各个元素相似性或者相关性，得到每个 Key 对应 Value 的权重系数，然后对 Value 进行加权求

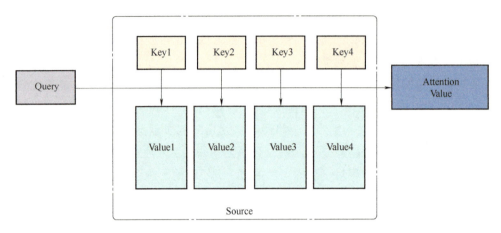

图 8.3 注意力机制框架

和，得到最终的注意力值。本质上注意力机制是对 Source 中元素的 Value 值进行加权求和，而 Query 和 Key 用来计算对应 Value 的权重系数。

基于上面的推理，可以用如下三步描述注意力计算的过程。

第一步，通过计算 Query 与 Key 的相似度得到权重。

相似度计算常用的有加性注意力计算和点积注意力计算等，如下所示：

加性模型：

$$S(\boldsymbol{k},\boldsymbol{q}) = \boldsymbol{v}^{\mathrm{T}}\tanh(\boldsymbol{W}\boldsymbol{k}+\boldsymbol{U}\boldsymbol{q}) \tag{8.5}$$

点积模型：

$$S(\boldsymbol{k},\boldsymbol{q}) = \boldsymbol{k}^{\mathrm{T}}\boldsymbol{q} \tag{8.6}$$

缩放点积模型：

$$S(\boldsymbol{k},\boldsymbol{q}) = \frac{\boldsymbol{k}^{\mathrm{T}}\boldsymbol{q}}{\sqrt{D}} \tag{8.7}$$

式中，$\boldsymbol{W}$、$\boldsymbol{U}$ 和 $\boldsymbol{v}$ 是可学习的参数矩阵或向量；D 为输入向量的维度，$\boldsymbol{k}$ 是键值矩阵；$\boldsymbol{q}$ 是查询矩阵；$S(\boldsymbol{k},\boldsymbol{q})$ 代表两个矩阵之间的相似度。下边来分析这些分数计算方式的差别。

加性模型引入了可学习的参数，将查询向量 Query 和原始输入向量 Key 映射到不同的向量空间后进行计算打分，显然相较于加性模型，点积模型具有更好的计算效率。

另外，当输入向量的维度比较高的时候，点积模型通常有比较大的方差，从而导致归一化函数的梯度会比较小。因此缩放点积模型通过除以一个平方根项来平滑分数数值，也相当于平滑最终的注意力分布，以缓解这个问题。

第二步，根据权重系数对所有的权重进行归一化处理。

这样做的目的是为了使输出结果更加平滑，得到可直接使用的权重系数。

第三步，将归一化处理后的权重和 Value 进行加权求和。

$$\mathrm{AttentionValue} = \sum S(\boldsymbol{k},\boldsymbol{q}) \times \mathrm{Value} \tag{8.8}$$

这样就得到了每个查询向量的注意力分数。

8.3 Transformer 模型

Transformer 是一种基于注意力机制的神经网络模型,最初用于机器翻译任务,但也被广泛应用于其他序列建模任务,如语言生成和语义理解。Transformer 模型的核心思想是通过自注意力机制来对输入序列的不同位置进行加权组合,从而捕捉序列中的关系和依赖。

8.3.1 Transformer 的输入和输出

Transformer 模型由多个编码器和解码器组成,它们之间的对应关系如图 8.4 所示。每一个小编码器的输入是前一个小编码器的输出,而每一个小解码器的输出不只是它的前一个解码器的输出,还包括整个编码部分的输出。

对于机器翻译任务来说,Transformer 的输入是句子的每一个单词的向量 X 的线性组合,X 由单词的语义向量和单词的位置向量相加得到,如图 8.5 所示。

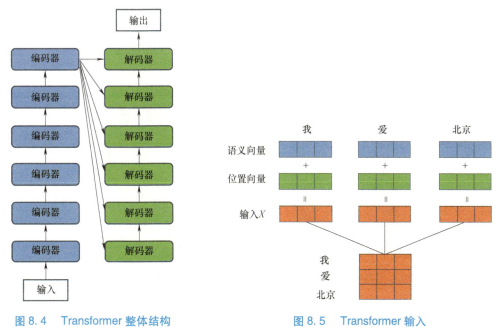

图 8.4　Transformer 整体结构　　　　图 8.5　Transformer 输入

单词的语义向量有很多种方式可以获取,例如可以采用 Word2Vec、Glove 等算法预训练得到,也可以在 Transformer 中训练得到。

由于 Transformer 不采用 RNN 的结构,而是使用全局信息,不具备显式的位置信息,因此 Transformer 中除了单词的语义向量,还需要使用位置向量表示单词出现在句子中的位置。

位置向量用 PE 表示，PE 的维度与单词的语义向量是一样的。PE 可以通过训练得到，也可以使用某种公式计算得到。在 Transformer 中采用了后者，计算公式如下：

$$\text{PE}_{(pos, 2i)} = \sin(pos/10000^{2i/d}) \tag{8.9}$$

$$\text{PE}_{(pos, 2i+1)} = \cos(pos/10000^{2i/d}) \tag{8.10}$$

式中，pos 表示单词在句子中的位置；d 表示 PE 的维度；$2i$ 表示偶数的维度；$2i+1$ 表示奇数维度。使用这个公式计算 PE 有以下的好处。

1）PE 能够适应比训练集里面所有句子更长的句子，假设训练集里面最长的句子由 20 个单词组成，突然来了一个单词长度为 21 的句子，则使用公式计算的方法可以计算出第 21 位的位置向量。

2）PE 可以让模型容易地计算出相对位置，对于固定长度的间距 k，PE($pos+k$) 可以用 PE(pos) 计算得到。因为 $\sin(A+B) = \sin(A)\cos(B) + \cos(A)\sin(B)$，$\cos(A+B) = \cos(A)\cos(B) - \sin(A)\sin(B)$。

位置编码的引入允许 Transformer 模型在处理序列时考虑单词的位置信息，从而更好地捕捉序列中的语义和上下文关系。通过将位置信息与词向量相结合，模型可以区分不同位置的单词，并对长序列中的位置关系进行建模。

需要注意的是，位置编码是固定的，不会随着模型的训练而更新。这是因为位置编码的目的是向不同位置提供可区分的信息，而不是学习特定的位置相关性。

通过引入位置编码，Transformer 模型能够更好地处理序列数据，并在自然语言处理和自动驾驶等领域的任务中展现出优秀的性能。位置编码是 Transformer 模型的一个重要组件，它为模型提供了一种对序列中不同位置进行建模的方式。

在 Transformer 的结构中，每一个编码器的输入和输出都是同一维度的，单词向量矩阵经过 6 个编码器结构后可以得到句子所有单词的编码信息矩阵 C，如图 8.6 所示。

解码器接收编码器输出的编码信息矩阵 C，根据当前翻译过的单词 $1 \sim i$ 翻译下一个单词 $i+1$。在使用过程中，翻译到单词 $i+1$ 的时候需要通过掩码（Mask）操作遮盖 $i+1$ 之后的单词，如图 8.7 所示。

解码器接收了编码器的编码矩阵 C，然后首先输入一个翻译开始符"<Begin>"，预测第一个单词"I"；然后输入翻译开始符"<Begin>"和单词"I"，预测单词"love"，以此类推。

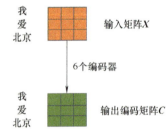

图 8.6　编码器的输入与输出

8.3.2　Transformer 的结构组件

每个编码器和解码器由多个层次组成。下面详细介绍 Transformer 的结构和各个组件。

1. 编码器（encoder）

编码器负责将输入序列转换为一系列高维表示，用于捕捉输入序列的特征和语义信息。

第 8 章 基于 Transformer 的自动驾驶目标检测理论与实践

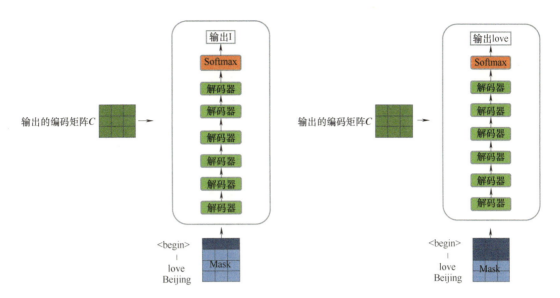

图 8.7 解码器的输入与输出

每个编码器包含两个子层次，如图 8.8 所示。

1）自注意力机制层（Self-Attention Layer）：对输入序列中的每个位置进行加权组合，以获取全局的上下文信息。多头注意力机制是 Transformer 的重点，要了解它的作用机理，首先需要详细了解自注意力机制的内部逻辑。图 8.9 是一种常见的自注意力机制的结构。

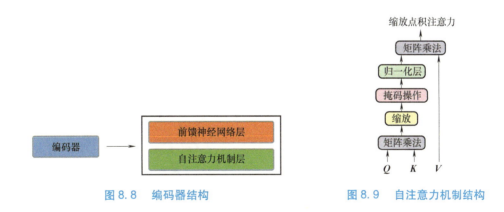

图 8.8 编码器结构　　　　　图 8.9 自注意力机制结构

自注意力机制在计算的时候需要用到 Q（查询矩阵）、K（键值矩阵）和 V（值矩阵）。在实际中，自注意力机制接收的输入是单词的向量表示矩阵 X 或者上一个编码器的输出。而 Q、K、V 正是通过自注意力机制的输入进行线性变换得到的。

Self-Attention 的输入用矩阵 X 进行表示，则可以使用线性变阵矩阵 WQ、WK、WV 计算得到 Q、K、V。计算如图 8.10 所示，注意 X、Q、K、V 的每一行都表示一个单词。

得到矩阵 Q、K、V 之后就可以计算出自注意力机制的输出了，计算公式为

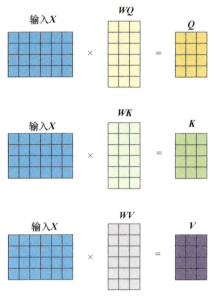

图 8.10　Q、K、V 的计算

$$\text{Self-Attention}(Q, K, V) = \text{Softmax}\left(\frac{QK^T}{\sqrt{d_k}}\right)V \tag{8.11}$$

式中计算矩阵 Q 和 K 每一行向量的内积，为了防止内积过大，因此除以维度的平方根 $\sqrt{d_k}$。Q 乘以 K^T 后，得到的矩阵行列数都为 n，n 为句子单词数，这个矩阵可以表示单词之间的注意力强度。图 8.11 为 Q 乘以 K^T，1、2、3、4 表示的是句子中的单词。

得到注意力强度矩阵之后，使用归一化处理计算每一个单词对于其他单词的注意力系数，归一化处理是把每一行的注意力值和都变为 1，如图 8.12 所示。

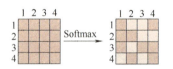

图 8.11　注意力强度矩阵　　　　图 8.12　归一化处理

得到归一化处理后的注意力强度矩阵之后可以和 V 相乘，得到最终的输出 Z，如图 8.13 所示。

图 8.13 中归一化处理后的注意力强度矩阵的第 1 行表示单词 1 与其他所有单词的注意力系数，最终单词 1 的输出 Z_1 等于所有单词 i 的值 V_i（根据注意力系数的比例）之和，如图 8.14 所示。

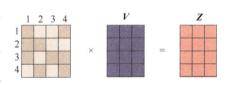

图 8.13　自注意力机制的输出

Transformer 最主要使用的是多头注意力机制，它是由多个自注意力机制组合形成的，多头注意力机制的引入增强了模型对输入序列中不同位置的建模能力。每个注意力头可以关注输入序列的不同部分，捕捉不同类型的关系和依赖性。通过并行地学习多个注意力权重，模

型能够更全面地理解输入序列,并在进行编码和解码时更好地利用全局的上下文信息。图 8.15 所示是一种多头注意力机制的结构图。

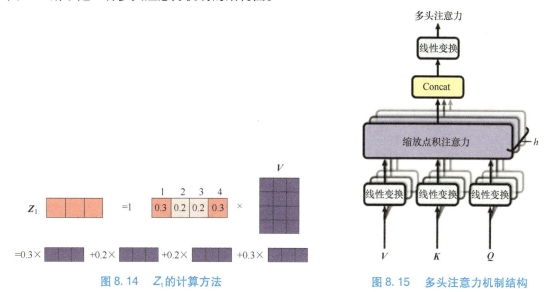

图 8.14　Z_1 的计算方法　　　　　图 8.15　多头注意力机制结构

从图 8.15 可以看到多头注意力机制包含多个自注意力层,首先将输入 X 分别传递到 h 个不同的自注意力层中,计算得到 h 个输出矩阵 Z,每个 Z 都有自己的权重和表示能力,独立地学习输入序列中的关系。图 8.16 所示是 $h=8$ 时的情况,此时会得到 8 个输出矩阵 Z。

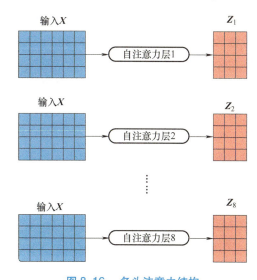

图 8.16　多头注意力结构

得到 8 个输出矩阵 $Z_1 \sim Z_8$ 之后,多头注意力机制将它们拼接在一起,然后经过线性变换,得到多头注意力机制最终的输出 Z,如图 8.17 所示。

可以看到多头注意力机制输出的矩阵 Z 与其输入的矩阵 X 的维度是一样的。

2)前馈神经网络层(Feed-Forward Neural Network Layer):前馈神经网络层比较简

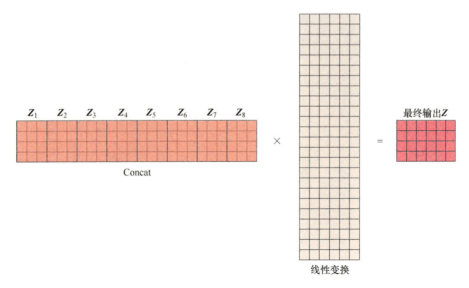

图 8.17　多头注意力机制的输出

单,对自注意力层的输出进行非线性变换和映射,是一个两层的全连接层,第一层的激活函数为 Relu,第二层不使用激活函数,对应的公式为

$$\max(0, XW_1 + b_1)W_2 + b_2 \tag{8.12}$$

式中,W 和 b 分别表示两个全连接层的参数。

事实上,在多头注意力机制的输出和前馈神经网络层的输入 X 之间,数据需要经过残差连接(Residual Connections)和层归一化(Layer Normalization)的处理。为了避免模型训练过程中的梯度消失和梯度爆炸问题,Transformer 模型在每个子层次的输入和输出之间引入了残差连接。残差连接将子层次的输入直接添加到子层次的输出中,以便梯度可以更轻松地传播。此外,层归一化用于对每个子层次的输出进行归一化处理,以提高模型的训练和泛化性能。前馈神经网络层最终得到的输出矩阵的维度与 X 一致。

2. 解码器(decoder)

解码器负责根据编码器的输出和先前生成的部分输出序列来生成最终的目标序列。解码器也由多个相同的层次组成,每个层次包含三个子层次,如图 8.18 所示。

1)自注意力机制层(Self-Attention Layer):类似于编码器中的自注意力机制层,但解码器还引入了掩码(Masked)操作。

解码器的第一个多头注意力机制采用了掩码操作,因为在翻译的过程中是顺序翻译的,即翻译完第 i 个单词,才可以翻译第 $i+1$ 个单词。通过掩码操作可以防止第 i 个单词知道 $i+1$ 个单词之后的信息。下面以"我爱北京"翻译成"I love Beijing"为例,了解一下掩码操作。

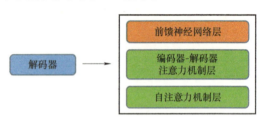

图 8.18　解码器结构

第一步：解码器的输入包括输入矩阵和 Mask 矩阵，如图 8.19 所示。输入矩阵包含"<Begin> I love <Beijing>"（0，1，2，3）四个单词的表示向量，Mask 矩阵是一个 4×4 矩阵。在 Mask 矩阵中可以发现单词 0 只能使用单词 0 的信息，而单词 1 可以使用单词 0 和单词 1 的信息，即在翻译每个单词时只能使用该单词之前的信息。

第二步：接下来的操作和之前的自注意力机制一样，通过输入矩阵 X 计算得到 Q、K、V 矩阵，然后计算注意力强度矩阵。

第三步：在得到注意力强度矩阵之后需要进行归一化操作，计算注意力分数，在进行归一化操作之前需要使用 Mask 矩阵遮挡住每一个单词之后的信息，遮挡操作如图 8.20 所示。

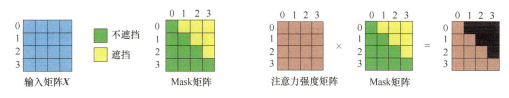

图 8.19　Mask 矩阵　　　　　　　　　图 8.20　Mask 操作

第四步：使用 Mask 矩阵遮挡后的注意力强度矩阵与矩阵 V 相乘，得到输出 Z，则单词 1 的输出向量 Z_1 是只包含单词 1 信息的。

第五步：与编码器类似，通过多头注意力机制拼接多个输出 Z_i，得到第一个多头注意力机制的输出 Z，Z 与输入 X 维度一样。

2）编码器-解码器注意力机制层（Encoder-Decoder Attention Layer）：解码器使用自注意力机制层的输出作为查询，编码器的输出作为键和值，以获取对编码器输出的加权和表示。

解码器第二个多头注意力机制变化不大，主要区别在于其中自注意力机制的 K、V 矩阵不是使用上一个解码器的输出计算的，而是使用编码器的编码信息矩阵 C 计算的。根据编码器的输出 C 计算得到 K、V，根据上一个解码器的输出 Z 计算 Q（如果是第一个解码器则使用输入矩阵 X 进行计算），后续的计算方法与之前描述的一致。这样做的好处是在解码的时候，每一位单词都可以利用编码器左右单词的信息（这些信息无须 Mask）。

3）前馈神经网络层（Feed-Forward Neural Network Layer）：和编码器的结构和作用相同，数据流在经过前馈神经网络层后被送入 Softmax 中，解码器最后的部分是利用 Softmax 预测每一个单词。

8.3.3　Transformer 模型的训练

Transformer 模型的训练涉及选择适当的损失函数、优化器和训练过程的设置，具体过程与前面讲过的 DNN、CNN 和 RNN 基本是一致的，以下简单介绍各步骤内容。

1. 数据准备

在进行 Transformer 模型的训练之前，首先需要准备训练数据。对于序列到序列的任务，通常会有输入序列和目标序列的配对数据。输入序列和目标序列都需要进行适当的预处理和标记化，以便将其转换为模型可以处理的格式。

2. 损失函数选择

在训练 Transformer 模型时，常用的损失函数是交叉熵损失函数（Cross-Entropy Loss）。交叉熵损失函数用于衡量模型的预测输出与真实标签之间的差异。对于序列到序列任务，可以将交叉熵损失函数应用于解码器的输出序列和目标序列之间，以衡量模型生成序列的质量。

3. 优化器、学习率调度和批量训练设置

选择适当的优化器来更新模型的参数是训练过程中的关键。常用的优化器包括随机梯度下降（Stochastic Gradient Descent，SGD）、Adam 等。Adam 优化器是一种自适应学习率优化器，具有较好的性能和收敛速度。可以根据实际情况选择合适的优化器，并设置相应的超参数。

为了控制模型训练过程中的学习率，可以采用学习率调度策略。学习率调度策略可以根据训练的进程和性能进行动态调整。常用的学习率调度策略包括学习率衰减和学习率预热等。

为了提高训练效率和稳定性，通常采用批量训练的方式。批量训练将训练数据划分为多个小批量，每个小批量包含多个训练样本。在每个批量中计算损失函数，并通过反向传播更新模型的参数。

4. 正则化和过拟合处理

在模型训练过程中，为了提高泛化能力和防止过拟合，可以采用正则化技术。常用的正则化技术包括 L1 和 L2 正则化、Dropout 等。这些技术可以帮助控制模型的复杂度，防止模型过度拟合训练数据。

5. 训练迭代与模型评估

Transformer 模型的训练通常需要多个训练迭代（Epoch）。每个训练迭代都包含多个批量的训练过程。在每个训练迭代中，通过前向传播计算损失函数，并通过反向传播更新模型的参数。重复进行多个训练迭代，直到达到预定的停止条件或收敛。

在训练过程中，需要定期评估模型的性能。可以使用验证集或测试集来评估模型在未见过的数据上的表现。常用的评估指标包括准确率、损失值、BLEU 分数等，具体根据任务的要求选择合适的评估指标。

通过以上步骤，可以进行 Transformer 模型的训练。训练过程中需要进行适当的超参数调整、调试和验证，以获得性能良好的模型。同时，还需要关注模型的训练时间和资源消耗，以便在实际应用中能够满足要求。

8.4 Vision Transformer 模型

8.4.1 Vision Transformer 简介

Vision Transformer（ViT）是由谷歌团队在 2020 年提出的一种革命性的深度学习模型，它将 Transformer 架构成功应用于计算机视觉领域。在过去，Transformer 主要用于自然语言处理（NLP）任务，如机器翻译和文本生成，而 ViT 的出现将 Transformer 的强大能力扩展到了计算机视觉任务上。

传统的计算机视觉模型，如卷积神经网络（CNN），在视觉任务上表现出色，但它们通常需要设计复杂的卷积层和池化操作，限制了它们的扩展性和适应性。相比之下，ViT 采用了纯 Transformer 架构，完全摒弃了卷积层，从而将计算机视觉任务转化为序列建模问题。

ViT 的核心思想是将输入图像分割为一系列小的图像块，并将这些图像块重塑成一维向量序列。每个图像块作为一个"令牌"输入到 Transformer 编码器中，类似于自然语言中的单词令牌。然后，ViT 利用 Transformer 的自注意力机制来对这些图像块进行编码和建模，捕捉图像中的全局和局部特征之间的关系。这种序列化的方法使得 ViT 可以处理任意大小的输入图像，且其性能随着模型规模的增加而逐渐提升。

ViT 的最大优势之一是它在大规模预训练任务上的效果。在拥有足够多数据进行预训练的情况下，ViT 能够超越传统的 CNN 模型，在多个计算机视觉任务上取得出色的性能。此外，ViT 还能在不同视觉任务之间实现较好的迁移学习效果，这使得它成了一个强大的通用计算机视觉特征提取器。

尽管 ViT 在计算机视觉领域引起了巨大的轰动，并在多个任务上取得了显著的成绩，但它仍然面临一些挑战，比如处理大尺寸图像的计算复杂性和长序列建模问题。为了解决这些问题，研究人员也不断对 ViT 进行改进和优化。总的来说，Vision Transformer 的提出为计算机视觉领域带来了新的思路和突破，对于推动计算机视觉研究和应用具有深远的影响。

8.4.2 Vision Transformer 的整体结构

图 8.21 是 Vision Transformer（ViT）的模型框架。简单而言，模型由三个模块组成：Linear Projection of Flattened、Transformer Encoder 和 MLP Head。

1）Linear Projection of Flattened：对于标准的 Transformer 模块，要求输入的是向量序列。对于图像数据而言，需要通过一个 Embedding 层来对其数据格式进行变换。如图 8.22 所示，首先将一张图片按给定大小分成一堆 Patch。以 ViT-B/16 为例，将输入图片（224×

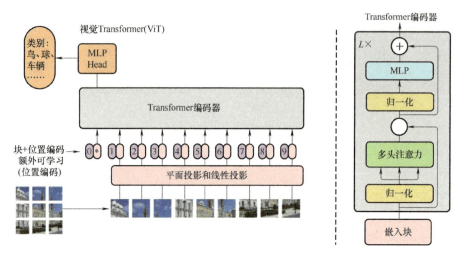

图 8.21 ViT 结构

224）按照 16×16 大小的 Patch 进行划分，划分后会得到 196 个 Patch。接着通过线性映射将每个 Patch 映射到一维向量中，映射得到一个长度为 768 的向量。

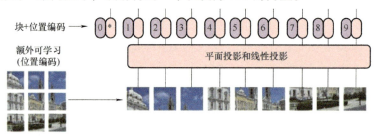

图 8.22 图像数据预处理

在代码实现中，直接通过一个卷积层来实现。以 ViT-B/16 为例，直接使用一个卷积核大小为 16×16，步长为 16，卷积核个数为 768 的卷积层来实现。通过卷积把（224×224×3）的维度转化为（14×14×768），然后把前两个维度展平即可得到（196×768）的向量，这正是 Transformer 需要的输入。

在输入 Transformer Encoder 之前注意需要加上类别编码以及位置编码。参考 BERT，可以在刚刚得到的向量序列中插入一个专门用于分类的类别编码，这个类别编码是一个可训练的参数，数据格式和其他向量序列一样。以 ViT-B/16 为例，它就是一个（1×768）的向量，与之前从图片中生成的向量序列拼接在一起，得到（197×768）的向量序列。位置编码就是之前 Transformer 中讲到的位置编码，与 Transformer 不同的是，ViT 没有使用固定的函数来表达位置编码，而是使用可训练的位置编码。这里的位置编码采用的是一个可训练的参数，是直接叠加在向量序列上的。以 ViT-B/16 为例，向量序列的维度是（197×768），那么这里的位置编码的维度也是（197×768），然后它们分别相加。

2）Transformer Encoder：Transformer Encoder 其实就是多个编码器的堆叠，图 8.23 是编码器的结构图，网络主要结构及作用如下：

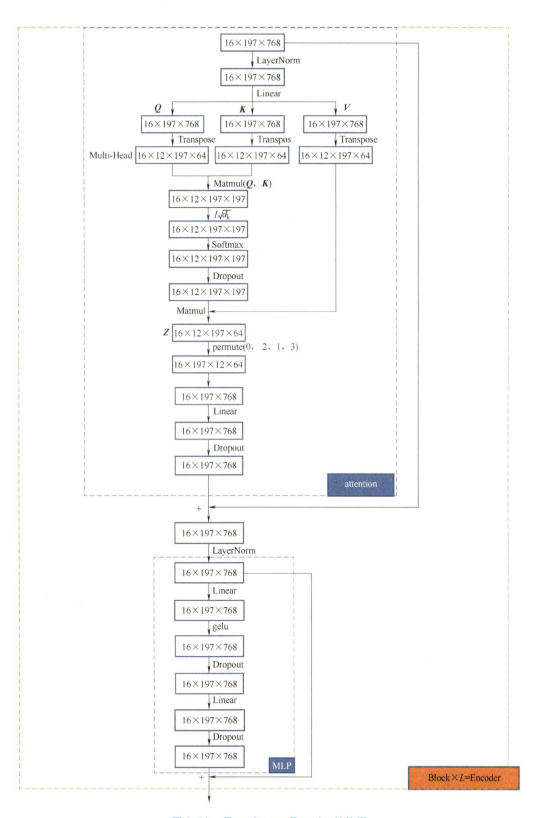

图 8.23 Transformer Encoder 结构图

① Layer Norm 对每个输入进行归一化处理。
② Multi-Head Attention 和 Transformer 中的 Multi-Head Attention 一致。
③ Dropout 层是为了提升模型的泛化性能。
④ MLP Block 是由全连接层、激活函数组成的，需要注意的是第一个全连接层会把输入节点个数翻 4 倍，第二个全连接层会还原回原节点个数。

3) MLP Head：通过 Transformer Encoder 后输出的维度和输入的维度是保持不变的。这里只是需要分类的信息，所以只需要提取出类别编码生成的对应结果即可，即从（197×768）中抽取出类别编码对应的（1×768），接着通过 MLP Head 得到最终的分类结果。MLP Head 是由全连接层+激活函数+全连接层组成的。对于简单的分类任务，只需要用一个全连接层即可。

8.5 基于 Transformer 的视觉和激光雷达融合目标检测案例介绍

智能感知技术是无人驾驶落地应用的关键，目标检测是智能感知技术研发的重点和难点问题，受到学术界与工业界的广泛关注。当前仅凭单目相机难以完成复杂场景下的感知任务，因此多传感器融合势在必行。其中，鱼眼相机具有广视角特性，激光雷达具备深度信息与长时间工作的能力，两者在数据获取方面具有维度互补、相辅相成的可能。

如图 8.24 所示，首先针对激光雷达和鱼眼相机融合目标检测感知的任务进行拆解，确立了"数据采集-特征提取与融合-目标检测"的融合感知框架。在获取时空统一的图像与点云信息之后，分两个分支并行地提取特征。图像部分使用基于自注意力结构完成图像窗口切分-编码-解码的流程来提取图像特征；点云分支使用基于深度学习的特征提取网络 PointNet++。之后将点云特征基于全局位置进行标准化，通过刚体变换将相对位置映射到图像中，在相邻四像素进行基于线性二插值的特征融合。得到融合特征之后，添加了注意力模块进行卷积输出权重。最终将融合后的特征输入到检测头中，完成目标检测感知任务。

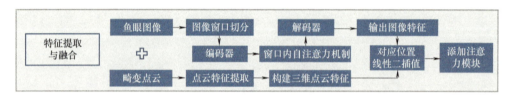

图 8.24　特征提取与融合模块

8.5.1 基于图像的特征提取

微软研究院于 2021 年提出的 Swin Transformer 通过滑动窗口以及层级设计将 Transformer 链式结构应用于图像像素矩阵的特征提取，与 2019 年首次应用 Transformer 进行图像处理的 ViT 不同，Swin Transformer 在尊重 Transformer 原有结构的同时，融合卷积神经网络的思想，并在检测精度上超越了卷积神经网络。该网络将特征提取整体网络划分成四个阶段，将多个一模一样的 Swin Transformer 模块分组进行串接，具体结构如图 8.25 所示。

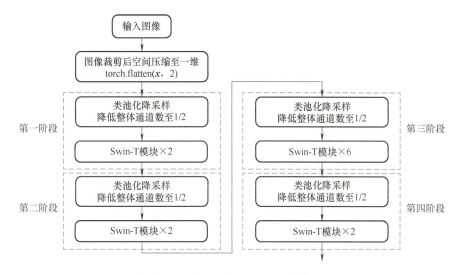

图 8.25　Swin Transformer 结构图

1）图像从输入开始先经过裁剪和嵌入（Patch Embedding），将整体的维度调整至 [3，通道数，高×宽]。

① 对输入图像进行裁剪，nn.Conv2d 参数步长与卷积核大小相等且等于需要被裁剪 Patch 块大小。

② 将裁剪后的宽和高展开成一维，即 Patch 个数，对图像张量的第三序列进行 torch.flatten。

③ 将通道数与 Patch 个数进行交换，torch.transpose。

2）之后进行四个阶段的特征提取与传输，在每一个阶段开始前将整体输入图像的通道数扩张 2 倍，同时图像的宽高分别减半，整体流程如图 8.26 所示。

① 在宽和高，即像素矩阵的行和列上以间隔为 2 进行像素选取，分别减少到各自的一半。

② 间隔选取后进行同一维度的特征合并，torch.cat（-1）。

③ 将合并后的特征仿照步骤 1）的②进行重构，torch.reshape。

④ 使用层归一化后进行线性连接。

3）添加不同数量的 Swin Transformer 模块进行局部特征聚焦与权重计算。

① 对提取后的特征图进行层归一化后将特征图裁剪成固定大小的像素块，即窗口。

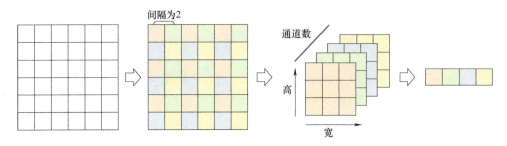

图 8.26　Patch 融合模块示意图

② 对各个窗口应用自注意力模块，计算注意力数值。
③ 将步骤①中窗口与步骤②中注意力数值进行加权联结，得到聚焦后的特征。
④ 使用 dropout+残差连接防止过拟合，提升深层网络的特征提取能力。
⑤ 再一次层归一化后进行全连接，输出图像特征。

8.5.2　基于点云的特征提取

综合考虑检测精度、速度以及模型大小，选取 PointNet++作为点云特征提取网络分支。

1. PointNet

旋转不变性是指点云在雷达坐标系内旋转过后仍然不改变对目标物体表征的能力。PointNet 网络根据点云的旋转不变性，引用了 T-Net 将空间中不同位姿的点云进行标准化，旋转至当前视角下的正面，可以使后续进行特征提取的网络达到最佳的效果。

置换不变性是指点云顺序的改变并不影响点云所表示的物体本质，当一个 $N×M$ 的点云团在 N 的维度上被打乱之后，所表述的物体不发生变化。为保留点云的置换不变性，特征提取网络应具备对称的特性，如式 (8.13)，其中 x_{π_1} 表示在当前平面内散点进行任意变化后处在 x_1 位置的点。

$$f(x_1,x_2,L,x_n)=f(x_{\pi_1},x_{\pi_1},L,x_{\pi_n}),x_i \in R^M \quad (8.13)$$

PointNet 选用的对称函数为最大值 MAX 函数。为了提取有代表性的最大值特征，同时又减少点云信息的损失，PointNet 遍历选定范围内的全部点云，通过多层感知机（Multilayer Perceptron，MLP）将点云从三维空间映射到 64 维空间之后进行逐通道的特征筛选。在扩展至 64 维空间并进行特征筛选过后，再一次应用 T-Net 模块将点云位置摆正，目的是进一步映射至 1024 维空间，获取过度冗余的点云信息，减少因最大值池化导致的点云信息损失，具体结构如图 8.27 所示。

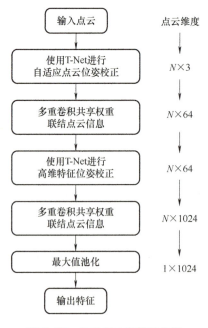

图 8.27　PointNet 网络结构图

PointNet 结构简单,整体核心围绕两个不变性进行设计,同时特征提取能力强。但是该方法过于关注全局信息,对于细粒度的特征提取能力弱。

2. PointNet++

PointNet++在 PointNet 的基础上提出了基于卷积神经网络多层感受野的特征提取结构。它不再仅限于贡献权重的 MLP,而是通过卷积神经网络分层级地对点云做内积,不断扩大感受野,同时也增加了该区域核心点的特征信息。PointNet++用以提取特征的网络名称为 Set Abstraction(后文称 SA 层),如图 8.28 所示。

1)利用最远点采样(Farthest Point Sampling,FPS)进行特征选取。

① 在全局点云中随机选取一个点 $P0$ 作为起始点,即采样点集合 $S=\{P0\}$。

② 遍历全部点云,计算与 $P0$ 点的距离,将距离最大点 $P1$ 放进采样点集合,即 $S=\{P0,P1\}$。

③ 再次遍历全部点云,计算与 $P1$ 之间的距离,将点 Pi 与 $P1$ 之间的距离最小值记为 $L[i]$ 且不断更新。

④ 进行 $\mathrm{argmax}\ L$,选取最大值对应的 $P2$ 放进采样点集合。

⑤ 循环步骤②~④,持续采样至到达指定数量。

2)在采样点周边指定半径,对指定数量的点云进行簇的划分。

3)针对划分后的点云簇进行基于 PointNet 的特征提取。

4)使用不同超参数重复步骤1)~3),进行分层级的特征提取。

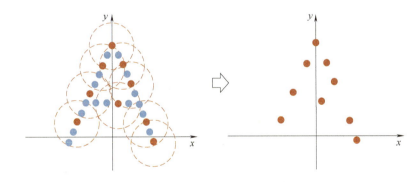

图 8.28 SA 层中心点提取示意图

8.5.3 基于图像与点云特征的融合与检测

为进一步提升融合效率,设计注意力机制权衡模块,优化特征融合网络结构。

图像和点云特征融合的目的在于能够得到更丰富的信息,使得后续检测头输出的目标检测结果更准确、召回率更高。基于当前多种目标检测算法的思路与亮点,设计分层级特征提取以及基于线性二插值的特征融合结构,如图 8.29 所示。

融合模块设计完成后,将融合后的特征送入 PointNet++的特征传播层(Feature

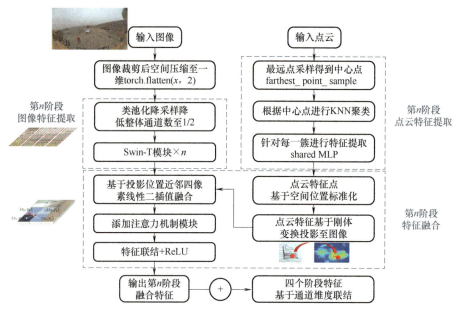

图 8.29 融合框架结构图

Propagation，FP），使用反距离插值，将距离的倒数作为权重进行不改变特征维度的上采样。插值之后接入区域生成网络（Region Proposal Network，RPN），将融合后的特征通过滑动窗口针对每一个像素生成九个锚框（anchor），通过分类与回归生成候选框（proposals），之后使用非极大值抑制（Non Maximum Suppression，NMS）进行筛选并输出最终预测的目标框，由融合特征输出结果的流程如图 8.30 所示。

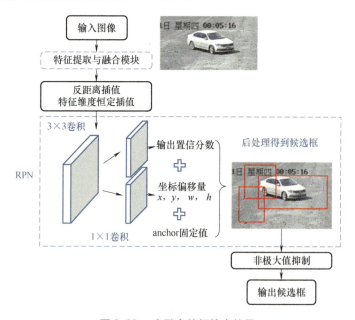

图 8.30 由融合特征输出结果

损失函数见式（8.14），分类损失见式（8.15），回归损失见式（8.16）。分类损失使用的是 focal loss，其中超参 $\alpha = 0.25$，$\gamma = 2.0$；回归损失使用的是 PointRCNN 中基于刻度的回归损失（Bin-based Box Generation）。

$$L_t = L_{cls} + L_{reg} \tag{8.14}$$

$$L_{cls} = -\alpha(1-c_t)^\gamma \log c_t \tag{8.15}$$

$$L_{reg} = \sum_{u \in x,z,\theta} E(b_u, \widehat{b_u}) + \sum_{u \in x,y,z,h,w,l,\theta} S(r_u, \widehat{r_u}) \tag{8.16}$$

式中，c_t 指的是当前点属于真值中前景的概率；E 代表交叉熵损失；S 代表 smooth L1 损失；b_u 以及 r_u 指的是当前值与真值将转角（视作 360°的圆盘）刻度化后，二者之间的偏移量。

至此融合框架搭建完成，但是在特征融合的过程中没有考虑到图像和点云特征融合的占比以及各自的权重，通过添加注意力模块可以进一步提升融合效果。

8.5.4　实验验证

为进行融合框架的效果检测，基于 KITTI 数据集进行训练和测试。部分场景的融合检测效果如图 8.31 所示。三幅图中分别包含基于图像的二维包围框输出结果（左上）；基于图像和点云的像素空间三维包围框输出结果（左下）；基于图像和点云的点云空间三维包围框输出结果（右图）。

图 8.31　基于 KITTI 数据集的目标检测结果

8.6 实践项目：基于 Vision Transformer 的矿区自动驾驶场景目标检测

本实践使用矿区自动驾驶目标检测数据集（mine_object_detection.zip）数据集进行测试，采用 DETR（Detection Transformer）完成。

DETR 是 Facebook AI 的研究者提出的 Transformer 的视觉版本，可以用于目标检测，也可以用于全景分割。这是第一个将 Transformer 成功整合为目标检测网络的深度学习框架。与之前的目标检测方法相比，DETR 有效地消除了对许多手工设计组件的需求，例如非最大抑制程序和锚点生成等。

微信扫一扫，即可获取项目代码

DETR 的网络结构分为三个部分，如图 8.32 所示。第一部分是一个传统 CNN，用于提取图片特征，第二部分应用 Transformer 编码器和解码器来提取检测框，第三部分使用损失函数来训练网络。

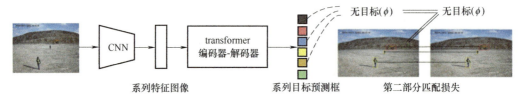

图 8.32　DETR 结构图

DETR 使用 ResNet 作为 backbone 提取图片特征，同时使用一个 1×1 的卷积进行降维，如图 8.33 所示。因为 Transformer 的编码器模块只处理序列输入，所以后续还需要把 CNN 特征展开为一个序列。

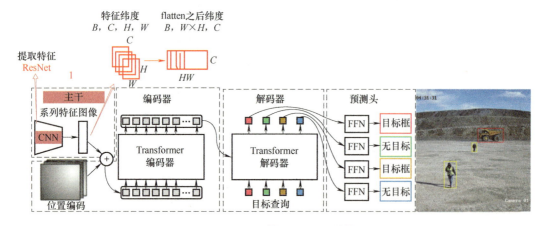

图 8.33　DETR 的 backbone 结构图

接下来是位置编码部分，转成特征序列后，图像就失去了像素的空间分布信息，所以 Transformer 引入位置编码，然后把降维后的特征与位置编码信息结合，如图 8.34 所示。

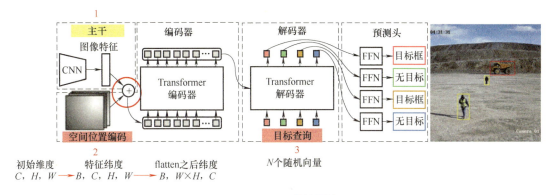

图 8.34　DETR 的位置编码

接着是 DETR 的编码器和解码器结构，如图 8.35 所示，包含多头自注意力、残差、归一化、前馈神经网络。

Transformer 输出序列直接送到使用前馈神经网络的分类器，得到预测类别和检测框，如图 8.36 所示。

首先需要进行数据导入和数据预处理。目标检测网络对输入图片的格式、大小有一定的要求，数据输入模型前，需要对数据进行预处理操作，使图片满足网络训练以及预测的需要。

本实验的数据预处理共包括如下方法：

1）图像解码：将图像转为 Numpy 格式。

2）图像翻转：将图像进行翻转。

3）随机选择：在不同的预处理之间随机选择一个转换。

4）调整图片大小：将原图片中短边尺寸统一缩放到 384。

5）图像裁剪：将图像的长宽统一裁剪为 384×384，确保模型读入的图片数据大小统一。

6）归一化（normalization）：通过规范化手段，把神经网络每层中任意神经元的输入值分布改变成均值为 0、方差为 1 的标准正态分布，使得最优解的寻优过程明显变得平缓，训练过程更容易收敛。

7）通道变换：图像的数据格式为 $[H, W, C]$（即高度、宽度和通道数），而神经网络使用的训练数据的格式为 $[C, H, W]$，因此需要对图像数据重新排列，例如 $[384, 384, 3]$ 变为 $[3, 384, 384]$。

然后定义主干网络、位置编码以及编码器和解码器模块。主干网络的主要结构为 ResNet 网络。位置编码主要包括两种形式：一种是基于正余弦函数的直接定义，如式（8.9）和式（8.10）所示；另一种是基于学习的，代码如附件所示。编码器和解码器模块如图 8.27 所示，定义详见附件代码。

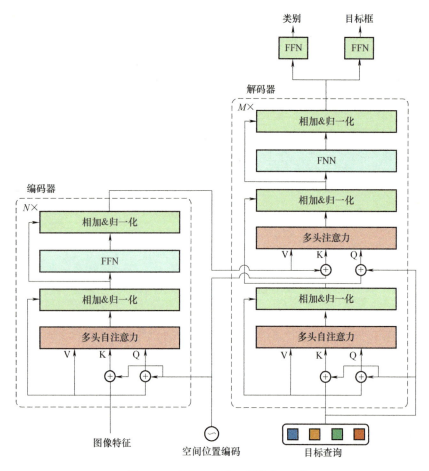

图 8.35　DETR 的编码器和解码器

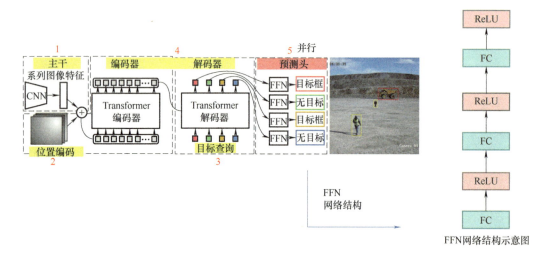

图 8.36　DETR 的检测头

之后定义损失函数，在 DETR 中使用的是一种配对损失，用来衡量预测集和真实集两个集合之间的相似性。每一个集合都包括该图像的所有目标，每一个目标由两个元素表示，一个是该目标为某一类的置信度，另一个是该类目标的位置及大小，用最小包围框的四个参数来表示，即中心点的位置与包围框的长宽。DETR 的损失函数包含两部分：一部分是对目标分类预测的损失，通过与图像分类网络的交叉熵给出；另一个部分是目标位置框预测的大小准确性的损失，通过 L1 或 L2 损失给出，即预测框与真实框的距离。值得注意的是，该损失的计算有一个前提，就是目标的分类必须在真实分类中，即目标框的损失是以目标的准确分类为前提的。

还需要定义检测头部分，检测头包括 MLP 和后处理两部分。MLP 从 Transformer 输出中分离类别和检测框信息，后处理得到准确类别和检测框的大小和位置。

最后定义并加载模型，执行训练。使用如下代码测试训练结果：

```
load_weights（model，'/home/aistudio/work/DETR/detr'）
infer_img = '/home/aistudio/dataset/train2017/0028308.jpg'
images = get_test_images（infer_img）
predict（images，model，draw_threshold=0.5，output_dir="output"）
```

结果如图 8.37 所示。

图 8.37　DETR 的输出

1. 什么是视觉 Transformer（ViT）？它与传统的卷积神经网络有何不同？讨论在自动驾驶中采用 ViT 的潜在优势和挑战。

2. 自动驾驶系统中的感知任务通常涉及对象检测和语义分割。如何使用 Transformer 或 ViT 来执行这些任务，以便车辆能够理解并与其周围的环境进行互动？

3. 讨论自动驾驶中的实时性和效率问题。如何通过并行化、模型压缩或其他方法来提高 Transformer 和 ViT 的计算效率，以适应实际驾驶场景？

4. 自动驾驶中的感知系统需要在不同的环境条件下工作，如白天、夜晚、雨天等。如何调整或扩展 Transformer 或 ViT 模型，以适应不同的环境和光照条件？

第 9 章

生成对抗网络及驾驶场景数据生成实践

获取全面的真实驾驶数据具有困难和挑战性，而生成对抗网络（GAN）可以生成与真实数据相似的合成数据，有助于克服数据获取和隐私问题。本章将介绍 GAN 的原理，然后探讨如何使用它们生成多样性和真实性的驾驶场景数据，以强化自动驾驶系统的训练和测试过程。此外，本章还将讨论 GAN 在数据增强、模型验证和仿真测试中的应用，以提高自动驾驶系统的性能和鲁棒性。

9.1 生成对抗网络概述

9.1.1 生成对抗网络基本原理

生成对抗网络（Generative Adversarial Network，GAN）是一种机器学习模型，由深度学习领域的研究者 Ian Goodfellow 等人于 2014 年提出。GAN 由一个生成器（Generator）和一个判别器（Discriminator）组成，两者通过对抗训练的方式相互竞争和合作，以提高生成器的性能。

生成器的目标是从随机噪声中生成逼真的数据样本，如图像、音频或文本等。它采用一个随机噪声向量作为输入，并通过多个层的神经网络逐步转换为生成的数据样本。生成器的输出会被传递给判别器。

判别器的任务是对输入的数据样本进行分类，判断其是真实数据还是生成器生成的数据。判别器也是一个神经网络，接收生成器生成的样本和真实样本作为输入，并输出一个概率值，表示样本为真实样本的概率。

GAN 的训练过程是通过对抗性的方式进行的，如图 9.1 所示。首先，生成器生成一批样本，并将其传递给判别器。判别器根据生成器生成的样本和真实样本进行分类，并计算生

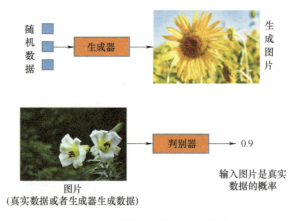

图 9.1　GAN 网络的输入与输出

成样本被判别为真实样本的概率。然后，生成器根据判别器的反馈信息调整自身的参数，以提高生成样本被判别为真实样本的概率。这个过程是一个反复迭代的过程，生成器和判别器通过对抗训练相互学习和优化，直到达到平衡状态。

GAN的核心思想借鉴了博弈论中的纳什均衡问题，通过生成器和判别器之间的对抗来推动模型的学习和进步。生成器通过不断尝试生成逼真的样本来欺骗判别器，而判别器通过不断学习真实样本和生成样本之间的区别来提高自己的判别能力。这种对抗性的机制使得GAN在生成逼真的样本方面取得了很大的成功，在图像生成、图像修复、风格迁移等领域有广泛的应用。

9.1.2　生成对抗网络在自动驾驶领域中的应用概述

生成对抗网络（GAN）是一种强大的深度学习模型，最初设计用于生成逼真的图像、音频和文本等数据样本。然而，随着技术的进步，GAN也在自动驾驶领域得到了广泛的应用。以下是GAN在自动驾驶领域的一些关键应用。

1. 虚拟环境仿真

在自动驾驶系统的开发中，虚拟仿真环境是不可或缺的工具。它允许工程师和研究人员在安全的虚拟环境中测试和优化自动驾驶算法，而不需要实际车辆。GAN可以用于生成高度逼真的虚拟道路场景、车辆和行人，以用于仿真测试。

1）场景生成：GAN可以生成包括道路、交通信号、建筑物和景观等在内的逼真的虚拟场景。这有助于测试自动驾驶系统在不同环境条件下的性能。

2）车辆模型：生成对抗网络可以用来创建虚拟车辆模型，包括车辆外观、动态行为和传感器装置。这有助于研究车辆行为和感知系统的性能。

2. 数据增强

训练自动驾驶系统需要大量的标记数据，包括图像、点云和传感器数据。然而，标记数据的收集和标注非常昂贵和耗时。GAN可以用于数据增强，生成与真实数据相似但有一定变化的合成数据，从而扩充训练数据集。

1）图像增强：生成对抗网络可以生成具有不同光照、天气和道路条件的合成图像，帮助模型更好地应对各种情况。

2）点云合成：对于激光雷达数据，GAN可以合成各种障碍物、道路标记和地形数据，以增加训练样本的多样性。

3. 自监督学习

自动驾驶系统需要不断地学习和适应不同环境，自监督学习是一种有效的方法。GAN可以用于自监督学习中的目标生成和对比学习。

1）目标生成：通过GAN生成目标物体的虚拟样本，自动驾驶系统可以通过与真实数据进行比较来学习目标检测和跟踪。

2）对比学习：GAN可以生成虚拟轨迹或行驶路线，自动驾驶系统可以通过与真实驾驶数据对比来学习规划和控制策略。

4. 传感器模拟与故障注入

模拟传感器数据对于测试自动驾驶系统的鲁棒性非常重要。GAN 可以生成模拟传感器数据，包括相机、激光雷达和毫米波雷达等。此外，可以使用 GAN 注入传感器故障，以测试系统对异常情况的响应。

1）传感器模拟：生成对抗网络可以生成与真实传感器数据相似的虚拟数据，用于测试感知和决策系统。

2）故障注入：通过在虚拟数据中注入传感器故障，可以评估自动驾驶系统在异常情况下的行为和安全性。

总之，生成对抗网络在自动驾驶领域具有广泛的应用潜力，可以用于虚拟环境仿真、数据增强、自监督学习和传感器模拟等多个方面，有助于加速自动驾驶技术的研发和改进。随着深度学习和 GAN 技术的不断发展，可以期待更多创新的应用出现，为自动驾驶带来更高的性能和安全性。

9.2 生成器与判别器

如 9.1 节所述，GAN 网络生成器（Generator）和判别器（Discriminator）通过竞争的方式共同学习，从而生成具有高质量的假数据。下面详细介绍生成器和判别器。

1. 生成器（Generator）

生成器是一个神经网络，其目标是生成与真实数据分布相近的假数据。生成器通过接收一个随机噪声向量 z，然后通过神经网络模型将其变换为与所需输出维度相同的假数据。生成器的设计基于生成模型的概念，旨在学习从潜在空间到观测数据空间的映射。生成器的目标是学习生成样本的分布，使其能够生成与真实数据样本相似的新样本。为了实现这一点，生成器需要学习数据样本的特征和统计规律，并在训练过程中调整自身的参数以提高生成样本的质量。

生成器的数学表示为 $G(z, \theta)$，其中 G 代表生成器模型，z 是输入的随机噪声向量，θ 是生成器的参数。

2. 判别器（Discriminator）

判别器是另一个神经网络，其目标是区分生成器生成的假数据和真实数据。给定一个输入样本 x，判别器输出一个概率值，表示这个样本是真实数据的概率。判别器的设计基于判别模型的概念，旨在区分真实样本和生成样本之间的差异。通过训练判别器，可以学习真实样本和生成样本之间的特征和模式，以便能够准确地对两者进行区分。

判别器的数学表示为 $D(x, \varepsilon)$，其中 D 代表判别器模型，x 是输入样本（可以是真实数据或生成器生成的数据），ε 是判别器的参数。

以下是 GAN 网络的总体优化目标：

$$\min_G \max_D V(D,G) = E_{x \sim P_{\text{data}}(x)}[\log D(x)] + E_{z \sim p_z(z)}[\log(1-D(G(z)))] \tag{9.1}$$

在这个优化问题中，第一项表示判别器成功区分真实数据的概率，而第二项表示判别器成功区分生成器生成的假数据概率。E 表示期望值，$P_{\text{data}(x)}$ 是真实数据分布，$p_z(z)$ 是随机噪声分布，$D(x)$ 表示判别器的输出结果，$G(z)$ 表示生成器对噪声 z 的生成结果。

训练过程中，生成器和判别器交替更新参数。判别器的目的是尽可能地正确判断生成器数据和真实分布数据的真伪，因此需最大化目标函数；生成器的目的是尽可能地骗过判别器，因此需要最小化目标函数。事实上，生成器对整体优化目标的作用集中在后半段，在训练时只需要最小化 $E_{z \sim p_z(z)}[\log(1-D(G(z)))]$ 部分。这样的训练过程持续进行，直至生成器生成的假数据足够接近真实数据，使判别器无法区分。

总的来说，生成器和判别器在 GAN 中共同作用，通过不断地竞争和调整，使得生成器能够生成更接近真实数据分布的假数据。事实上，在实际应用中，总是希望生成器在模型中发挥出更大的作用。此时，可以利用一些不同的手段去训练判别器。例如 ChatGPT 中采用人工标注员对 GPT 输出的结果进行评分，然后利用传统神经网络训练出高性能的判别器辅助 GPT 训练。

3. 生成器和判别器的最优解

在介绍生成器和判别器的最优解之前，先引入两个重要的概念：KL 散度和 JS 散度。

KL 散度是用来衡量两个概率分布之间的差异性。对于两个离散概率分布 P 和 Q，KL 散度定义如下：

$$\text{KL}(P||Q) = \Sigma P(x) * \log \frac{P(x)}{Q(x)} \tag{9.2}$$

式中，$P(x)$ 和 $Q(x)$ 分别表示 P 和 Q 在某个事件上的概率；KL 散度是一个非负且非对称的度量，即 $\text{KL}(P||Q) \neq \text{KL}(Q||P)$。KL 衡量的是在给定概率分布 P 的情况下，使用概率分布 Q 来表示真实分布 P 所需的额外信息量。KL 散度的值越大，表示两个分布越不相似。

JS 散度是由 KL 散度推导出来的一种对称的度量，它用于衡量两个概率分布之间的相似度。对于两个概率分布 P 和 Q，JS 散度定义为

$$\text{JS}(P,Q) = \frac{1}{2} \times \text{KL}(P||M) + \frac{1}{2} \times \text{KL}(Q||M) \tag{9.3}$$

式中，$M = \frac{1}{2} \times (P+Q)$ 是 P 和 Q 的混合分布。JS 散度可以看作是两个分布的平均相对熵。它的取值范围在 [0，1] 之间，当两个分布完全相等时，JS 散度达到最小值 0；当两个分布完全不相交时，JS 散度达到最大值 1。

给定任意生成器 G 的情况下，对于判别器来说存在最优解，最优解约束为

$$\max_D V(D,G) = E_{x \sim P_{\text{data}}(x)}[\log D(x)] + E_{x \sim P_g(x)}[\log(1-D(x))] \tag{9.4}$$

式中最优解在 $D_G^*(x) = \dfrac{P_{\text{data}}(x)}{P_{\text{data}}(x) + P_g(x)}$ 处取得，这一点很重要，因为在训练中需要先根

据任意生成器不断逼近判别器的最优解，然后通过更新的判别器反过来迭代生成器的优化。因此，还需要证明当且仅当生成器生成数据的分布和真实数据的分布一致时，判别器达到全局最优解。

证明：当且仅当 $P_{\text{data}}(x) = P_g(x)$ 时，才能得到 $\max_D V(D,G)$ 的全局最小解。

假设 $P_{\text{data}}(x) = P_g(x)$，可以得到：

$$V(G, D_G^*) = -\log 2 \int P_g(x) dx - \log 2 \int P_{\text{data}}(x) dx = -\log 4 \tag{9.5}$$

现在需要证明，对于任意的 G，$-\log 4$ 为 $\max_D V(D, G)$ 的全局最小值。将 $D_G^*(x)$ 代入并通过变换，可以得到：

$$\max_D V(D,G) = -\log 4 + \text{KL}\left(P_{\text{data}} \middle\| \frac{P_{\text{data}} + P_g}{2}\right) + \text{KL}\left(P_g \middle\| \frac{P_{\text{data}} + P_g}{2}\right) \tag{9.6}$$

由于 KL 散度的非负性，得到 $\max_D V(D, G)$ 的全局 z 最小值为 $-\log 4$，当 $P_{\text{data}}(x) = P_g(x)$ 时，才能得到 $\max_D V(D, G)$ 的全局最小解。下面证明"仅当"的唯一性，可以发现式（9.6）可用 JS 散度表示：

$$\max_D V(D,G) = -\log 4 + \text{JS}(P_{\text{data}}, P_g) \tag{9.7}$$

当且仅当 $P_{\text{data}} = P_g$，JS$(P_{\text{data}}, P_g) = 0$，证毕。

4. 生成器和判别器的参数训练过程

生成对抗网络的训练过程如下所示：

1）设置一组对抗网络模型：生成器 G，其生成分布为 $P_z(z)$，且判别器 D 是一个分类器，真实数据分布为 P_{data}。

2）在训练循环中，训练判别器 D 来判别输入的样本，并收敛到 $D_G^*(x) = \dfrac{P_{\text{data}}(x)}{P_{\text{data}}(x) + P_z(z)}$。

3）训练生成器 G，判别器 D 引导 $G(z)$ 生成更真实的数据。

4）训练若干步后，生成分布 $P_z(z)$ 收敛到 P_{data}。判别器 D 无法区分真实数据分布和生成分布，即 $D(x) = 1/2$。

训练过程的伪代码如下所示：

输入：噪声样本集 z，训练样本集 x，学习率 α，批次大小 m。

输出：判别器参数 θ_D，生成器参数 θ_G。

for epoch do
 for k do
  从真实数据分布 P_{data} 采样一批 m 个真实样本 $\{x_1, x_2, \cdots, x_m\}$。
  从噪声数据分布 P_z 采样一批 m 个噪声数据 $\{z_1, z_2, \cdots, z_m\}$。
  通过随机梯度法更新判别器：

$$\theta_D \leftarrow \theta_D + \alpha \nabla_{\theta_D} \frac{1}{m} \sum_{i=1}^{m} (\log D(x^{(i)}) + \log(1 - D(G(z^{(i)}))))$$

 end for
 从噪声数据分布 P_z 采样一批 m 个噪声数据 $\{z_1, z_2, \cdots, z_m\}$。

通过随机梯度法更新生成器：

$$\theta_G \leftarrow \theta_G + \alpha \nabla_{\theta_g} \frac{1}{m} \sum_{i=1}^{m} \log(1-D(G(z^{(i)})))$$

end for

9.3 生成对抗网络的主要分支

生成对抗网络（GAN）是一种非常强大和灵活的机器学习框架，已经发展出多个主要的分支。本节介绍几个重要的 GAN 分支。

9.3.1 基本生成对抗网络（Vanilla GAN）

基本生成对抗网络是 GAN 的最基本形式，由生成器和判别器组成。生成器通过随机噪声生成样本，判别器尝试区分生成的样本和真实样本。生成器和判别器通过对抗性训练相互学习和提高，以达到生成更逼真样本的目标。

最简单的基本生成网络的生成器和判别器由全连接网络组成，例如 *Generative Adversarial Nets* 文中提到的手写数字生成模型。实验采用 MNIST 数据集作为真实数据分布。该数据集包含大量的 28×28 的灰度数字图像。可以设计多层全连接网络作为生成器。生成器的输入为 100×1 的随机噪声，通过神经网络的作用输出 784×1 的向量。该向量经过裁剪拼接后输出为图片的格式。判别器通过将 28×28 的图像数据展开成 784×1 的向量作为输入，通过多层全连接层后输出一个 [0，1] 之间的数。这个数越接近 1，说明判别器认为输入是 MNIST 数据集的真实图片；反之，判别器认为输入是生成器生成的虚假数据。经过多轮迭代后，生成器输出结果和真实数据如图 9.2 所示，最右列为生成器生成数据。

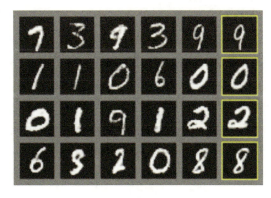

图 9.2　MNIST 数据集和 GAN 输出结果

9.3.2 条件生成对抗网络（Conditional GAN）

传统的 GAN 网络生成的图像是随机的，不可预测的，无法控制网络输出特定的图片，生成目标不明确，可控性不强。针对传统 GAN 不能生成具有特定属性的图片的问题，Mehdi Mirza 等人提出了条件生成对抗网络。条件生成对抗网络（CGAN）扩展了基本 GAN 的概念，使生成器和判别器能够处理条件信息，如图 9.3 所示。在 CGAN 中，生成器和判别器接收额外的条件信息，如标签或类别，以生成和判别特定条件下的样本。这使得生成器能够生成满足特定条件的样本，例如给定类别的图像生成。

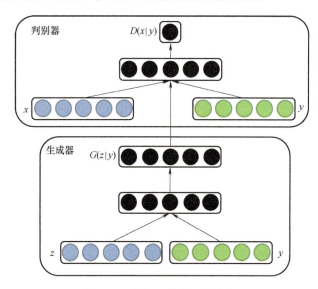

图 9.3　CGAN 的输入与输出

CGAN 相对于传统 GAN 在模型结构上并没有变化，只是在生成器 G 和判别器 D 的输入数据上做了修改。这种修改使得条件生成对抗网络成为一种通用策略，可以嵌入到其他生成对抗网络中，如图 9.3 所示。同理，CGAN 的损失函数与传统 GAN 的损失函数不同之处也体现在数据的输入上，如下所示：

$$\min_G \max_D V(D,G) = E_{x \sim P_{\text{data}}(x)}[\log D(x|y)] + E_{z \sim p_z(z)}[\log(1-D(G(z|y)))] \tag{9.8}$$

在传统 GAN 的基础上，添加了 y 作为标签数据。这样一来，判别器不但需要判断输入数据的真假情况，同时还需要判断输入数据和标签的匹配程度。

具体结构变化如图 9.4 所示。

对于 G 而言，y 和 z 通常是以拼接向量的形式一起输入到生成器网络中，生成虚假图片。而对于 D 而言，它可以选择将 x 和 y 的拼接向量一起作为输入，得到图片真假以及匹配度的判断结果；它也可以选择首先判断图片真假，然后对于它认为的真实图片而言，进一步判断其和标签的匹配度情况。

第 9 章 生成对抗网络及驾驶场景数据生成实践

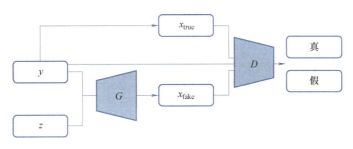

图 9.4　CGAN 结构图

9.3.3　卷积生成对抗网络（Deep Convolution GAN）

DCGAN 即使用卷积网络的对抗网络，其原理和 GAN 一样，只是把 CNN 卷积技术用于 GAN 模式的网络里，生成器 G 在生成数据时，使用反卷积的重构技术来重构原始图片。判别器 D 用卷积技术来识别图片特征，进而做出判别。同时，DCGAN 中的卷积神经网络也做了一些结构的改变，以提高样本的质量和收敛速度。

如图 9.5 所示，生成器通过多次上采样将 100×1 的随机噪声输出（100z）为 64×64×3 的图像，再输入到判别器中进行判断。判别器为传统卷积神经二分类网络。

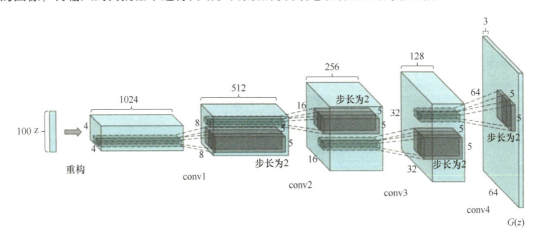

图 9.5　DCGAN 的生成器结构

值得注意的是，DCGAN 通过上采样将随机噪声输出为图像的形式。上采样在第 4 章中已介绍过，通俗来讲，上采样将低分辨率数据转化成高分辨率数据，如图 9.6 所示。上采样最常见的方式有最近邻插值和双线性插值等，卷积层的上采样还需要用到反卷积。反卷积也是通过卷积核来实现的，例如现在拥有一个卷积核，如图 9.7 所示。通过对卷积核进行拉伸和填充操作，能够得到卷积矩阵，如图 9.8 所示。

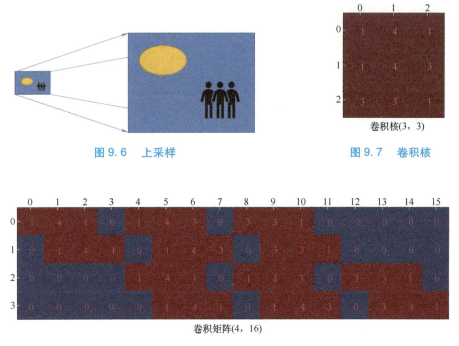

图 9.6　上采样　　　　　　　　　图 9.7　卷积核

图 9.8　卷积矩阵

接下来，通过转置卷积矩阵和输入矩阵拉伸向量相乘的方式可以得到反卷积之后的输出拉伸矩阵。最后，将输出矩阵重构成 4×4 的形式，就得到了利用反卷积进行上采样的结果，如图 9.9 所示。

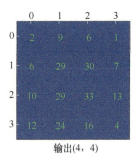

图 9.9　反卷积输出结果

9.3.4　增强生成对抗网络（Adversarial Autoencoder，AAE）

增强生成对抗网络结合了自编码器（Autoencoder）和 GAN 的思想。AAE 借鉴了编码器-解码器结构，使用自编码器作为生成器，通过编码和解码的过程来生成样本，如图 9.10 所示。判别器仍然负责区分生成样本和真实样本，只不过判别器的作用从尽可能地识别生成器的真伪变成了尽可能地帮助编码器输出的编码接近预设的随机分布 $P(z)$。这样一来，就可

以根据随机分布 $P(z)$ 输出大量的编码 z，使得解码器得到高质量输出。AAE 提供了一种训练生成模型的替代方法，可以更好地控制生成样本的质量和多样性。

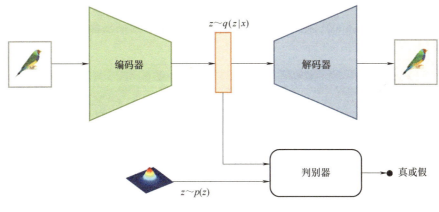

图 9.10　AAE 结构

AAE 的训练过程集中在以下两步。

1）自编码器的重构图像，使解码器能够从编码器生成的编码数据恢复出原始图像内容。在这个阶段，编码器和生成器被训练来最小化重构误差。编码器将原始数据映射到潜在空间中，生成器将潜在表示映射回原始数据空间。通过最小化重构误差，编码器和生成器可以学习数据的有效表示和重构能力。

2）生成器和判别器的对抗学习。这里首先训练判别器 D 来区分输入的编码向量 z 来自生成分布 $q(z)$ 还是真实分布 $p(z)$，然后训练生成器（编码器）生成更加接近 $p(z)$ 的 $q(z)$ 来欺骗判别器 D。在这个阶段，判别器被训练来区分真实样本和生成样本。生成器生成的样本被标记为生成样本，而真实样本被标记为真实样本。判别器通过最小化分类误差来学习准确区分真实和生成样本的能力。

AAE 的训练过程是通过交替训练编码器、生成器和判别器来实现的。通过这种迭代训练，编码器可以学习到更好的潜在表示，生成器可以生成更逼真的数据样本，而判别器可以更准确地区分真实和生成样本。

9.4　生成扩散模型（Diffusion Model）

生成式模型本质上是一组概率分布获取和重构的过程，需要通过神经网络将真实分布 P_data 映射到一种已知的概率分布中，然后在概率分布中采集新的样本，通过反向重构过程可以获得源源不断的新数据。但是往往 P_data 的形式是非常复杂的，而且难以拟合。生成扩散模型（Diffusion Model）是一种用于生成数据样本的概率生成模型。它的核心思想是通过前向过程逐步扩散噪声来生成数据样本，从而将任意分布，当然也包括感兴趣的 P_data

变成一个纯噪声分布 $N(0, I)$，然后通过反向过程和随机噪声生成需要的数据。

下面是生成扩散模型的详细介绍。

1. 前向过程

前向过程就是对原始图片不断加高斯噪声最后生成纯噪声的过程，如图 9.11 所示。

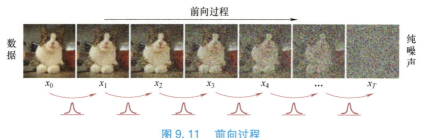

图 9.11　前向过程

由 x_{t-1} 到 x_t 的过程可以表示为

$$x_t = \sqrt{\alpha_t} x_{t-1} + (1 - \sqrt{\alpha_t}) \epsilon_{t-1} \tag{9.9}$$

式中，α_t 是一个很小值的超参数，$\epsilon_{t-1} \sim N(0, 1)$ 是高斯噪声。由式（9.9）推导，最终可以得到 x_0 到 x_t 的公式，表示如下：

$$x_t = \sqrt{\overline{\alpha_t}} x_0 + (1 - \sqrt{\overline{\alpha_t}}) \epsilon \tag{9.10}$$

式中，$\overline{\alpha_t} = \prod_{i=1}^{t} \alpha_i$，$\epsilon \sim N(0, 1)$ 也是一个高斯噪声。有了式（9.10），便可以由输入图片直接生成随机噪声。

2. 反向过程

前向过程是将原始图片变成随机噪声，而反向过程就是通过预测噪声，将随机噪声逐步还原为原始图片的过程。由 x_t 到 x_{t-1} 的过程可以表示为

$$x_{t-1} = \frac{1}{\sqrt{\alpha_t}} \left(x_t - \frac{1 - \alpha_t}{\sqrt{1 - \overline{\alpha_t}}} \epsilon_\theta(x_t, t) \right) + \sigma_t z \tag{9.11}$$

式中，ϵ_θ 是噪声估计函数，用于估计真实噪声 ϵ；θ 是模型训练的参数；$z \sim N(0, 1)$；$\sigma_t z$ 表示的是预测噪声和真实噪声的误差。生成扩散模型的关键就是训练噪声估计模型 $\epsilon_\theta(x_t, t)$，用于估计真实的噪声 ϵ。

3. 训练过程

前面提到生成扩散模型的关键是训练噪声估计模型 $\epsilon_\theta(x_t, t)$，用于估计真实的噪声 ϵ，那么损失函数可以使用 MSE 误差，表示如下：

$$\text{Loss} = \| \epsilon - \epsilon_\theta(x_t, t) \|^2 = \| \epsilon - \epsilon_\theta(\sqrt{\overline{\alpha_t}} x_0 + (1 - \sqrt{\overline{\alpha_t}}) \epsilon, t) \|^2 \tag{9.12}$$

整个训练过程如图 9.12 所示。

总体来讲，生成扩散模型是一种使用逐步扩散噪声来生成数据样本的概率生成模型。它通过迭代更新当前样本，逐渐逼近目标分布。在每个前向过程中，当前样本会受到随机噪声扰动，并通过反向网络进行更新。通过多次前向-反向步骤，生成扩散模型能够学习目标分布的特征，并通过随机噪声生成高质量的数据样本。

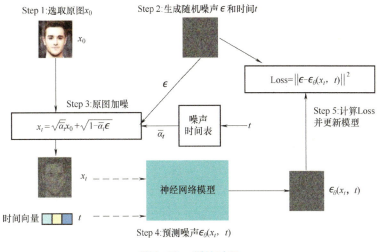

图9.12 训练过程

9.5 实践项目：基于生成对抗网络的城市驾驶场景数据生成

生成对抗网络在自动驾驶中的应用目前主要是通过生成大量自动驾驶场景数据，为目标检测、语义分割等网络提供多样性的数据集，从而提高自动驾驶车辆感知的精度。本项目基于自动驾驶城市场景模拟（Semantic Segmentation for Self Driving Cars）数据集实现，数据集名称为SSSDCars.zip。该数据集包含不同光照条件下的城市道路和乡村道路图像等。

微信扫一扫，即可获取项目数据集及代码

本项目配套有视频讲解，可用微信扫一扫课程空间码获取。本项目使用DCGAN完成。DCGAN是深层卷积网络与GAN的结合，其基本原理与GAN相同，只是将生成网络和判别网络用两个卷积网络（CNN）替代。为了提高生成样本的质量和网络的收敛速度，本项目的DCGAN在GAN的网络结构上进行了一些改进。

1）取消pooling层：在网络中，所有的pooling层使用步幅卷积（strided convolutions，判别器）和微步幅度卷积（fractional-strided convolutions，生成器）进行替换。

2）加入batch normalization：在生成器和判别器中均加入BatchNorm。

3）使用全卷积网络：去掉了FC层，以实现更深的网络结构。

4）激活函数：在生成器G中，最后一层使用Tanh函数，其余层采用ReLU函数；判别器D中都采用LeakyReLU。

生成器的结构如图9.5所示，由多个卷积层和激活函数构成。

判别器是一个二进制分类网络，它以图像作为输入，输出图像是真实（对应G生成的假样本）的概率。输入Shape为［3，64，64］的RGB图像，通过一系列的Conv2d、Batch-

Norm2d 和 LeakyReLU 层对其进行处理，然后通过全连接层输出的神经元个数为 2，对应两个标签的预测概率。

首先参照 9.2 节内容定义生成器和判别器。

然后需要定义损失函数，选用 BCELoss，如下所示：

loss = paddle.nn.BCELoss（）

之后需要开始训练模型，设置的超参数为：

学习率：0.0002

输入图片长和宽：64

Epoch：60

Mini-Batch：256

输入 Tensor 长度：100

Adam：Beta1：0.5，Beta2：0.999

训练过程中的每一次迭代，生成器和判别器分别设置自己的迭代次数。为了避免判别器快速收敛到 0，本项目默认每迭代一次，训练一次判别器、两次生成器。

对比真实图片和训练结果如图 9.13 和图 9.14 所示。

图 9.13　真实数据集

Epoch ID=60 Batch ID=0

D-Loss=0.23825931549072266 G-Loss=5.186214447021484

图 9.14　训练结果

最后通过下述代码即可调用刚刚训练好的生成器。

```
#禁用静态图模式
try:
    #创建生成器模型
    #加载生成器的参数
    state_dict = paddle.load("work/generator.params")
    generate.set_state_dict(state_dict)
    #生成随机噪声张量
    noise = paddle.randn([100, 100, 1, 1], 'float32')
    #使用生成器生成图像
    generated_image = generate(noise).numpy()
    #遍历生成的图像
    for j in range(10):
        #转置图像
        image = generated_image[j].transpose()
        #创建一个图像显示窗口
        plt.figure(figsize=(4, 4))
        #显示图像
        plt.imshow(image)
        plt.axis('off')
        plt.xticks([])
        plt.yticks([])
        plt.subplots_adjust(wspace=0.1, hspace=0.1)
```

输出10张图像，其中两张如图9.15所示。

图9.15　输出结果

1. 什么是生成对抗网络（GAN）？解释 GAN 的基本结构和工作原理，以及 GAN 在自动驾驶中的潜在应用。

2. 在自动驾驶中，GAN 可以用于哪些任务？

3. GAN 在训练和生成图像时可能会面临模式崩溃或生成不稳定的问题。讨论在自动驾驶领域如何解决这些问题，以确保生成的数据能够反映真实世界的多样性。

第10章

强化学习理论及自动驾驶应用实践

强化学习是机器学习领域中一种独特且备受关注的学习范式。与其他机器学习方法不同的是，强化学习旨在通过智能体与环境的交互来实现智能决策的学习与优化。强化学习的特点之一是无须大量标记好的训练数据，而是通过智能体不断尝试与环境交互，并通过观察环境的反馈来学习最优的行为策略。这种试错的学习方式使得强化学习在面对复杂、多变的环境问题时具备良好的适应性和泛化能力。

在自动驾驶领域，强化学习具有巨大的应用潜力。强化学习可以使得自动驾驶系统从复杂的交通环境反馈中学习，逐渐优化驾驶策略，并最终实现更精准、可靠的驾驶决策、规划及控制。当然，面对自动驾驶中的多目标的不确定性和随机性，需要深入研究和优化现有强化学习算法，并结合实际驾驶场景中的特定需求和约束进行系统设计。

10.1 强化学习概述

10.1.1 强化学习简介

强化学习（Reinforcement Learning，RL）又称再励学习、评价学习或增强学习等，是机器学习的范式和方法论之一，用于解决智能体（Agent）在与环境（Environment）的交互过程中通过学习策略以达成奖励最大化或实现特定目标的问题。图 10.1 所示为强化学习与机器学习关系示意图。

强化学习属于机器学习算法的一种，不同于监督学习（Supervised Learning）让系统在训练集上按照每个样本所对应的标签推断出合理的反馈机制，也不同于无监督学习（Unsupervised Learning）从没有标签的数据集中发掘隐藏结构，强化学习的基本思想为通过与环境的交互自动更新算法参数来完成自我学习，其关键在于试错，在和环境交互的过程中需要环境不断地反馈奖励来引导强化学习算法朝着累积奖励最大化的方向优化更新动作策略。

强化学习的主要学习方式是通过智能体（Agent）与环境（Environment）交互完成的，其交互步骤示意如图 10.2 所示。假设智能

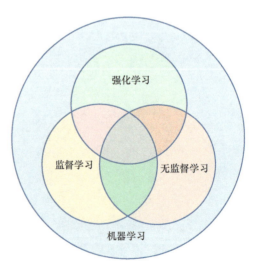

图 10.1　强化学习与机器学习关系图

体在某个时刻状态（State）为 S_t，根据当前状态和动作策略函数，智能体将决策出某个动作（Action）A_t。随后，智能体做出的动作会对环境产生影响，引导智能体到达下一时刻的状态，环境将反馈给智能体下一时刻的状态 S_{t+1} 和奖励值（Reward）R_{t+1}。根据自身做出的动

作，环境反馈的奖励以及状态，智能体可以用自动更新策略参数以及评价函数，并依据更新后的参数选择出下一时刻动作，直到回合结束。

强化学习模型的目标是在整个回合内获取最大化的奖励回报，决策动作的标准也是尽可能选择回报更优的动作。通过这样的方式，强化学习模型就能够在与环境互动中采取试错、更新参数、继续试错的方法来提升自己的决策表现，以寻找对预期任务而言最优的动作序列。

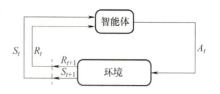

图 10.2　强化学习与环境交互示意图

10.1.2　强化学习分类

强化学习的分类方式有很多种，可以按照模型分类，也可以按照学习目标分类，还可以按照处理问题连续性分类等。

强化学习按照模型是否已知可以分为有模型（model-based）强化学习和无模型（model-free）强化学习两种类型。对于一个强化学习任务，可以利用马尔可夫决策过程对其进行定义，并且可以表示为一个四元组 $<S, A, P, R>$，也就是状态集合、动作集合、状态转移函数以及奖励函数。如果这个四元组中所有元素均已知，并且状态集合和动作集合在有限步数内是有限集，则可以对真实环境进行建模，然后通过学习状态转移函数来构建一个虚拟的环境，用来模拟真实环境的状态和交互反应。换句话讲就是，对于任意状态 x 和动作 a，在 x 状态下执行动作 a 转移至状态 x' 的概率 P 都是已知的，并且该动作以及状态转移所带来的奖励 R 也是已知的。但是，在实际问题中，并不能轻易地知晓马尔可夫决策过程中所有的元素。通常情况下，状态转移函数和奖励函数是很难估计的，甚至于环境中的状态都有可能是未知的，此时就没办法再采用 model-based 模型来进行学习，而是用 model-free 模型学习。model-free 学习不需要对真实环境进行建模，智能体 agent 在真实环境中通过一定的策略来执行动作，等待环境反馈奖励和状态转移，然后根据这些环境反馈的信息来更新策略，通过反复迭代这个过程直到学习到一个最优策略。总体来讲，这二者之间的区别在于是否对真实环境进行建模，相较而言，无模型强化学习通常属于数据驱动型方法，需要大量的采样来估计状态、动作及奖励函数，从而优化动作策略；而有模型强化学习由于虚拟环境知道所有的状态转移函数，因此可以在一定程度上缓解训练数据匮乏的问题。

无模型学习的泛化性要优于有模型学习，原因是有模型学习需要对真实环境进行建模，并且虚拟世界与真实环境之间可能还有差异，这限制了有模型学习算法的泛化性。在实际应用中，如果不清楚应该选用有模型强化学习还是无模型强化学习，可以先明确在智能体执行动作前，是否能对下一步的状态和奖励进行预测，如果可以，就能够对环境进行建模，从而采用有模型学习。

强化学习按照学习目标不同可以分为基于价值（value-based）的强化学习和基于策略（policy-based）的强化学习。基于价值的方法输出是所有动作的价值，会根据最高价值来选择动作，这一类方法（agent）显式地学习了价值函数，隐式地学习了策略，它的策略实际上是从学到的价值函数里面推算得来的。基于价值的方法中，agent 不需要制定显式的策略，只需要维护一个价值表格或者价值函数，并且通过这个价值表格或者价值函数来选取价值最大的动作。

一般来讲，基于价值的方法只能应用在不连续的、离散的环境之中，例如围棋或者某些游戏。对于行为集合规模较为庞大、动作连续的环境，例如机器人控制、自动驾驶等领域，基于价值的方法很难学习到良好的结果，此时基于策略的方法就能够很好地完成此类任务。基于策略的方法能通过分析所处的环境，直接输出下一步要采取的各种动作的概率，然后根据概率采取行动，所以每种动作都有可能被选中，只是概率大小不一。这一类方法不用学习维护价值表格或价值函数，而是直接学习策略（policy），这个 policy 可以通过状态输出动作的概率。

在基于策略的方法中，agent 会指定一套动作策略，这套策略可以确定在给定状态下采取可能性最大的动作，并且根据这个策略选择动作。基于策略的强化学习算法直接对策略进行优化，使得最终指定的策略能够获得最大的奖励。二者相比，基于价值的方法其决策更为确定，毫不留情，只选择价值最高的动作，而基于策略的方法则会考虑到所有动作，即使某个动作的概率最高也不一定会选择这个动作，这就使得整个模型具有更长远的效益，不会短视地直接忽视一个动作对后续的影响。而对于连续动作或者动作集合规模较为庞大，基于价值的方法没法构建并维护一个如此庞大的价值表格，因此只能使用基于策略的方法，也就是用一个概率分布来在连续动作中选取特定的动作。

常见的基于价值的强化学习方法有 *Q*-learning、SARSA、DQN（Deep-Q-Network）等，常见的基于策略的强化学习方法有 Policy Gradient、PPO 等。也有将 value-based 和 policy-based 二者结合起来的算法，也就是 actor-critic 算法，这一类算法把价值函数和策略函数都进行了学习，然后通过二者之间的交互获得一个最佳的动作。agent 会根据策略给出一个动作，然后通过价值函数对这个给出的动作进行评估价值，这样可以在原有的单一算法基础上加速学习的过程，取得更好的效果。

10.1.3　强化学习在自动驾驶中的应用概述

随着人工智能技术的不断发展，自动驾驶技术也逐渐成熟，强化学习作为一种机器学习方法，在自动驾驶领域获得了广泛的应用，包括驾驶决策、路径规划、轨迹跟踪控制、智能预测等多个方面。

1. 驾驶决策

自动驾驶车辆在行驶过程中需要不断根据环境信息实时做出各种决策，以便能够在复杂的交通环境中根据环境信息做出各种高效、安全的驾驶决策。强化学习可以根据自身特点帮助自动驾驶系统不断与环境进行交互来学习最佳的决策策略。如基于模型的强化学习算法可以使用建立好的交通流模型来学习最佳决策策略，智能体可以通过在模拟环境中不断训练、试验来收集数据，通过不断迭代来学习最佳的驾驶决策策略；而基于值函数的强化学习方法则可以通过学习一个价值函数来指导驾驶系统做出决策，这种强化学习方法可以将自动驾驶系统的决策问题转化为一个值函数的优化问题，通过不断学习迭代找到最优的值函数来指导驾驶系统做出决策判断；通过基于策略的强化学习方法则可以学习策略函数，输出自动驾驶系统面对当前环境可能做出的决策概率分布，自动驾驶系统可以根据这个概率分布来选择最优的决策。

2. 路径规划

路径规划决定了自动驾驶车辆的行驶路线，对车辆能否安全并高效地完成驾驶任务至关重要，强化学习可以通过不断学习试错来帮助自动驾驶系统优化路径规划的策略，以便适应不同的交通环境以及驾驶场景。利用强化学习进行路径规划可以同时考虑多个方面，这可以直接体现在奖励函数的设计上面，例如若要考虑安全性，则可以在奖励函数中加入碰撞惩罚项，若要考虑效率性，则可以在奖励函数中加入时间惩罚项，若要考虑舒适性，则可以在奖励函数中加入加速度惩罚项等，通过合理设计强化学习的奖励函数，可以在一个模型中同时考虑多种因素，一个模型就可以学习到一个安全、高效、舒适的路径规划方法。

3. 轨迹跟踪控制

轨迹跟踪控制是无人驾驶的基础，在复杂的交通环境下控制算法的智能化已经逐渐成为发展的趋势，目前强化学习在轨迹跟踪控制领域已经有了较大的突破，并且在实车上也有了一定的效果。但是一方面从强化学习角度出发，算法并未结合轨迹跟踪控制中的具体问题，不能够高效训练快速实现效果；另一方面从传统控制角度出发，使用强化学习方案过于保守，对于参数的学习不能从根本上提升算法的性能，理论上不会与人工调参差距过大。如何能够以合适的方式将强化学习与传统控制算法结合起来也是一个比较重要的研究方向。因此强化学习在轨迹跟踪控制领域的应用也多种多样，例如有基于 TD3 等强化学习方法直接输出控制转角进行差速小车的轨迹跟踪控制，也有基于 SAC 等方法学习 PID 控制参数，再将这些最优控制参数放入 PID 控制器中进行轨迹跟踪控制，还有将强化学习方法与李雅普诺夫稳定性理论互相结合形成的全新控制方法。

4. 智能预测

强化学习还可以应用于自动驾驶系统的智能预测中，例如将其用于预测其他车辆的驾驶行为，通过建模并学习交通场景中的各种车辆的驾驶行为来达到预测其他车辆可能的行为并将其应用到实时决策中；也可以利用强化学习分析历史数据以及传感器或者车联网中的实时信息来学习预测交通流量，以便能够在路径规划等应用中实时进行动态调整和更新；还可以通过学习分析历史路况数据以及当前传感器感知到的路况来预测未来路况的变化趋势，帮助自动驾驶系统进行更合理的决策规划以及路径跟踪控制。

总而言之，强化学习在自动驾驶领域具有广泛的应用潜力。通过在自动驾驶决策、路径规划、路径跟踪控制以及智能预测等方面的应用，强化学习可以提高自动驾驶车辆的安全性、效率和智能化水平。然而，强化学习在自动驾驶领域的应用仍面临一些挑战，包括数据收集、环境建模和安全性等方面的问题。未来随着技术的不断进步和研究的深入，强化学习在自动驾驶领域的应用将会得到进一步的拓展和完善。

10.2 强化学习基础理论

10.2.1 马尔可夫决策过程

在强化学习的训练过程中，状态S_t下智能体输出动作A_t至环境中，环境反馈状态S_{t+1}，同时智能体获得奖励R_t。这个训练过程主要通过马尔可夫决策过程来实现，马尔可夫决策过程是经典的序贯决策数学模型，它在马尔可夫链的基础上引入了动作和值函数，且具有基本的马尔可夫性质。

马尔可夫性质的主要内容是，当一个随机过程给定当前状态和过去所有的状态序列情况下，下一刻的状态仅依赖于当前状态，也就是说，当前状态与过去状态序列是互相独立的。在此基础上发展出了马尔可夫链，马尔可夫链创建了状态空间，可完成从一个状态到另一个状态的转换，且每一步仅根据当前状态的概率分布完成，而与之前的状态序列无关，图10.3所示为强化学习马尔可夫决策过程示意图。

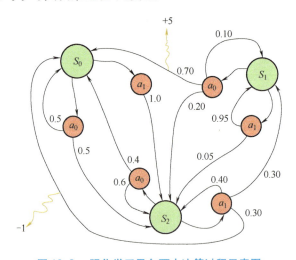

图 10.3　强化学习马尔可夫决策过程示意图

马尔可夫链每一步动作仅能够根据概率完成，无法了解哪一步动作更优。因此在马尔可夫链的基础上，引入了动作空间和奖励函数，发展出了马尔可夫决策过程。马尔可夫决策过程可以用一条轨迹序列表示：

$$\{S_0, A_0, R_1, S_1, A_1, R_2, \cdots, S_t, A_t, R_{t+1}\} \tag{10.1}$$

式中，S_t表示在t时刻的智能体获取的环境状态；A_t表示在t时刻智能体做出的动作；R_{t+1}表示在智能体做出动作后，$t+1$时刻环境反馈给智能体的奖励；这个轨迹序列完整地表示了强化学习探索学习的过程。

由于马尔可夫决策过程依然具有马尔可夫模型性质，因此某个时刻给定任意状态 $s \in S$ 和动作 $a \in A$ 时，都无法确定下一个时刻的状态和奖励，而是会以某个概率发生状态转移，概率方程见式（10.2）。

$$p(s',r|s,a) = P_r(S_t = s', R_t = r | S_{t-1} = s, A_{t-1} = a) \tag{10.2}$$

式中，$p(s', r | s, a)$ 表示在状态为 s，动作为 a 的条件下，下一个状态为 s'，奖励函数为 r 的概率值；$P_r(S_t = s', R_t = r | S_{t-1} = s, A_{t-1} = a)$ 表示在具体时刻 $t-1$ 时状态转移的概率，此概率除了受当前状态 S_{t-1} 和动作 A_{t-1} 影响外，也会受到当时时刻的环境条件影响。

可以发现，下一时刻所有可能获取的状态和奖励概率和为 1。

$$\sum_{s' \in S} \sum_{r \in R} p(s',r|s,a) = 1 \tag{10.3}$$

10.2.2 强化学习算法原理

为了评价智能体在探索过程中某个动作或某个状态的好坏，将马尔可夫过程引入状态价值函数和动作价值函数。

$$v_\pi(s) = E_\pi[G_t | S_t = s] \tag{10.4}$$

$$q_\pi(s) = E_\pi[G_t | S_t = s, A_t = a] \tag{10.5}$$

式中，$v_\pi(s)$ 表示在动作策略为 π 的条件下，状态 S_t 为 s 时的价值函数，可以用来评判在该时刻状态为 s 的好坏程度；$q_\pi(s)$ 表示在动作策略为 π 的条件下，状态 S_t 为 s，动作 A_t 为 a 时的价值函数，可以用来评判在该时刻状态为 s 的条件下，动作 a 的好坏程度。

用 G_t 表示未来的期望回报，其具体计算公式见式（10.6）。

$$G_t = R_{t+1} + \gamma R_{t+2} + \gamma^2 R_{t+3} + \cdots + \gamma^{T-1} R_T = \sum_{k=0}^{\infty} \gamma^k R_{t+k+1} \tag{10.6}$$

式中，γ 是值小于 1 的折扣因子，目的是为了消除未来奖励回报的影响，进而更加关注当前时刻的奖励回报。

可以看出，在评价状态和动作好坏时，引入的期望回报是整个回合的奖励之和，因此强化学习做出动作的行为不仅只在意当前回报，还能够考虑到这个动作对之后时间序列的影响。

对状态价值函数 $v_\pi(s)$ 以及动作价值函数 $q_\pi(s)$ 进行定义后，可对每个状态和动作进行评估，以分析动作选择和即将到达状态的好坏程度，并可以以此为依据评判动作策略 π 的好坏。若在所有状态 $s \in S$ 中，都有状态价值函数 $v_\pi(s) > v_{\pi'}(s)$，则认为动作策略 π 要比 π' 更好，即 $\pi > \pi'$。通过这种评价方法，就可以根据价值函数来更新动作策略参数，并找到一个最优的策略，该最优策略用 π_* 表示。由以上定义可知，最优策略 π_* 的状态价值函数和动作价值函数总要比其他的策略更好，最优状态价值函数和最优动作价值函数定义见式（10.7）和式（10.8）。

$$v_*(s) = \max_{\pi} v_{\pi}(s) \qquad (10.7)$$

$$q_*(s,a) = \max_{\pi} q_{\pi}(s,a) \qquad (10.8)$$

由上可知，强化学习的大致学习过程为：强化学习模型在 S_t 状态时，基于动作策略 π 选取动作 A_t，执行动作后与环境交互，环境反馈给模型奖励值 R_{t+1} 以及下一时刻状态 S_{t+1}。在不断的训练过程中，强化学习模块根据获取的奖励值 r 更新状态价值函数 $v_{\pi}(s)$ 以及动作价值函数 $q_{\pi}(s)$，并根据价值函数调整动作策略。强化学习训练的目标是获得最优策略 π_*。

基于上述马尔可夫决策过程，智能体需要在环境中找到最优策略。其具体实现需要依靠上述马尔可夫链中奖励函数计算得到的实时奖励 R_t，该函数根据实际实验效果进行设计，反映了在当前状态下不同动作的好坏程度。为了将实时奖励与状态价值函数联系，引入贝尔曼方程（Bellman Equation）作为状态价值具体计算。

$$v_{\pi}(s_t) = E_{\pi}[r_{t+1} + \gamma v(s_{t+1}) | S = s_t] \qquad (10.9)$$

式中，γ 为折扣系数，同期望回报中折扣因子一样。

式（10.9）是贝尔曼方程的基本形式，在强化学习实际应用中因为两个状态转移间的动作可以观测确定，因此可以加入动作价值函数代替期望，得到动作价值函数与状态价值函数间的关系：

$$v_{\pi}(s_t) = \sum_{a \in A} \pi(a_t|s_t) q_{\pi}(s_t, a_t) \qquad (10.10)$$

式中，$q_{\pi}(s_t, a_t)$ 为动作价值函数，其具体的计算公式见式（10.11）。

$$q_{\pi}(s_t, a_t) = r_{s_t}^{a_t} + \gamma \sum_{s_{t+1} \in S} P_{ss_{t+1}}^{a_t} v_{\pi}(S_{t+1}) \qquad (10.11)$$

式中，$r_{s_t}^{a_t}$ 表示在状态 s_t 下采取动作 a_t 所获得的奖励；$P_{ss_{t+1}}^{a_t}$ 表示采取动作 a_t 状态从 s 到状态 s_{t+1} 的概率。

强化学习获取最优策略的方法主要分为两种，一种是基于 Q 表的算法，一种是策略梯度下降算法。基于 Q 表的算法主要思想是将每个状态计算出动作价值函数，并选取值最大的动作，动作选择方程见式（10.12）。

$$a = \mathrm{argmax}_a Q(s,a) \qquad (10.12)$$

比较常用的基于 Q 表的算法有 Q-learning、Sarsa 以及 DQN 算法。但由于此类方法的动作将根据最大动作价值函数选取，在动作离散的场景时可以取得较好的效果，但在连续动作，即动作选择无穷大的情况下无法顺利训练。

策略梯度下降算法的基本思想是设定对决策有利的代价函数，并通过梯度下降的方法更新策略的内置参数，从而最小化或最大化代价函数。与基于 Q 表的算法不同，策略梯度下降算法将动作策略 π 用参数进行定义，并通过更新参数来调整动作选取的概率。图 10.4 所示为梯度下降法的基本示意图。

在策略梯度下降算法中，使用 $\boldsymbol{\theta}$ 作为动作策略的参数向量，动作策略方程为

$$\pi(a|s, \boldsymbol{\theta}) = P_r\{A_t = a | S_t = s, \boldsymbol{\theta}_t = \boldsymbol{\theta}\} \qquad (10.13)$$

式中，$P_r\{A_t = a | S_t = s, \boldsymbol{\theta}_t = \boldsymbol{\theta}\}$ 表示在 t 时刻，状态 S_t 为 s，参数向量 $\boldsymbol{\theta}_t$ 为 $\boldsymbol{\theta}$ 时，该模型选取

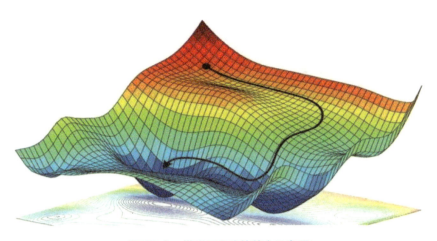

图 10.4　梯度下降法的基本示意图

动作 A_t 为 a 的概率。

基于上述动作策略，可定义预期优化的目标函数 $J(\boldsymbol{\theta})$。

$$J(\boldsymbol{\theta}) = v_{\pi_\theta}(s_0) \tag{10.14}$$

可以看出，目标函数即为动作策略的参数向量为 θ 时的状态价值函数，而强化学习的目标就是最大化该目标函数 $J(\boldsymbol{\theta})$。优化的方法是利用梯度下降法更新参数向量 θ，更新方程如下：

$$\boldsymbol{\theta}_{t+1} = \boldsymbol{\theta}_t + \alpha \nabla J(\boldsymbol{\theta}_t) \tag{10.15}$$

式中，$\boldsymbol{\theta}_t$ 和 $\boldsymbol{\theta}_{t+1}$ 分别表示更新前和更新后的动作策略参数向量；α 表示学习率，值小于 1；$\nabla J(\boldsymbol{\theta}_t)$ 表示目标函数对 $\boldsymbol{\theta}_t$ 的微分，具体方程见式（10.16）。

$$\nabla J(\boldsymbol{\theta}_t) = \nabla v_\pi(s_0) \propto \sum_s \mu(s) \sum_a q_\pi(s,a) \nabla \pi(a|s) \tag{10.16}$$

式中，$\nabla v_\pi(s_0)$ 表示 $v_\pi(s_0)$ 对 $\boldsymbol{\theta}_t$ 的微分；$\propto$ 符号表示成比例；$\mu(s)$ 表示基于策略 π 的状态概率分布；$\nabla \pi(a|s)$ 表示 $\pi(a|s)$ 对 $\boldsymbol{\theta}_t$ 的微分。该式含义为对目标函数求微分可等比例的表示为对动作策略 $\pi(a|s)$ 求微分。

由式（10.15）可得：

$$\boldsymbol{\theta}_{t+1} = \boldsymbol{\theta}_t + \alpha \, \delta_t \frac{\nabla \pi(a|s,\boldsymbol{\theta}_t)}{\pi(a|s,\boldsymbol{\theta}_t)} \tag{10.17}$$

式中，δ_t 是根据训练过程中奖励值和价值函数求解出来的基准值。

由上述方程可知，通过不断迭代更新 $\boldsymbol{\theta}_t$ 值可让 $J(\boldsymbol{\theta}_t)$ 值提高，又由于 $\boldsymbol{\theta}_t$ 是动作策略 $\pi(a|s,\boldsymbol{\theta}_t)$ 中的参数向量，因此可以同时更新动作策略，使其选择的动作更优。

不同类型的强化学习算法适合处理不同的问题，按照状态空间与动作空间是否连续，强化学习任务可以分为离散型和连续型，其中以表格型为基础的强化学习方法状态与动作空间都是离散的，因此更适合于处理离散型问题，而以策略型为基础的强化学习方法更适合处理连续型问题，当然也有结合二者优点的方法既能处理离散问题又能处理连续问题，具体使用哪种方法需要根据实际问题做出选择。

10.3 表格型强化学习方法

10.3.1 Q-learning

Q-learning 是强化学习最基本最主要的算法之一，是一种 value-based 算法，通过判断比较每一步动作（action）的价值（value）来影响并选择下一步的动作。Q-learning 算法需要注意两个点：① Q-learning 算法实现必须基于一个假设——智能体和环境之间的交互过程可以看成是一个马尔可夫决策过程（Markov Decision Process，MDP），即智能体当前所处的状态以及所选择的动作直接决定一个固定的状态转移概率分布、也决定了下一个状态及其及时回报；② Q-learning 中的 Q 指的是价值表 Q-table，其中的元素可以表示为 $Q(s, a)$，每一个 $Q(s, a)$ 对应一个相应的 value，表示在某一时刻的状态 s ($s \in S$) 下，智能体执行动作 a ($a \in A$) 能够获得的奖励的期望，环境会根据当前的状态以及智能体选择的动作反馈相应的回报 reward，因此整个 Q-learning 算法的核心就是创建一张 Q-table 来存储不同状态和动作对应的 Q-value，然后根据 Q-table 来选取能够获得最大收益的动作。

Q-learning 算法的核心就是构建价值表 Q-table，那么如何来获得能够反映出在状态 s 下进行动作 a 所获得的期望来填充 Q-table 呢？以工作为例，在工位工作时，有两个选择：一是摸鱼，定义为 $a1$；二是认真工作，定义为 $a2$。不难判断，认真工作有可能会得到老板的嘉奖，而摸鱼则有可能会被炒鱿鱼，因此，选择 $a1$ 的奖励期望会小于选择 $a2$ 的奖励期望。有了这样一个清晰的基本准则，接下来就可以来进行 Q-table 的创建与更新了，更新过程见表 10.1。

表 10.1 Q-learning 更新 Q 表流程

算法 1：Q-learning 算法
步骤 1：初始化 Q 表
步骤 2：按回合 episode 进入循环：
步骤 2.1：初始化状态 s
步骤 2.2：按步 step 进入循环：
步骤 2.2.1：按策略（如 ε-greedy）于状态 s 选择动作 a
步骤 2.2.2：执行动作 a，获得奖励 r，观测状态 s'
步骤 2.2.3：更新 Q 值及状态 s $$Q(s,a) \leftarrow Q(s,a) + \alpha [r + \gamma \max Q(s',a') - Q(s,a)]$$ $$s \leftarrow s'$$
步骤 3：保存 Q 表及模型

1)构建估计 Q-table:假设当前所处的状态为 $s1$,按照前述定义,此时的动作选择有两种,$a1$ 和 $a2$,此时就可以构建一个关于 $s1$ 与 $a1$、$a2$ 之间的价值表(表 10.2)。

表 10.2　Q-table($s1$)

	a1	a2
s1	−2	−1

表格中的数据可以表示为 $Q(s1,a1)=-2$、$Q(s1,a2)=-1$,也被称为 Q 估计。

2)选择动作 action:在状态 $s1$ 下,有两个不同的选择,对应不同的选择有不同的估计值,鉴于最终目的是最大化奖励,此时就应该选择估计值较大的 $a2$,然后达到状态 $s2$,与此同时,环境会针对 $s1$ 状态下的动作 $a1$ 反馈一个实际奖励 $r1$。

3)继续构建 Q-table:经过 $s1$ 状态时的动作,此时智能体处于状态 $s2$,行为同样有 $a1$ 和 $a2$,类似于第一步,此时也有关于两个动作的奖励估计值,根据估计值继续构建 Q-table(表 10.3)。

表 10.3　Q-table($s2$)

	a1	a2
s1	−2	1
s2	−4	2

4)计算 Q 的现实值并更新 Q 的估计值:上述步骤中使用的都是 Q 估计值,为了让智能体能够根据环境对动作的反馈进行学习,还需要不断更新 Q 值。在之前的流程中,根据 Q 表的估计,因为在 $s1$ 状态时,$a2$ 的估计值比 $a1$ 的估计值大,因此在状态 $s1$ 时选择了动作 $a2$,并到达状态 $s2$,接下来并没有在实际中采取任何行为,而是假设在状态 $s2$ 上分别采取这两种动作,分别看看两种动作中哪一个动作的 Q 估计值更大,比如在此例中 $Q(s2,a2)$ 的值比 $Q(s2,a1)$ 的大,所以把大的 $Q(s2,a2)$ 乘上一个衰减值 γ(比如 0.9)并加上到达状态 $s2$ 时所获取的奖励 $r1$,将这个值作为现实中 $Q(s1,a2)$ 的值,记为 Q_r。

$$Q_r = r1 + \gamma Q(s2,a2) \tag{10.18}$$

但是之前是根据 Q-table 估计 $Q(s1,a2)$ 的值。至此有了现实值和估计值,就能更新 $Q(s1,a2)$ ——根据估计与现实的差距,将这个差距乘以一个学习效率 α,累加上旧的估计值 $Q(s1,a2)$ 变成新的估计值,记为 $Q'(s1,a2)$。

$$Q'(s1,a2) = Q(s1,a2) + \alpha[Q_r - Q(s1,a2)] \tag{10.19}$$

不断重复上述步骤就可以不断地更新 Q-table。需要注意的是,此时的状态 $s2$ 还没有选择做出任何动作,此时使用的都是 $s2$ 状态下的估计值,$s2$ 的行为决策需要等到 $s1$ 状态下的估计值更新之后再进行。

基于上述 Q 表更新过程,Q-learning 算法的 Q 表更新流程如图 10.5 所示。

对于 Q 表更新的过程:① 每一次更新 Q 值都同时用到了 Q 估计和 Q 现实,并且在每一

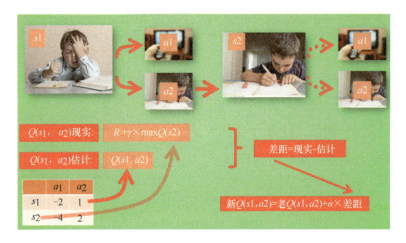

图 10.5　*Q*-learning 更新方式

个 Q 现实中还包含了下一个状态的 Q 估计最大值，即将下一步最大估计乘以衰减系数再加上当前所得奖励作为 Q 现实；② ε-greedy 表示的是一种行为决策策略，指 ε 比例部分按照 Q-table 的最优值选择来决定动作行为，(1-ε) 比例部分采用随机选择来决定动作行为，以此达到强化学习探索与利用的目的；③ α 表示学习率，表示本次误差计算有多少需要被学习，通常小于 1；④ γ 是衰减值，表示的是对未来奖励的衰减程度，重写 Q（s1）的表达式，可以得到：

$$Q(s1) = r2 + \gamma Q(s2) = r2 + \gamma[r3 + \gamma Q(s3)] = \cdots\cdots \quad (10.20)$$

$$Q(s1) = r2 + \gamma r3 + \gamma^2 r4 + \cdots\cdots \quad (10.21)$$

不难看出，Q（s1）实际上是关于后续所有奖励的一个多项式，而且这些奖励都在以 γ 为衰减率在衰减，距离状态 s1 越远的状态其奖励衰减越大，γ 等于 1 时，表示奖励不衰减，所有步骤奖励所占比重相同；γ 等于 0 时，则只留下下一状态所获得奖励。总体来讲，γ 越大，则表示对于未来步骤的价值影响越看重，γ 越小，则表示智能体仅仅只看重眼前的利益，并不看重未来的收益。

10.3.2　Sarsa

Sarsa（State-Action-Reward-State-Action）算法是比较经典的一种强化学习算法，常用于解决马尔可夫问题，该算法最早由美国计算机科学家 Rummery 和 Niranjan 于 1994 年提出。Sarsa 算法是基于动态规划和迭代更新的思想提出的，通过不断地与环境进行交互，根据当前状态选择动作，获得奖励并观察下一个状态，然后以此更新价值函数和动作选择策略，来达到优化智能体的目的。

Sarsa 算法实际上与 Q-learning 算法是比较相似的，在决策部分都是使用 Q-table 来挑选估计值较大的动作进行，不同之处在于 Sarsa 算法的更新方式，它会基于当前状态和动作的真实 Q 值来进行更新，而非像 Q-learning 那样仅使用最大估计 Q 值来进行更新。总体来讲，Q-learning 是一种 off-policy 的方法，而 Sarsa 是一种 on-policy 的方法。仍以工作与摸鱼为例，假设当前处于状态 $s1$，然后选取能够带来最大估计奖励的动作 $a2$，此时状态转换为 $s2$，接下来就是对 Q-table 的更新。如果是 Q-learning，此时更新会观察在状态 $s2$ 时选取哪一个动作得到的估计奖励最大，但是在后续动作选择中不一定会选择这个动作，因此，Q-learning 只是利用 $s2$ 状态下的估计值。而 Sarsa 不同，在 $s2$ 状态更新 Q-table 时，估计的动作也是接下来会选择的动作，此时计算 $Q(s1,a2)$ 现实值时就不会用最大估计值，而是直接使用在状态 $s2$ 时选择动作 $a2$ 后的实际 Q 值，然后再求取估计值和现实值之差来更新 Q-table。Sarsa 算法的更新过程见表 10.4。

表 10.4　Sarsa 更新 Q 表流程

算法 2：Sarsa 算法
步骤 1：初始化 Q 表
步骤 2：按回合 episode 进入循环：
步骤 2.1：初始化状态 s
步骤 2.2：按策略（如 ε-greedy）于状态 s 选择动作 a
步骤 2.3：按步 step 进入循环：
步骤 2.3.1：执行动作 a，获得奖励 r，观测状态 s'
步骤 2.3.2：按策略（如 ε-greedy）于状态 s' 选择动作 a'
步骤 2.3.3：更新 Q 值及状态 s、动作 a
$$Q(s,a) \leftarrow Q(s,a) + \alpha[r + \gamma Q(s',a') - Q(s,a)]$$ $$s \leftarrow s'; a \leftarrow a'$$
步骤 3：保存 Q 表及模型

　　Sarsa 算法与 Q-learning 算法的不同使其变得相对更加保守，因为 Q-learning 算法考虑的永远都是 Q 值最大化，而正因为只考虑 Q 值最大化而导致其变得更加激进，几乎不考虑其他非最大化 Q 的动作结果。相较于 Q-learning 算法的勇敢、激进、对错误不在乎，Sarsa 算法则表现得更加保守，在乎每一步决策，对于错误非常敏感。两种算法都有各自的优点，Q-learning 算法更勇于探索未知，能够更快地训练出想要的结果；而 Sarsa 算法则更在乎损害，例如在实际训练机器人的过程中，希望其不用受到那么大的伤害，就可以选择相对更加保守的 Sarsa 算法。

　　实际上无论是 Q-learning 还是 Sarsa 算法，都是在得到奖励之后只更新上一步状态和动作对应的 Q 值，是一种单步更新算法。但是在得到奖励值之前的每一步实际上都对最终所得奖励值有影响，因此在获得奖励之前的每一步都应该需要学习，进而提出了与单步更新对应的回合更新。

　　对于单步更新来讲，尽管每一步都在更新，但是在没有获得奖励时，当前的步骤都没有得到更新，只有在获得奖励时，才会为得到奖励的上一步更新，而在此之前的所有步都被认为是与奖励无关。而回合更新尽管需要等到回合结束后才开始对本回合所经历的所有步进行更新，但是它认为所有步都是和奖励有关系的，都是为了获得奖励需要更新的步，因此每一步在下一个回合再次被选择的概率就会大一些，从而使得回合更新的效率更高。图 10.6 所示为 λ 取不同值时的 Sarsa 算法示意图。

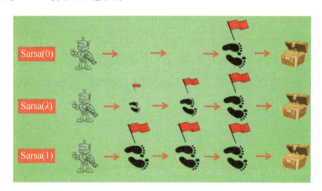

图 10.6 Sarsa（λ）算法

Sarsa 是一种单步更新算法，也可以称为 Sarsa（0），因为它只关心最靠近奖励的一步；如果每走完一步就更新一次，那么就可以称为 Sarsa（1）；如果回合结束后更新，而这个回合走了 n 步，那么就可以叫作 Sarsa（n）。基于上述流程，统一一个 λ 值来代替更新的步数，λ 在 [0，1] 之间取值。如果 λ=0，那么 Sarsa（λ）就是单步更新，只更新获得奖励前的最后一步；如果 λ=1，那么 Sarsa（λ）就是回合更新，更新的是获得奖励之前所经历的所有步并且对所有步的更新力度是一样的；当 λ 取值在 0~1 之间，则值越大，那么距离获得奖励越近的步更新力度就越大。Sarsa（λ）算法更新过程见表 10.5。

表 10.5 Sarsa(λ)更新 Q 表流程

算法 3：Sarsa(λ)算法
步骤 1：初始化 Q 表
步骤 2：按回合 episode 进入循环：
步骤 2.1：初始化状态 s，动作 a，$E(s,a)=0$
步骤 2.2：按步 step 进入循环：
步骤 2.2.1：执行动作 a，获得奖励 r，观测状态 s'
步骤 2.2.2：按策略（如 ε-greedy）于状态 s' 选择动作 a'
步骤 2.2.3：更新 $Q(s,a)$、$E(s,a)$、s、a $$\delta \leftarrow r+\gamma Q(s',a')-Q(s,a)$$ $$E(s,a) \leftarrow E(s,a)+1$$ 对于所有状态 $s \in S$、动作 $a \in A$： $$Q(s,a) \leftarrow Q(s,a)+\alpha \delta E(s,a)$$ $$s \leftarrow s'; a \leftarrow a's$$
步骤 3：保存 Q 表及模型

10.4 值函数强化学习方法

10.4.1 DQN

无论是之前的 Q-learning 还是 Sarsa 算法，实际上都用到了一个表格 Q-table 来存储每一个状态 state 中对应每一个动作 action 所带来的 Q 值，这种方法在状态空间和动作空间都是离散的并且维度不高时应用起来可以说非常直接方便，但是当状态空间和动作空间都是高维的甚至是连续的，比如说用强化学习来下围棋，此时状态量将会非常庞大，如果继续使用表格来存储每一个状态对应动作带来的 Q 值的话，将会占用非常大的内存，并且需要从这么庞大的一张表中去搜索特定状态特定动作对应 Q 值也将会是一件非常困难的事情。此时就可以将 Q-table 的更新转换为一个近似函数拟合问题，通过拟合出一个函数来代替 Q-table 产生正确的 Q 值，使得特定状态下特定输出能够获得一个非常接近的 Q 值。在机器学习中，对于拟合函数有一种方法非常适合，那就是神经网络（Neural Network，NN）。此时可以将状态 state 和动作 action 当作神经网络的输入，神经网络的输出则是 Q 值，这样就可以避免使用一个庞大的 Q-table 来存储 Q 值，而是直接使用神经网络生成所需要的 Q 值即可。图 10.7 所示为 DQN 算法整体结构。

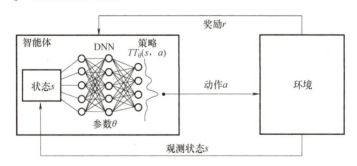

图 10.7 DQN 算法

DQN（Deep Q-Network）核心在于使用深度神经网络作为值函数的逼近值。那么如何来训练更新这个神经网络呢？如图 10.8 所示，通过神经网络可以预测得出 $Q(s2, a1)$ 和 $Q(s2, a2)$ 的值，也就是 Q 估计值，同样选取最大的 Q 估计值对应的动作来从环境中来获取奖励 reward。Q 现实的计算与 Q-learning 算法中的计算类似，其中包含了从神经网络中预测得来的两个 Q 值，然后用这个 Q 现实来当作神经网络中的正确 Q 值，此时就可以用旧的神经网络参数加上学习率乘以 Q 现实与 Q 估计的差值来当作新的神经网络参数。这就是神经网络参数更新的过程。

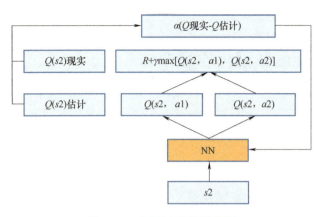

图 10.8　DQN 神经网络更新

仅仅使用神经网络来代替 Q-table 就可以使得 DQN 如此强大吗？事实上，强化学习 RL 与深度学习 DL 的结合还存在着一些问题：首先，DL 是一种监督学习，需要有标签的训练集，而 RL 则不需要训练集，只需要通过与环境之间进行交互不断获取奖励 reward 即可，并且这种奖励的获取还存在着噪声以及延迟的问题，这就会导致如果直接只用状态对应的奖励作为训练集样本的话会有样本稀疏的问题，因为很多 state 对应的 reward 都是 0；其次，RL 中每个样本之间都是相互独立的，而 DL 中当前状态的值都依赖后续状态的反馈；最后，使用非线性网络来拟合表示值函数时会出现不稳定的情况。

那么 DQN 是如何来解决这些问题的呢？实际上 DQN 有两大利器，一是经验回放（experience replay），经验池作为 DQN 的记忆库用来解决相关性以及非静态分布等问题。实际上 DQN 也是脱胎于 Q-learning，而 Q-learning 是一种 off-policy 的方法，既能够学习当前经历的状态经验，也能学习过去状态的经验，甚至于学习其他环境状态带来的经验，因此在每个 timestep 都将智能体与环境之间交互获得的状态、动作、奖励等反馈存储到经验池（replay buffer）中，如图 10.9 所示。每次神经网络更新时都可以随机抽取一些之前的经验（minibatch）用于学习，这种随机抽取的方式打破了经验之间的相关性，同时也使得神经网络的学习具有更高的效率。

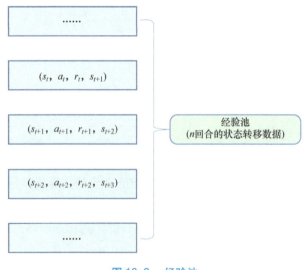

图 10.9　经验池

第二个利器就是目标网络 Q-target，其作用也是打乱相关性，在 DQN 中设计两个结构完全相同但是参数不同的神经网络，一个用于预测 Q 估计（Q-eval），一个用于预测 Q 现实（Q-target）。预

测 Q 估计的神经网络使用的参数都是最新的参数,而预测 Q 现实的神经网络所使用的参数是很多步骤之前的旧参数。Q-eval 负责控制智能体收集经验,Q-target 用于计算 TD-target:

$$y_t = r_t + \gamma \max_{a'} Q(s_{t+1}, a'; \theta^-) \qquad (10.22)$$

式中,r_t 为当前时刻奖励;γ 为折扣因子;s_{t+1} 为下一时刻状态。

在更新的过程中,只更新 Q-eval 网络的权重 θ,而 Q-target 网络的权重 θ^- 保持不变,在更新一定次数后,再将更新过的 Q-eval 网络的权重赋给 Q-target 网络。由于在 Q-target 网络没有更新的一段时间内奖励的目标值是相对固定的,因此 Q-target 网络的引入增加了整个模型学习的稳定性。图 10.10 所示为目标网络结构示意图。

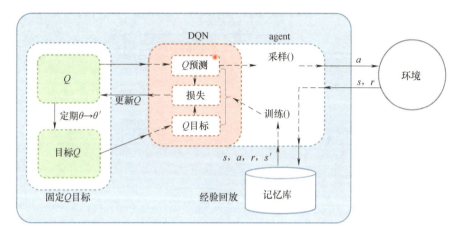

图 10.10　目标网络

简单来讲,首先 DQN 拥有一个记忆库用于学习之前的经验,通过在每次更新的时候随机抽取一些之前的经验用于学习可以打乱经验之间的相关性,使得神经网络更新更有效率。其次就是使用目标网络,通过使用两个结构相同但是参数不一样的神经网络也可以打乱相关性。正是因为这两个手段,DQN 才能在性能上大大提升,甚至在一些游戏中能够做到打败人类。

10.4.2　DDQN

DQN 算法中的经验回放(Experience Replay)和目标网络(Target Net)有效地解决了数据相关性和非静态分布导致的模型泛化能力弱的问题,但是 DQN 算法与 Q-learning 算法一样都是通过贪婪法(ε-greedy)来直接获取目标 Q 值,贪婪法通过最大化的方式使得 Q 值迅速向可能的优化目标收敛,但是也容易导致过估计(overestimate)Q 值的问题,从而使得模型具有一个较大的偏差,为此,研究者们提出了 DDQN(Double DQN)算法来解决 DQN 算法过估计的问题。DDQN 算法流程如图 10.11 所示。

在 DQN 算法中,目标 Q 值的计算方式见式(10.22),但是 DDQN 不直接通过最大化的方式来选取目标网络计算中所有可能的 Q 值,而是先通过估计网络来选取最大 Q 值对应的动作：

$$a_{max} = \mathrm{argmax}_a Q(s_{t+1}, a; \theta) \tag{10.23}$$

之后目标网络再根据最大 Q 值对应动作 a_{max} 来计算目标 Q 值，计算公式见式（10.24）。

$$y_t = r_t + \gamma Q(s_{t+1}, a_{max}; \theta') \tag{10.24}$$

联立式（10.23）与式（10.24）可得目标 Q 值的表达式如下：

$$y_t = r_t + \gamma Q[s_{t+1}, \mathrm{argmax}_a Q(s_{t+1}, a; \theta); \theta'] \tag{10.25}$$

算法学习的目标是最小化目标函数，可以定义为最小化 Q-eval 与 Q-target 的差值，差值定义如下：

$$\delta = |Q(s_t, a_t) - y_t| = |Q(s_t, a_t; \theta) - r_t + \gamma Q[s_{t+1}, \mathrm{argmax}_a Q(s_{t+1}, a; \theta); \theta']| \tag{10.26}$$

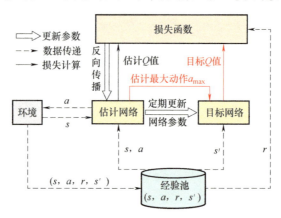

图 10.11　DDQN 算法流程

DDQN 其他过程都与 DQN 算法一致，只是在计算 Q-target 的值时先通过 Q 估计网络选取最大 Q 值对应动作，再根据这个动作来计算 Q-target。

10.4.3　DRQN

在 DeepMind 团队关于 DQN 算法的论文中，他们使用 Atari 游戏来训练网络，在训练的过程中常使用最近的 4 帧画面组合成为一个状态传入 DQN 中进行学习，这是因为仅凭 1 帧画面是很难判断出其中物体的运动方向、运动速度等信息的，例如在 pong 游戏中，仅凭 1 帧画面只能获取到球拍和球的位置信息，而无法获知球接下来的运动方向以及速度信息。这也是因为 DQN 算法的一些局限性：首先，它的经验数据存储的内存是有限的；其次，DQN 的训练需要有完整的观测信息。

此时，DRQN（Deep Recurrent Q-learning）算法应运而生。在 DQN 算法中，当使用部分观测数据来训练模型，使用完全观测数据来评估模型时，模型的效果与观测数据的完整性有关；如果反过来，使用完全观测数据进行训练，而使用部分观测数据来进行评估时，DQN 的效果会下降，而使用 DRQN，其效果下降会小于 DQN。这是为什么呢？

首先，需要知道，DQN 中非常重要的两个技巧：一是经验回放；二是目标网络。这两

个技巧都是用来打破数据之间的关联性的,因为在神经网络中对数据是假设其独立同分布的,但是 MDP 过程中数据前后之间是有关联的,打破数据之间的关联性可以更好地拟合 Q-target。其次,在实际问题中智能体很少能够获得完整的状态信息,因此也就失去了马尔可夫性,此时的强化学习过程也就不能被称为真正的马尔可夫过程,而部分可观测性马尔可夫决策过程(POMDP)就可以很好地表示这种无法完全获取状态信息的过程。POMDP 定义一个观测 o_t 作为状态 s_t 的观测值,可以表示为 $o_t \sim O(s_t)$。此时一个 POMDP 过程就可以表示为 (S, A, P, R, O),分别表示状态、动作、状态转移概率、奖励以及观测,智能体不再接收状态 s_t 而是接收观测 o_t,观测 o_t 是底层系统经过概率分布 $o_t \sim O(s_t)$ 得到。在 POMDP 中,如果使用 DQN 将不能很好地拟合逼近 Q 函数,因为此时 $Q(o, a|\theta) \ne Q(s, a|\theta)$。

DRQN 与 DQN 相比仅将其卷积后最后一层的全连接层替换为长短期记忆(Long Short-Term Memory,LSTM)。LSTM 是循环神经网络(RNN)的一种特殊类型,可以学习长期依赖信息,与基础版 RNN 相比结构上并无不同,但是用不同的函数来计算隐藏状态。图 10.12 所示为 DRQN 网络结构示意图。

输入图像经过卷积层的处理之后再输入 LSTM 网络中,最终输出为每个动作 a 对应的 $Q(s, a)$,在训练的过程中,卷积部分与循环网络部分一起迭代更新网络参数。每次更新循环网络都需要包含一段时间内的连续的若干观测值 o 与奖励值 r。在每次训练时,LSTM 隐含层的初始状态可以是 0,也可以是从上一次的值继承过来的,因此就会有两种更新学习的方式:第一种是顺序更新,从经验回放内存中随机选取一个回合 episode,从这个 episode 开始一直学习到这个 episode 结束,每一步的目标状态值仍旧由目标网络 Q-target 获得,但是在每个回合 episode 开始 LSTM 隐藏层的状态值都是从上一个时刻继承而来;第二种是随机更新,从经验回放内存中

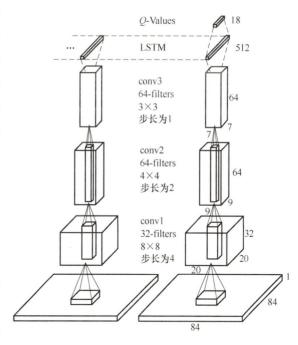

图 10.12 DRQN 网络结构

随机选取一个回合 episode,在这个回合内随机选取一个时刻,再选择若干步来进行学习,每个时刻的目标状态仍旧是通过目标网络 Q-target 来获取,但是在每一次训练之前都将 LSTM 隐藏层的状态值置零。

两种更新方式比较而言,序列更新能够更好地让 LSTM 学习到一个回合内的所有时间序列记忆,更有利于时序上的记忆推理。但是序列化的采样学习在某种程度上违背了 DQN 随机采样的策略,因为神经网络要求学习数据之间独立同分布,而时序数据之间具有马尔可夫

性，会损害神经网络的学习效果。随机更新则更加符合 DQN 的随机采样策略，但是需要每次更新之前都将 LSTM 隐藏层的状态值置零，这会损害 LSTM 的记忆能力。因此这两种更新方式各有优劣，实验证明使用这两种更新方式都可以使得模型收敛，并且两种方式训练得出的模型效果相似。

10.5 策略梯度强化学习方法

10.5.1 actor-critic

10.4 节中的算法都是从 Q-learning 中演变而来，本质上都是一种 value-based 方法，与之相对应的是 policy-based 算法，这类算法以策略梯度算法（Policy Gradient）为基础，不需要计算值函数，而是得出一个随机策略，通过概率选择输出动作，因此这类算法可以在一个连续分布上面选择合适的动作 action，这也代表着这类算法既可以解决离散型问题，同时也可以解决连续型问题，也就是说，这类算法就可以用于应对自动驾驶中的速度控制、路径跟踪等问题。

对于连续性问题，假设智能体与环境之间交互信息状态 s、动作 a 以及奖励 r 的集合形成一个轨迹（trajectory）$\tau = s_1, a_1, r_1, \cdots, s_t, a_t, r_t$，每一个轨迹也对应有一个发生概率，设智能体 agent 有一个参数 θ，该参数决定了其选择动作的策略，那么在给定参数 θ 的情况下，轨迹 τ 发生的概率为

$$p_\theta(\tau) = p(s_1)\pi_\theta(a_1|s_1)p(s_2|s_1,a_1)\cdots = p(s_1)\prod_{t=1}^{T}\pi_\theta(a_t|s_t)p(s_{t+1}|s_t,a_t) \quad (10.27)$$

式中，π_θ 为策略；$p(s_1)$ 为状态 s_1 发生的概率。

与此同时，不同的参数 θ 会对应不同的奖励 R_θ，奖励 R 的期望就是模型所需要近似求得的。

$$R(\tau) = \sum_{t}^{T} r_t \quad (10.28)$$

$$\overline{R} = \sum_{\tau} R(\tau)p_\theta(\tau) = E_{\tau \sim p_\theta(\tau)}[R(\tau)] \quad (10.29)$$

强化学习的最终目标是最大化累积奖励，因此需要最大化奖励期望，在此处采用梯度上升的方法，对目标函数奖励期望求梯度：

$$\nabla \overline{R} = \sum_{\tau} R(\tau)\nabla p_\theta(\tau) = \sum_{\tau} R(\tau)p_\theta(\tau)\frac{\nabla p_\theta(\tau)}{p_\theta(\tau)}$$

$$= \sum_{\tau} R(\tau)\nabla \ln p_\theta(\tau) = E_{\tau \sim p_\theta(\tau)}[R(\tau)\nabla \ln p_\theta(\tau)] \quad (10.30)$$

因为 $p_\theta(\tau)$ 是一个概率密度函数，所以等式最终可以化成期望的形式。但是，这个期望事实上是没法直接求得的，只能通过多次随机采样，得到大量的轨迹，然后近似获得这一期望值，也就是蒙特卡洛方法，由此上述公式可以进一步改写为

$$\nabla \overline{R} = \frac{1}{N}\sum_{n=1}^{N} R(\tau^n)\nabla \ln p_\theta(\tau^n)$$

$$= \frac{1}{N}\sum_{n=1}^{N} R(\tau^n)\nabla \left[\ln p(s_1) + \sum_{t=1}^{T}\ln p_\theta(a_t|s_t) + \sum_{t=1}^{T}\ln p(s_{t+1}|s_t,a_t)\right] \quad (10.31)$$

$$= \frac{1}{N}\sum_{n=1}^{N} R(\tau^n)\nabla \sum_{t=1}^{T}\ln p_\theta(a_t|s_t) = \frac{1}{N}\sum_{t=1}^{T}\sum_{n=1}^{N} R(\tau^n)\nabla \ln p_\theta(a_t|s_t)$$

梯度更新公式为

$$\theta = \theta + \alpha\nabla\overline{R} \quad (10.32)$$

这就是整个梯度更新计算的过程。

对于最基础的 Policy Gradient 算法，因为是采用回合更新的方式，因此其学习效率就会大大降低，而对于 Q-learning 或者其他 value-based 算法则是单步更新，能够大大提高学习效率，那么能不能设计一种算法，使其既能像 policy-based 方法一样解决连续性问题，又能像 value-based 方法一样能够单步更新提高学习效率呢？这就是 actor-critic 算法，其中 actor 前身就是 Policy Gradient，这使得 AC 算法能够毫不费力地在连续动作中选取合适的动作，而 critic 的前身则是 Q-learning 算法，可以进行单步更新来提高学习效率。这两种类型的算法结合就形成了 actor-critic 算法，其中 actor 基于概率来选择动作 action，而 critic 则负责基于 actor 的动作来评判其得分，actor 再根据 critic 的评分来修改选择该动作的概率。图 10.13 所示为 AC 算法原理示意图。

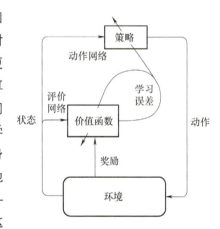

图 10.13　AC 算法原理示意图

对 actor-critic 中的奖励期望求梯度为

$$\nabla \overline{R}(\tau) = \frac{1}{N}\sum_{n=1}^{N}\sum_{t=1}^{T}\left(\sum_{t'=t}^{T}r_{t'}^n\gamma^{t'-t}-b\right)\nabla\log p_\theta(a_t^n|s_t^n) \quad (10.33)$$

定义比较优势（Advantage Function），表示为

$$A^\theta(s_t,a_t) = \sum_{t'=t}^{T}r_{t'}^n\gamma^{t'-t}-b \quad (10.34)$$

比较优势实际上就是利用蒙特卡洛方法计算得出的累积汇报期望减去 b，也可以写成是动作价值函数与状态价值函数之差：

$$Q^{\pi_\theta}(s_t^n,a_t^n) - V^{\pi_\theta}(s_t^n) \quad (10.35)$$

因此最终其训练函数可以表示为

$$\nabla \bar{R}(\tau) = \frac{1}{N} \sum_{n=1}^{N} \sum_{t=1}^{T} \left[Q^{\pi_\theta}(s_t^n, a_t^n) - V^{\pi_\theta}(s_t^n) \right] \nabla \log p_\theta(a_t^n | s_t^n) \quad (10.36)$$

actor-critic 算法采用的是单步更新方式，因此其每做出一个决策就需要进行一次自我参数的更新，具体更新步骤见表 10.6。

表 10.6　基于单步更新的 actor-critic 算法训练流程

算法 4：基于单步更新的演员-评论家算法
步骤 1：输入设置：定义带参数且可微分的策略 $\pi(a|s,\theta)$；定义带参数且可微分的状态价值函数 $\hat{v}(s,w)$；选择更新步长 $\alpha^\theta>0$，$\alpha^w>0$
步骤 2：初始化参数：初始化策略参数 θ 以及价值状态权重 w
步骤 3：在每个回合中做如下循环：
步骤 3.1：初始化状态 s
步骤 3.2：$I=1$，I 在后续作为折扣因子基数
步骤 3.3：回合不是终止状态时做如下循环：
步骤 3.3.1：利用策略 $\pi(\cdot|s,\theta)$ 选取动作 a
步骤 3.3.2：执行动作 a，获取环境反馈状态 s' 以及奖励值 r
步骤 3.3.3：更新基准值 δ：$\delta \leftarrow r+\gamma\hat{v}(s',w)-\hat{v}(s,w)$
步骤 3.3.4：更新价值函数权重 w：$w \leftarrow w+\alpha^w \delta \nabla \hat{v}(s',w)$
步骤 3.3.5：更新策略参数 θ：$\theta \leftarrow \theta+\alpha^\theta I\delta \nabla \ln\pi(a|s,\theta)$
步骤 3.3.6：更新折扣因子 I：$I \leftarrow \gamma I$
步骤 3.3.7：更新状态 s：$s \leftarrow s'$

10.5.2　PPO

尽管传统的策略梯度下降算法能够有效实现连续动作输出，但是不易训练，且采样效率低。尤其是在引入大量非线性参数时，在使用神经网络的情况下，它对训练步长 α 的要求非常严格，若训练步长稍大可能导致训练振荡不收敛，步长小了又会使得训练时间过长。针对如上问题，近端策略优化（Proximal Policy Optimization，PPO）算法可以有效解决训练过程中采样效率低以及调参困难的问题。

近端策略优化算法是基于信赖域策略优化算法（Trust Region Policy Optimization，TRPO）的改进，因此，要想了解 PPO 算法就必须先了解 TRPO 算法的原理。信赖域策略优化算法可以实现的效果是无论设置多大的步长，策略更新的过程中使得回报函数单调不减。其中，回报函数定义如下：

$$\eta(\pi) = E_{s_0,a_0,\cdots}\left[\sum_{t=0}^{\infty} \gamma^t r(s_t)\right] \quad (10.37)$$

式中，$\eta(\pi)$ 表示策略 π 对应的回报函数值。

信赖域策略优化算法的基本思想是，策略更新中，将对应策略的回报函数分解成原有策略的回报函数再加上参数项，若策略更新过程中保持参数项大于或等于零，则该策略对应的回报函数即可不断升高，回报函数的更新方程如下：

$$\eta(\widetilde{\pi}) = \eta(\pi) + E_{s_0,a_0,s_1,a_1,\cdots}\Big[\sum_{t=0}^{\infty}\gamma^t A_\pi(s_t,a_t)\Big]$$

$$= \eta(\pi) + \sum_s \rho_{\widetilde{\pi}}(s) \sum_a \widetilde{\pi}(a|s) A_\pi(s,a) \qquad (10.38)$$

式中，$\eta(\widetilde{\pi})$ 表示更新后的策略 $\widetilde{\pi}$ 所对应的回报函数；$E_{s_0,a_0,s_1,a_1,\cdots}\Big[\sum_{t=0}^{\infty}\gamma^t A_\pi(s_t,a_t)\Big]$ 表示不为零的参数项；$\rho_{\widetilde{\pi}}(s)$ 表示策略 $\widetilde{\pi}$ 的状态分布；$A_\pi(s_t,a_t)$ 表示优势函数，它的作用是用来衡量智能体采取的某个动作获取的动作价值函数值是否要比平均的动作价值函数值更高，即这个动作是否比期望动作更好，其方程定义如下：

$$A_\pi(s,a) = Q_\pi(s,a) - V_\pi(s) \qquad (10.39)$$

因此，若 $\sum_a \widetilde{\pi}(a|s) A_\pi(s,a)$ 大于 0，也就是使用确定性策略并选择优势函数最大的动作即可引导模型更新，也就是 $\widetilde{\pi}(s) = \mathrm{argmax}_a A_\pi(s,a)$。但由于新策略 $\widetilde{\pi}$ 的状态分布无法直接获取，因此使用近似策略目标函数 $L_\pi(\widetilde{\pi})$ 代替 $\eta(\widetilde{\pi})$，并用原有的状态分布 $\rho_\pi(s)$ 替代了新状态分布 $\rho_{\widetilde{\pi}}(s)$，并使用重要性采样对动作分布进行处理，方程如下：

$$L_\pi(\widetilde{\pi}) = \eta(\pi) + \sum_s \rho_\pi(s) \sum_a \widetilde{\pi}(a|s) A_\pi(s,a)$$

$$= \eta(\pi) + E_{s\sim\rho_{\theta_{old}},a\sim\pi_{\theta_{old}}}\Big[\frac{\pi_\theta(a|s)}{\pi_{\theta_{old}}(a|s)} A_{\theta_{old}}(s,a)\Big] \qquad (10.40)$$

为解决训练步长问题，Kakada 和 Langford 提出了保守策略迭代方法，方程如下：

$$\widetilde{\pi}(a|s) = (1-\alpha)\pi(a|s) + \alpha \pi'(a|s) \qquad (10.41)$$

式中，$\widetilde{\pi}(a|s)$ 表示新的策略，$\pi' = \mathrm{argmax}_{\pi'} L_\pi(\pi')$。根据上述方程，结合 $\eta(\widetilde{\pi}) \geq \eta(\pi)$ 可得如下方程：

$$\eta(\widetilde{\pi}) \geq L_\pi(\widetilde{\pi}) - \frac{2\epsilon\gamma}{(1-\gamma)^2}\alpha^2 \qquad (10.42)$$

式中，$\epsilon = \max_s |E_{a\sim\pi'(a|s)}[A_\pi(s,a)]|$，也就是说，训练过程中，新策略只需要选择目标函数 $\eta(\widetilde{\pi})$ 最大值即可。为将训练步长做更有效的约束，以保证新老策略更新时不会差异过大，信赖域策略优化算法引入了 KL 散度变化来描述新老策略的分布差异。KL 散度定义为

$$D_{\mathrm{TV}}(p||q) = \frac{1}{2}\sum_i |p_i - q_i| \qquad (10.43)$$

式中，p_i 和 q_i 表示的是两个离散概率分布，代入策略后可得

$$D_{\mathrm{KL}}^{\max}(\pi,\widetilde{\pi}) = \max_s D_{\mathrm{TV}}(\pi(\cdot|s)||\widetilde{\pi}(\cdot|s)) \qquad (10.44)$$

通过将传统的训练步长 α 替换为 KL 散度，由式（10.41）可得

$$\eta(\widetilde{\pi}) \geq L_\pi(\widetilde{\pi}) - C D_{\mathrm{KL}}^{\max}(\pi,\widetilde{\pi}) \qquad (10.45)$$

式中，$C = \dfrac{4\epsilon\gamma}{(1-\gamma)^2}$。综合以上，信赖域策略优化算法更新过程见表 10.7。

表 10.7　TRPO 算法策略更新步骤

算法 5：信赖域策略优化算法策略更新步骤
步骤 1：初始化策略 π_0
步骤 2：做如下循环直到训练回合结束：
步骤 2.1：计算所有优势函数 $A_{\pi_i}(s,a)$
步骤 2.2：更新策略：$\pi_{i+1} = \underset{\pi}{\mathrm{argmax}}\,[L_{\pi_i}(\pi) - CD_{\mathrm{KL}}^{\max}(\pi_i,\pi)]$；其中，$C = \dfrac{4\epsilon\gamma}{(1-\gamma)^2}$，$D_{\mathrm{KL}}^{\max}(\pi_i,\pi)$ 表示策略 π_i 和策略 π 的 KL 散度

但即使引入 KL 散度作为策略更新因子，信赖域策略优化算法训练过程中依然存在前后策略分布差异问题。为解决该问题，近端策略优化算法（PPO）由此产生，其基本思想是将 KL 散度引入目标函数中，作为自适应惩罚因子以控制前后策略的差异。因此目标函数方程变成如下方程：

$$L^{\mathrm{KLPEN}}(\theta) = \widehat{E}_t\left[\frac{\widetilde{\pi}_\theta(a_t|s_t)}{\pi_{\theta_{old}}(a_t|s_t)}\widehat{A}_t - \beta\mathrm{KL}[\pi_{\theta_{old}}(\cdot|s_t), \pi_\theta(\cdot|s_t)]\right] \tag{10.46}$$

最终优化的目标即为最大化该目标函数，除此之外，近端策略优化算法还给目标函数增加了修剪项，若大于阈值则将目标函数取值为阈值大小。

10.5.3　DDPG

深度确定性策略梯度（Deep Deterministic Policy Gradient，DDPG）是既基于价值又基于策略的一种方法，它是在演员-评论家（actor-critic）网络基础上发展而来的一种算法，actor-critic 是在 PG 基础上增加了演员网络，而 DDPG 在此基础上增加了"确定性"与"深度"，其中"确定性"是指由原来策略梯度输出每个动作概率变成特定动作，"深度"是指与 DQN 类似，演员-评论家网络也有当前网络与目标网络。DDPG 结合了 DQN 和 DPG（Deterministic Policy Gradient），在 actor-critic 的基础上使用了 DQN 算法中的经验回放和目标网络。对于 critic 当前网络，其损失函数与 DQN 类似：

$$J(\omega) = \frac{1}{m}\sum_{j=1}^{m}\{y_j - Q[\varphi(s_j), a_j, \omega]\}^2 \tag{10.47}$$

式中，ω 为具体神经网络参数；$Q[\varphi(s_j), a_j, \omega]$ 为当前估计值；y_j 为考虑了真实奖励的目标值。上面需要累加是因为考虑了动作到状态的概率，可能同一状态相同动作会得到不同状态。

Actor 当前网络是确定性策略梯度（Deterministic Policy Gradient，DPG），与策略梯度（Policy Gradient）不同，其定义的损失梯度为

$$\nabla J(\theta) = \frac{1}{m}\sum_{j=1}^{m}[\nabla_{\alpha}Q(s_j,a_j,\omega)\nabla_{\theta}(\pi_{\theta})] \qquad (10.48)$$

式中，∇_{α}、∇_{θ} 分别为价值网络与策略网络的梯度。

在 DPG 条件下，每个状态输出的动作是唯一的，因此此时状态价值函数等于动作价值函数，其损失值为 Q 值。目标是为了使 Q 值尽可能大，一般自带的优化器都是求最小值，而此处求最大值，为了使用梯度下降方法，对传过来的 Q 值取负号，即：

$$J(\theta) = -\frac{1}{m}\sum_{j=1}^{m}Q(s_j,a_j,\omega) \qquad (10.49)$$

DDPG 算法是在 DPG 基础上借鉴 DQN 的思路，演员与评论家网络有两个神经网络，一个计算当前状态参数，一个计算下个状态参数。与 DQN 不同，DDPG 动作网络直接输出动作，因此可以输出连续的值对智能体进行控制。DDPG 算法流程见表 10.8。

表 10.8　DDPG 算法流程

算法 6：DDPG 算法
步骤 1：初始化 critic 网络 $Q(s,a\|\theta^Q)$ 和 actor 网络 $\mu(s\|\theta^{\mu})$ 的权重 θ^Q、θ^{μ}
步骤 2：初始化步骤 1 两个网络对应目标网络 Q' 和 μ' 的权重 $\theta^{Q'}\leftarrow\theta^Q$，$\theta^{\mu'}\leftarrow\theta^{\mu}$
步骤 3：初始化经验缓冲区 Replay Buffer
步骤 4：进入循环直至回合结束：
步骤 4.1：在动作探索策略中初始化随机噪声 N
步骤 4.2：接收初始观测状态
步骤 4.3：进入循环：
步骤 4.3.1：根据当前策略和随机噪声选择动作 $a_t=\mu(s_t\|\theta^{\mu})+N_t$
步骤 4.3.2：执行动作 a_t 并且观察奖赏值 r_t，得到新的状态 r_{t+1}
步骤 4.3.3：保存元组 (s_t,a_t,r_t,s_{t+1}) 到缓冲区 R
步骤 4.3.4：从缓冲区 R 中随机采样生成 N 维数据库 (s_t,a_t,r_t,s_{t+1}) $$y_i=r_i+\gamma\, Q'[s_{i+1},\mu'(s_{i+1}\|\theta^{\mu'})\|\theta^{Q'}]$$
步骤 4.3.5：通过 critic 最小化损失函数更新 critic 网络 $$L=\frac{1}{N}\sum_i[y_i-Q(s_i,a_i\|\theta^Q)]^2$$
步骤 4.3.6：根据 actor 的梯度更新 actor 网络 $$\nabla_{\theta^{\mu}}J=\frac{1}{N}\sum_i\nabla_{\alpha}Q(s,a\|\theta^Q)\nabla_{\theta^{\mu}}\mu(s\|\theta^{\mu})$$
步骤 4.3.7：目标网络参数更新 $$\theta^{Q'}\leftarrow\tau\theta^Q+(1-\tau)\theta^{Q'},\ \theta^{\mu'}\leftarrow\tau\theta^{\mu}+(1-\tau)\theta^{\mu'}$$

10.5.4　TD3

对比 PPO 与 DDPG 算法，二者均采用的是 Actor-Critic 结构。其中 PPO 算法为在线训练，每次更新后将经验池清空，等到下一步探索再更新经验池；由于实时更新，该方案可能导致过拟合。DDPG 存在记忆库，可将探索数据存储其中，训练时随机挑选或设计挑选策略，对网络进行训练，可减小过拟合，加快训练速率。但在实际训练过程中，DDPG 单个 Q 值网络可能导致过高估计，同时确定的动作输出易陷入局部最优，因此有学者在 DDPG 基础上进行改进，提出了 TD3（Twin Delayed Deep Deterministic Policy Gradient）算法。

TD3 算法基础网络和思想与 DDPG 一致，不过其结构上针对后者的问题进行了优化。相较于 DDPG 算法，TD3 算法网络数量有 6 个，有 2 个演员（Actor）网络（现实网络与估计网络）、4 个评论家（Critic）网络（2 组现实网络与估计网络），如图 10.14 所示。

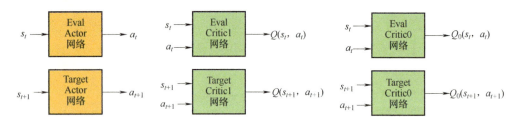

图 10.14　TD3 网络构成

虽然 TD3 网络数量上与 DDPG 不同，但其 Actor 与 Critic 网络的作用与 DDPG 一致，前者针对状态输出对应动作，后者根据状态与动作计算 Q 值。具体来说，Actor 网络输入是状态，输出是动作，Critic 网络输入是状态和动作，输出是对应的 Q 值。Actor 网络的目的是根据状态 s_t，输出动作 a_t，使得对该状态下产生的动作价值 $Q(s_t, a_t)$ 最大。若网络输出的 a_t 使 Q 值越大，证明该网络参数越好；Critic 网络可根据当前状态与输出动作，对其动作价值进行评价，得到 $Q(s_t, a_t)$，该值越精确，则证明网络参数越好。Eval 与 Target 的区别是，Eval 网络是实时更新的网络，从经验池中取出数据会第一时间对 Eval 网络进行更新，Target 网络则是在一定回合后从 Eval 网络中将参数复制过来，两网络的参数存在一定滞后，这种滞后可以保证强化学习网络在训练时的稳定性，也可避免过拟合，加速收敛。

与 DDPG 一样，TD3 网络存在记忆库，记忆库中存放打乱后的经验，然后随机从里面抽取之前的经验来训练，从而消除前后经验的相关性，防止过拟合，使得效果更好；在动作存入其中时，会在动作基础上加入随机噪声，保证一定的随机性，便于更快找到最优动作。

有了基本的网络框架以及记忆库存储策略后，便可对 Actor 网络与 Critic 网络进行更新，Actor 网络更新与 DDPG 一致，从记忆库中挑选对应的数据，以 $-Q(s_t, a_t)$ 作为损失值，最大化 Q（也就是最小化 $-Q$）对网络进行训练。值得注意的是，Actor 网络是最重要的，因为它直接决定了智能体在环境中采取策略的好坏。Actor 网络的损失值与 Q 值直接相关，因此对动作价值的评价是否准确极其重要，从上述结构中可知 TD3 的 Critic 由 4 个网络构成，其更新方式相较 DDPG 有所改进。

在价值网络更新过程中，原有的 DDPG 算法只是借助 Target Actor 网络和 Target Critic 网络对 Critic 网络进行修正。考虑实际应用中 Critic 网络总是过高估计 Q 值，因此 TD3 借助了 DDQN（Double Deep Q Network）的思想：采用两个网络对 Q 值进行估计，然后选择较小的那个，避免过高估计 Q 值，如图 10.15 所示。

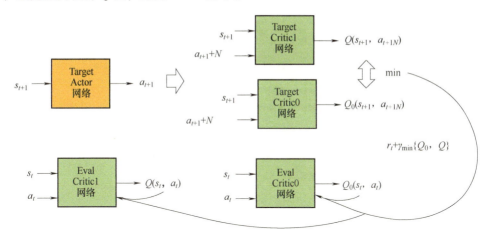

图 10.15 TD3 价值网络更新过程

因为选取两个网络对参数更新，所以对应频繁更新的 Critic 网络也有两个。由于网络参数以及梯度下降过程不完全相同，因此其采用的更新方式如下：

$$r_t+\gamma\min\{Q_0(s_{t+1},a_{t+1N}),Q(s_{t+1},a_{t+1N})\}-Q_{\text{eval}}(s_t,a_t) \tag{10.50}$$

式中，r_t 为当前时刻回报；Q_0、Q 分别为 2 个目标网络；Q_{eval} 为估计网络，同样为 2 个，对应网络更新时选取该网络下相应的 Q_{eval} 值，完成更新。

此外在更新过程中，与 DDPG 不同，它给目标网络的估计值 a_{t+1} 加入随机噪声，变为动作 a_{t+1N} 后才作为两个 Target Critic 网络的输入，这样可提高探索的随机性，使得下一步计算的 Q 值更为精确。在经过一定步长后，需要将 Critic 网络的参数更新到 Target Critic 中，将 Actor 网络的参数更新到 Target Actor 网络参数中，且 Actor 网络更新频率比 Critic 频率慢，通常采用软更新的方式，即延迟更新。

相较于 DDPG，TD3 在不改变基本网络的情况下，做了三处明显优化。该优化针对训练中的问题，可进一步提高强化学习训练效果以及最终网络的使用效果。下面为 TD3 网络最终的改进方法：

1) 将原有 1 个 Target Critic 网络变为 2 个，并且取两者中较小的作为下一状态的 Q 值，从而避免 Q 值被过高估计影响训练效果。

2) 对于 Target Actor 网络的输出添加噪声，增加前期探索的随机性，使得该网络最后的预测输出 Q 值尽可能准确，加速网络收敛。

3) 采用双延迟更新的方式更新 Target Actor 网络与 Target Critic 网络，即 Actor 网络与 Critic 网络的更新频率不一致，避免价值网络更新对动作探索的影响。

基于上述过程，TD3 网络的更新见表 10.9。

表 10.9　基于 TD3 的强化学习算法参数更新流程

算法 7：TD3 算法
步骤 1：初始化估计网络：通过随机网络参数 θ_1、θ_2、ϕ 初始价值网络 Q_{θ_1}、Q_{θ_2} 和策略网络 π_ϕ
步骤 2：初始化目标网络与经验池：目标网络参数进行 $\theta'_1 \leftarrow \theta_1$，$\theta'_2 \leftarrow \theta_2$ 更新，初始经验池 B
步骤 3：从时刻 t 开始直至时间 T 结束，进行以下循环
步骤 3.1：记忆库存储：选择加上随机噪声的探索动作 $a \leftarrow \pi_\phi(s) + \varepsilon$，$\varepsilon \sim N(0, \sigma)$，将该动作与计算的奖励 r 和新的状态 s' 变为记忆片段 (s, a, r, s') 存储至记忆库 B 中
步骤 3.2：经验池数据提取：在记忆库 B 中选取最小批次 R 的数据 (s, a, r, s')
步骤 3.3：计算状态 s' 下动作估计值 $\tilde{a} \leftarrow \pi_{\phi'}(s') + \varepsilon$，$\varepsilon \sim \mathrm{clip}[N(0, \sigma), -c, c]$
步骤 3.4：计算网络目标值 $y \leftarrow r + \gamma \min_{i=1,2} Q_{\theta'_i}(s', \tilde{a})$
步骤 3.5：更新价值网络参数 $\theta'_i \leftarrow \arg\min_{\theta_i} N^{-1} \sum [y - Q_{\theta_i}(s, a)]^2$
步骤 3.6：若 t 为时间段 d 的模数，则执行下面操作：
步骤 3.6.1：确定性策略梯度更新参数 ϕ：
$\nabla_\phi J(\phi) = N^{-1} \sum \nabla_a Q_{\theta_1}(s, a) \big|_{a=\pi_\phi(s)} \nabla_\phi \pi_\phi(s)$
步骤 3.6.2：更新目标网络参数：
$\theta'_i \leftarrow \tau\theta_i + (1-\tau)\theta'_i$
$\phi' \leftarrow \tau\phi + (1-\tau)\phi'$
步骤 4：训练结束，参数保存

10.5.5　SAC

在面向连续控制的强化学习算法中，目前最有效的算法有三类：一是 TRPO、PPO 这一类；二是 DDPG 及其拓展算法；三是 Soft Q-learning、Soft Actor-Critic 这一类。PPO 算法可以算是当前最主流的强化学习算法，能够同时进行离散控制和连续控制，但它是一种 on-policy（在线策略学习）算法，这也意味着它面临着严重的样本效率（sample inefficiency）问题，需要巨大的采样才能够学习；DDPG 及其拓展算法是 DeepMind 团队开发的专门用于连续控制的算法，相比 PPO 样本效率更高，但是 DDPG 的训练是一种确定性策略（deterministic policy），在每个状态（state）下都只考虑最优的一个动作；而 Soft Actor-Critic（SAC）是面向最大熵增强学习（Maximum Entropy Reinforcement Learning）开发的一种在线策略学习（off-policy）算法，与 DDPG 相比，SAC 使用的是随机策略（stochastic policy），相比确定性策略具有明显优势。

SAC 是 off-policy 的算法，且使用的是随机策略（stochastic policy），SAC 的主要特征就是熵正则化（entropy regularization）。它的策略（policy）可以被训练来最大程度上权衡期望回报和熵。熵是策略随机性的一个衡量，增加熵也就说明策略的随机性增强，因此会增加更多的探索，从而可以加快后续的学习速度，也可以防止策略（policy）过早收敛到局部最优值。

第 10 章 强化学习理论及自动驾驶应用实践

熵（Entropy）可以理解为一个用于衡量随机变量的随机性有多强的值。假设 $x \sim P$，P 是一个分布，那么 x 的熵 H 的计算公式为

$$H(P) = \mathop{E}_{x \sim P}[-\log P(x)] \qquad (10.51)$$

在熵正则化（entropy regularized）的强化学习中，智能体（agent）的每个步骤（step）都会获得一个与当前步骤（time step）对应的策略（policy）的熵成比例的一个奖励：

$$\pi^* = \mathop{\mathrm{argmax}}_{\pi} \mathop{E}_{\tau \sim \pi} \left\{ \sum_{t=0}^{\infty} \gamma^t \{ R(s_t, a_t, s_{t+1}) + \alpha H[\pi(\cdot | s_t)] \} \right\} \qquad (10.52)$$

式中，α 为熵正则化系数。

对应状态价值函数为

$$V^{\pi}(s) = \mathop{E}_{\tau \sim \pi} \left\{ \sum_{t=0}^{\infty} \gamma^t \{ R(s_t, a_t, s_{t+1}) + \alpha H[\pi(\cdot | s_t)] \} \mid s_0 = s \right\} \qquad (10.53)$$

对应动作价值函数为

$$Q^{\pi}(s,a) = \mathop{E}_{\tau \sim \pi} \left\{ \sum_{t=0}^{\infty} \gamma^t R(s_t, a_t, s_{t+1}) + \alpha \sum_{t=1}^{\infty} \gamma^t H[\pi(\cdot | s_t)] \mid s_0 = s, a_0 = a \right\} \qquad (10.54)$$

此时，状态价值函数 V^{π} 与动作价值函数 Q^{π} 之间的关系为

$$V^{\pi}(s) = \mathop{E}_{a \sim \pi}[Q^{\pi}(s,a)] + \alpha H[\pi(\cdot | s)] \qquad (10.55)$$

动作价值函数 Q^{π} 的贝尔曼方程可以写成：

$$Q^{\pi}(s,a) = \mathop{E}_{\substack{s' \sim P \\ a' \sim \pi}} \{ R(s,a,s') + \gamma \{ Q^{\pi}(s',a') + \alpha H[\pi(\cdot | s')] \} \} \qquad (10.56)$$

$$Q^{\pi}(s,a) = \mathop{E}_{s' \sim P}[R(s,a,s') + \gamma V^{\pi}(s')] \qquad (10.57)$$

SAC 会通过一个策略网络和两个 Q 网络同时学习策略和两个 Q 函数，学习的方式有两种：一是使用一个固定的熵正则化系数 α；另一种是在训练的过程中自动求解熵正则化系数。根据熵正则化联立式（10.51）和式（10.56）可得：

$$Q^{\pi}(s,a) = \mathop{E}_{\substack{s' \sim P \\ a' \sim \pi}} \{ R(s,a,s') + \gamma [Q^{\pi}(s',a') - \alpha \log \pi(a'|s')] \} \qquad (10.58)$$

此时求期望是对来自经验池的下一个状态以及来自当前策略的下一个动作求期望，因此可以使用样本来近似估算 Q 值：

$$Q^{\pi}(s,a) \approx r + \gamma [Q^{\pi}(s', \tilde{a}') - \alpha \log \pi(\tilde{a}'|s')], \tilde{a}' \sim \pi(\cdot | s') \qquad (10.59)$$

再应用 clipped double-Q trick 就可以得到 SAC 中 Q 网络的损失函数：

$$L(\Phi_i, D) = E_{(s,a,r,s',d) \sim D}[(Q_{\Phi_i}(s,a) - y(r,s',d))^2] \qquad (10.60)$$

学习的目标就是：

$$y(r,s',d) = r + \gamma(1-d)[\min_{j=1,2} Q_{\Phi_{\mathrm{target},j}}(s', \tilde{a}') - \alpha \log \pi_{\theta}(\tilde{a}'|s')], \tilde{a}' \sim \pi_{\theta}(\cdot | s') \qquad (10.61)$$

学习的策略就是最大化 $V^{\pi}(s)$，见式（10.55），$V^{\pi}(s)$ 是在每个 state 熵最大化期望回报与期望熵（entropy）之和。优化策略的方法使用重参数化技巧（reparameterization trick），通过计算状态、策略参数以及独立噪声的确定性函数，从中抽取样本，此时可以将对动作的期望重写为对噪声的期望，由此可以消除此时动作分布取决于策略参数的痛点。

261

$$\underset{a\sim\pi_\theta}{E}[Q^{\pi_\theta}(s,a)-\alpha\log\pi_\theta(a|s)] = \underset{\xi\sim\aleph}{E}\{Q^{\pi_\theta}[s,\tilde{a}_\theta(s,\xi)]-\alpha\log\pi_\theta[\tilde{a}_\theta(s,\xi)|s]\} \quad (10.62)$$

此时策略 policy 的损失值 loss 就可以写为

$$\max_\theta \underset{\xi\sim\aleph}{E}\{\min_{j=1,2}Q_{\Phi_j}[s,\tilde{a}_\theta(s,\xi)]-\alpha\log\pi_\theta[\tilde{a}_\theta(s,\xi)|s]\} \quad (10.63)$$

根据上述理论推导,SAC 在处理连续任务时的更新流程见表 10.10。

表 10.10　SAC 算法参数更新流程

算法 8：Soft Actor-Critic 算法

步骤 1：初始化策略参数 θ，Q 函数参数 Φ_1、Φ_2，清空经验池 D

步骤 2：将 Q 函数参数赋值给 Q-target：$\Phi_{target,1} \leftarrow \Phi_1$、$\Phi_{target,2} \leftarrow \Phi_2$

步骤 3：进入循环直至回合结束：

步骤 3.1：观测状态 s 并根据 $a\sim\pi_\theta(\cdot|s)$ 选择动作 a

步骤 3.2：获得下一状态 s'、奖励 r、结束标志 d

步骤 3.3：将 (s,a,r,s',d) 存入经验池 D

步骤 3.4：循环：

步骤 3.4.1：从经验池 D 中随机选取 $B=(s,a,r,s',d)$

步骤 3.4.2：

$$y(r,s',d) = r+\gamma(1-d)\left[\min_{j=1,2}Q_{\Phi_{target,j}}(s',\tilde{a}')-\alpha\log\pi_\theta(\tilde{a}'|s')\right], \tilde{a}'\sim\pi_\theta(\cdot|s')$$

步骤 3.4.3：梯度下降更新 Q 函数：

$$\nabla_{\Phi_i}\frac{1}{|B|}\sum_{(s,a,r,s',d)\in B}[Q_{\Phi_i}(s,a)-y(r,s',d)]^2, \text{当} i=1,2$$

步骤 3.4.4：梯度上升更新策略：

$$\nabla_\theta \frac{1}{|B|}\sum_{s\in B}\{\min_{j=1,2}Q_{\Phi_j}[s,\tilde{a}_\theta(s,\xi)]-\alpha\log\pi_\theta[\tilde{a}_\theta(s,\xi)|s]\}$$

步骤 3.4.5：更新目标网络：

$$\Phi_{target,i} \leftarrow \rho\Phi_{target,i}+(1-\rho)\Phi_i$$

总体来讲,SAC 是为了解决其他强化学习算法的一些问题而提出的一种稳定且高效的 model-free 方法,它的基础是最大熵强化学习框架。在这个框架中,actor 的目标不仅仅是最大化期望的奖励,同时也需要最大化熵。其目的在于能够完成任务的同时也能够将动作尽量随机化,尽管 SAC 处理的任务是连续的,但是不同于 DDPG 中将 off-policy 的 AC 与确定性策略的 actor 结合,SAC 是将 off-policy 的 AC 与随机性策略的 actor 结合起来。通过设置最大化熵可以做到实质性地提高强化学习的探索性和鲁棒性。

10.6 强化学习自动驾驶领域应用案例

10.6.1 基于DDPG的无人车智能避障案例

在未知环境中，无人车行驶需要躲避任意形状的静态障碍物以及动态障碍物，为了提高无人车的智能性以及安全性，控制算法需要考虑一系列环境状态并对环境中可能出现的障碍物进行躲避。

随着强化学习的发展，越来越多的研究者将其应用在无人车控制当中。强化学习的目的是通过与环境的交互学习最优的行为。与传统的机器学习相比，强化学习有以下优势：第一，由于不需要样本标注过程，因此它能够更有效地解决环境中存在的特殊情况；第二，可以把整个系统作为一个整体，从而使其中的一些模块更加鲁棒；第三，强化学习可以比较容易地学习到一系列行为。这些特点，对于无人车决策控制都很适用。

首先根据车辆内外约束条件定义无人车输入状态与输出状态，然后设计奖励函数与探索策略，提出改进的DDPG算法。训练后为了评估强化学习避障策略的有效性，在TORCS仿真软件中搭建仿真环境，设计静态障碍物以及动态障碍物来验证算法的有效性。

1. 状态空间设计

无人车上的传感器可以提供关于车辆状态（如当前档位、燃料水平等）以及车辆周围环境的有用信息（如车道边界、障碍物信息等），避障算法需要用到的输入状态变量名称及定义见表10.11。

表10.11 输入状态变量定义

名 称	范 围	单 位	描 述
Angle	$[-\pi,+\pi]$	rad	车辆航向角与道路轴线的夹角
SpeedX	$(-\infty,+\infty)$	km/h	车辆纵向速度
SpeedY	$(-\infty,+\infty)$	km/h	车辆横向速度
TrackPos	$(-\infty,+\infty)$	—	车辆与道路轴线的归一化距离，当车辆在轴线上时为0，在道路右边缘时为-1，左边缘时为1，大于1或小于-1意味着车辆在轨道外
Track	$[0,4]$	m	车辆与道路边缘的距离
Opponents	$[0,100]$	m	返回360°范围内障碍物距离

在真实运行环境中，通过摄像头进行车道线识别，获得车辆运行方向与道路轴线的夹角，用弧度角表示，同时获得车辆轴线与道路轴线的距离，并将距离大小归一化为$[-1,1]$。通

过 GPS 数据获得车辆纵向及横向速度,方向遵循汽车坐标系标准。通过激光雷达与超声波雷达,获得车辆周围 360°范围内障碍物距离,以及车辆与道路边缘的距离。

2. 动作空间设计

无人车通过控制转向盘转角及加速/制动踏板来实现障碍物躲避功能。当速度过高时,车辆可能发生滑移甚至侧翻,为了提高行车安全,满足车辆侧向动力学要求,需要根据车速限制车辆转角值。车辆转向盘转角与速度关系需满足的动力学约束条件是侧向加速度不大于 0.4g。

$$a_y \leqslant 0.4g \tag{10.64}$$

式中,a_y 为侧向加速度;g 为重力加速度。

侧向加速度和前轮转角及车速的关系如下:

$$a_y = u \frac{\frac{u}{L}}{1+K u^2} \delta \tag{10.65}$$

式中,u 为车速;δ 为前轮转角;K 为稳定性因数,通过式(10.66)来计算。

$$K = \frac{m}{L}\left(\frac{a}{k_1} - \frac{b}{k_2}\right) \tag{10.66}$$

式中,m 为汽车质量;L 为车辆轴距;a 为前轴到车辆质心的距离;b 为后轴到车辆质心的距离;k_1 和 k_2 分别为前后轮侧偏刚度。

根据约束条件 $a_y \leqslant 0.4g$,得到:

$$u \frac{\frac{u}{L}}{1+K u^2} \delta \leqslant 0.4g \tag{10.67}$$

从而转向盘转角满足以下不等式:

$$\delta \leqslant \delta_{max} = 0.4g \frac{1+K u^2}{\frac{u^2}{L}} \tag{10.68}$$

除了车辆动力学约束外,还需考虑交通规则约束。典型的交通规则约束包括交通信号灯、车道线及速度限制等。当无人车在避障过程中换道的时候,必须遵守相关的交通规则约束。在仿真环境(TORCS)主要考虑车道线限制与速度限制。车道线分为实线和虚线,实线在换道过程中不可穿越,而虚线可以。速度限制指最高速度不得超过 120km/h,读取无人车实时车速,通过反馈调节限制车辆速度。

满足基本的车辆动力学约束以及交通规则约束的条件下,无人车的控制是通过一组典型的执行器实现的,即转向盘、加速踏板、制动踏板和变速器,变量定义见表 10.12。

表10.12 动作空间变量定义

名称	范围	描述
加速	[0,1]	加速踏板值(0表示节气门开度为0,1表示节气门开度为100%)
制动	[0,1]	制动踏板值(0表示无制动,1表示全制动)
档位	−1,0,1,…,6	档位值
转向盘	[−1,1]	转向盘转角值(−1和+1分别表示全右和全左)

3. 奖励函数及探索策略设计

强化学习的奖赏函数将感知的状态映射为增强信号,用来评估动作的好坏。奖赏信号通常是标量,正值表示奖励,负值表示惩罚。设计奖赏函数的奖赏值与每一时刻车辆轴线的速度成正比,当车辆发生碰撞或驶出车道线时给予额外的惩罚,奖赏函数设计如下:

$$r_t = \begin{cases} -10, & \text{当发生碰撞} \\ -20, & \text{当驶出轨道} \\ V_x\cos(\theta) - V_x\sin(\theta) - V_x|\text{trackPos}|, & \text{其他} \end{cases} \quad (10.69)$$

当发生碰撞时,奖赏值设为−10;当车辆行驶出轨道时,奖赏值设为−20。其他情况下,奖赏值的目的是最大化车辆沿轴线方向的速度,最小化侧向偏移速度。考虑到交通规则约束,即无人车不能穿过道路边缘的实线,在式(10.69)中添加第三项$V_x|\text{trackPos}|$,因为当车辆在实际中发生压线时,它往往会偏离车道线中心。每次实验都包含许多学习回合,当车辆出界或者陷入局部最小值即速度小于设定的最小值时,结束该回合的学习。

在强化学习中,适当的探索策略必不可少,尝试更多新的动作可以避免陷入局部最优,即在某些特定的场景中总是采取相同的行动。奥恩斯坦-乌伦贝克过程是一种具有平均回归特性的随机过程,用它来实现连续空间中的探索,见式(10.70)。

$$dx_t = \theta(\mu - x_t)dt + \sigma dW_t \quad (10.70)$$

式中,θ为变量趋于平均值的速度;μ为均值;σ为过程的波动程度。

将该过程分别添加到转向、制动和加速中,其中加速度的μ值需要合理设置,避免出现车辆一直踩制动踏板不踩加速踏板的极限情况。

4. 改进DDPG算法

深度确定性策略梯度算法(DDPG)结合了深度Q学习网络(DQN)、确定性策略梯度算法(DPG)及演员-评论家算法(Actor-Critic Methods),可解决强化学习中连续动作空间问题。本节模型所用算法评论家网络模型选择SARSA算法,演员网络模型选择策略梯度算法。在常规DDPG算法中,网络从回放缓冲区中随机采样进行离线训练。回放缓冲区是一个有限大小的缓冲区R,元组(s_t, a_t, r_t, s_{t+1})储存在缓冲区中并且根据探索策略随机采样。然而,由于有限的采样空间大小,且前期的样本学习效果一般,导致后期学习速率将变慢,且行为无法明显改善,因此,在学习的第二阶段增大样本空间,增加后期行为较好的样本。

在迭代更新过程中,先积累经验回放缓冲区直到达到数据库指定个数,然后根据样本分别更新两个网络，先更新评论家网络，通过 loss 函数 L 更新参数 θ^Q。然后通过评论家得到的 Q 函数相对于动作的梯度，之后应用演员网络更新参数 θ^μ。更新得到的参数 θ^Q 和 θ^μ 按照比例（通过参数 τ）更新到目标网络，这个目标网络会在下一步的训练中用于预测策略和 Q 函数值。

5. 仿真实验结果

在 TORCS 中实现避障算法的仿真，根据障碍物种类，将无人车任务分为两类情况：情景一只包含静态障碍物；情景二包含静态和动态障碍物。无人车躲避这两种情况的障碍物，设定不同的参数，使车辆可以学习到更好的策略。

图 10.16 所示为无人车每回合累积奖励值，强化学习的目的是通过不断的学习来提高环境奖励值，最终获得最大累积奖励。因此，奖励值越大表示学习效果越好，也就表示无人车的避障效果越好。图 10.16a 为静态障碍物避障训练回合累积奖励变化曲线，从图中可以看出累积奖励在前 800 个回合都处于一个较低的值，说明在前 800 个回合无人车在行驶途中都撞到了障碍物。但是随着学习过程的不断进行，回合累积奖励值逐渐增大，说明通过学习，无人车已经能够在行驶过程中躲避静态障碍物。图 10.16b 为动态避障训练回合累积奖励变化曲线。由图可以看出在前 400 个回合奖励值都比较低，此时无人车还处于试错学习的状态，大约 400 个回合之后，奖励值开始增加并稳定在一个较高的水平，说明无人车经过学习之后已经掌握了躲避动态障碍物的能力。

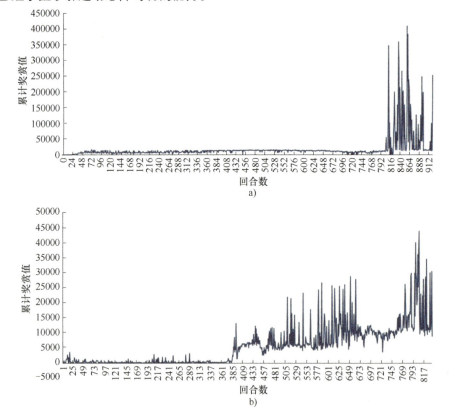

图 10.16　每回合累积奖励

通过将深度确定策略梯度算法（DDPG）应用于无人车避障策略，使无人车执行连续控制动作。算法中考虑车辆动力学约束，设计出合理的状态空间与动作空间。将障碍物分为静态障碍物和动态障碍物，设计合理的奖励函数与探索策略，经过训练之后的模型能够很好地完成避障动作。

10.6.2　基于强化学习的无人驾驶车辆轨迹跟踪控制案例

横向控制是轨迹跟踪控制中的重要环节，也是无人驾驶车辆正常工作的基础，如果横向控制器设计得不合理，实际工作过程中会出现横向偏差大、车辆稳定性差等情况，影响行车安全与工作效率。传统的横向控制算法多基于经典控制理论或现代控制理论，将路径跟踪问题转换为控制基本问题，有依托经典控制理论的前馈+反馈控制，也有依托现代控制理论的模型控制，模型预测控制（Model Predictive Control，MPC）便是其中经典的算法；上述控制算法适应性好、控制精度高，已在智能车上大量应用。本节将介绍一种基于强化学习 TD3 算法的轨迹跟踪横向控制算法，将分别从状态空间、奖励函数、动作空间以及网络结构几个方面介绍，最后通过 Gazebo 仿真验证算法的可行性。

在轨迹跟踪控制中，横向控制器通过车辆位置信息与路径信息进行横向控制量计算。图 10.17 给出了强化学习探索基本思路。

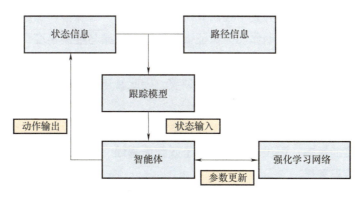

图 10.17　强化学习探索基本思路

传统路径跟踪控制算法利用预瞄思想，路径上参考点选取基于预瞄机制索引，并通过当前点、最近点、预瞄点等信息，计算跟踪误差，利用现代控制理论或自动控制原理中的控制思想，实现车辆横向的精准控制。针对强化学习现有状态输入，考虑将强化学习只看作控制器的一部分，前端计算与传统控制算法相同，强化学习输入与传统控制算法一致，只是原控制算法依靠公式、模糊表、最优控制理论等计算控制量，强化学习依靠神经网络进行输出，可以很好将两者优势相结合。图 10.18 所示为将两者结合的主要思路。

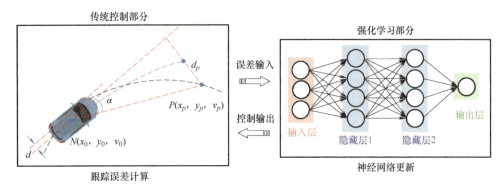

图 10.18　强化学习与路径跟踪控制结合思路

在状态输入时，基于预瞄误差模型计算出的部分误差值作为状态输入，如横向偏差、方位角偏差等。奖励函数也与控制量和跟踪误差相关（平顺性与控制精度）；最终将不同场景下的轨迹跟踪问题转换为跟踪误差与控制量非线性对应关系问题，减少网络收敛时间，提高强化学习控制算法的场景适应能力。

针对上述横向控制方案，横向核心控制器选用 TD3 算法，在实际训练过程中，需要对输入状态、执行动作以及奖励函数进行设计，使得按照目标探索产生预期效果。

1. 状态空间设计

在强化学习中，状态空间为整个控制算法的输入部分，在探索训练过程中基于该输入进行网络参数更新并输出对应的动作。为保证很好的训练效果与控制精度，模型精度应包含车辆自身的状态信息、目标路径信息等；基于强化学习的横向控制算法，主要实现对目标路径的精准跟踪，并可根据环境反馈的信息实时调整，因此其还需具备时效性，输入必须不断更新，这与传统的横向控制器思路是一致的。

对于现有路径跟踪控制问题，大多采取预瞄方法，预瞄可有效降低车辆响应延时、外界扰动等对控制精度的影响；而误差跟踪模型是以此为基础，通过当前车辆位置信息与目标路径信息，计算跟踪误差量。

横向偏差、方位角偏差可反映车辆跟踪路径效果，同时可一定程度上表达跟踪路径信息（如曲率），传统控制算法如纯跟踪、斯坦利、PID 等均会考虑上述信息。因此将其作为强化学习的输入，这样相较于传统控制算法只是通过简单的公式或少量的参数反映跟踪误差与控制量关系，强化学习可通过复杂的非线性网络拟合该关系，其控制精度可进一步提升。同时为保证输出稳定，还需加入当前的横摆角速度信息；相较于前轮转角，其为车辆的运动状态信息，适应性更强，具体见表 10.13。

表 10.13　强化学习横向控制状态输入

序　号	描　述	符　号	单　位
1	方位角偏差	α	rad
2	横向偏差	e_d	m
3	横摆角速度	ω_r	rad/s

2. 奖励函数设计

奖励函数是智能体在环境中探索的主要参照标准,同时也是网络参数更新的重要依据,好的奖励函数可以指导智能体在环境中有效探索,而不合理的奖励函数可能引导智能体产生错误的行为,无法训练出预期的动作。因此对于强化学习来说,好的奖励函数至关重要,可在一定程度上决定模型收敛快慢,也可决定最终网络效果。

在设计奖励函数时,可以同时考虑预测偏差、当前偏差、平顺性三方面,依靠三个关键参数,即预测横向偏差、当前横向偏差、横摆角速度变化率(角加速度)。有了上述三个误差量,强化学习智能体需要在路径跟踪过程中,通过控制量的输出,使得误差量越小越好;考虑到是连续的动作空间,一般会使用指数函数或绝对值函数,使得误差量越趋近 0 时奖励越高。

图 10.19 所示为三种奖励函数曲线,包括正向促进的奖励曲线 1,以及负向避免的奖励曲线 2、曲线 3。其中曲线 1 对应预测偏差项的奖励值,控制过程中,正常预测偏差在[-1,1]范围,因此正向奖励集中在该区间,且在[-0.1,0.1]区间奖励达到最高;图中曲线 2 对应的是横向偏差值,在保证预测偏差的同时还应以横向偏差作为约束,避免产生静态误差;曲线 3 对应平顺性奖励函数,为防止对控制精度的影响,设置具体的稳定区间在[-0.25,0.25]。

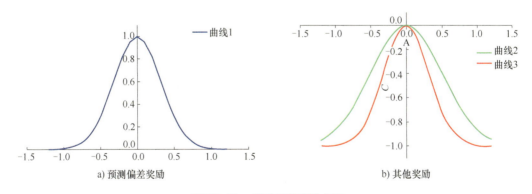

a) 预测偏差奖励　　　　　　　b) 其他奖励

图 10.19　奖励函数设计曲线

根据奖励函数曲线,设计出最终的奖励函数如下:

$$r = r_{track} + k_{com}(k_{lat}r_{lat} + k_{smo}r_{smo}) \tag{10.71}$$

式中,r 为总奖励;r_{track} 为预测偏差奖励;k_{com} 为误差补偿项系数,可根据实际训练效果调整,此处取 0.5;r_{lat} 为横向偏差奖励;r_{smo} 为平顺性奖励;k_{lat}、k_{smo} 为权重系数,可根据实际训练效果调整,此处均为 1.0。

根据图 10.19 对应的曲线,并代入上述的参数值,最终的奖励函数计算公式为

$$r = e^{-5e_p^2} + 0.5 \times (1.0e^{-2(\Delta\omega_r)^2} + 1.0e^{-5e_d^2}) \quad (10.72)$$

路径跟踪控制过程为连续动作空间的过程，与决策规划等场景不同，其注重每时刻的奖励值，回合（路径跟踪到终点）结束时的奖励同中间过程同等重要，因此在训练过程中，无论为第几回合，均采用上述奖励。

3. 动作空间与网络框架设计

状态空间为网络的输入，动作空间为网络的输出，它能输出智能体可执行的动作，直接作用在智能体上，更新环境参数。作为轨迹跟踪控制的横向控制部分，对于阿克曼转向车辆可输出前轮转角，对于差速车辆可输出横摆角速度；为提高算法的适应性，将动作空间定位一维，输出横摆角速度；该输出可在差速车辆上直接使用，对于阿克曼车辆，可通过阿克曼转向几何将其转换为前轮转向控制。横摆角速度即输出动作区间为 [-1, 1]，实车的控制周期一般≤0.05s，考虑最大横摆角速度，每个控制周期变化 2.8°，每秒变化 57.3°，该参数为大多数车辆的转向性能极限，即 1rad/s。

基于确定的状态输入与动作输出，进行网络框架的设计。整体网络是 TD3 网络框架，由于对状态输入做了前处理，其输入输出都较为简单，无须设计复杂的网络结构；主要包含输入层、中间层与输出层。其中输入层与状态空间有关，Actor 网络输入层神经元个数为输入状态个数，即为 3 个；Critic 网络输入层除了状态输入外，还有动作输入，因此输入层多一个神经元，总共有 4 个；两者激活函数均为 ReLU。Actor 与 Critic 网络中间层均为两层网络结构，第一层为 256 个神经元，第二层为 128 个神经元，激活函数同样为 ReLU。输出层输入为中间层第二层神经元个数，输出为单个动作或价值，其神经元个数为 1，激活函数为 tanh，网络框架如图 10.20 所示。

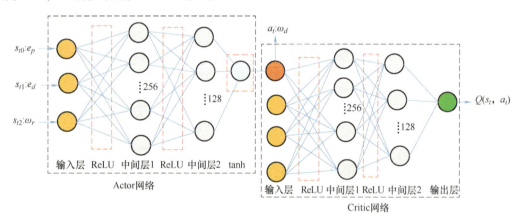

图 10.20　模型网络框架示意图

对于输出层网络，Critic 输出的是当前状态下动作价值，即该状态下选择当前动作的好坏程度；DDPG 中，演员网络（Actor）输出的是动作的确定值，但在 TD3 中，为增加探索的随机性，动作输出会加上一个服从正态分布的随机噪声，在考虑该误差的前提下，动作网络最终的输出形式为

$$a'(s_t) = \frac{1}{\sigma\sqrt{2\pi}} \exp\left\{-\frac{[a(s_t)-\mu]^2}{2\sigma^2}\right\} \tag{10.73}$$

式中，$a(s_t)$ 为动作网络输出值；σ 和 μ 为正态分布的期望和方差，因为是在原动作基础上加入噪声，所以 $\mu=0$，为了将随机值控制在较小范围，$\sigma=0.1$。

4. 仿真训练验证

对于强化学习而言，需要进行大量探索训练才可达到预期的效果。若在真实场景中训练，不仅成本高，还有一定的危险性，给公共设施与行人带来风险，影响正常行车安全。因此训练部分在仿真环境中进行，本节所介绍的横向控制在 Gazebo 仿真环境中进行。

根据不同的任务需求，期望路径会对应不同，可能存在直道、小曲率弯道、大曲率弯道等情况。为更好验证控制器效果，将训练场景分为两种，如图 10.21 所示。

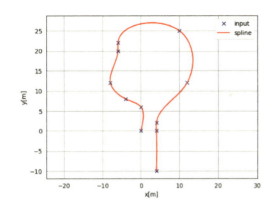
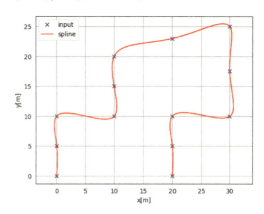

图 10.21　横向控制期望路径设置

在上述环境中分别利用 DDPG、TD3、SAC 算法进行训练，状态输入与动作输出完全一致，奖励函数也一致。在大曲率场景与小曲率场景分别进行三种算法的训练，通过前期研究发现，由于对网络输入利用误差跟踪模型进行了预计算，因此无论哪种算法均能在 50 回合内达到最大奖励值。但因为所用的强化学习方法不同，所以奖励函数收敛速度、最大奖励值有所不同，且强化学习方法明确可完成全流程路径跟踪控制，最大误差控制在 0.5m 以内，奖励值不再发生明显波动任务回合结束。三种强化学习训练方法在两种场景中具体的奖励函数收敛效果如图 10.22 所示。

图 10.22a 为小曲率场景，图 10.22b 为大曲率场景。从三种算法对比结果来看，小曲率场景相较大曲率场景更容易收敛；该场景下 DDPG 算法在 20 回合左右趋近收敛，且基本能达到最高奖励；SAC 算法在 15 回合左右趋近收敛，最大奖励在 0.9 附近；TD3 算法在 6 回合左右收敛，同时也能达到最高奖励。对于大曲率场景，DDPG 算法在 30 回合左右收敛，能达到最高奖励但不稳定；SAC 算法在 10 回合左右收敛，最大奖励在 0.8 附近；TD3 算法在 8 回合左右收敛，可拿到最高奖励且基本维持稳定。

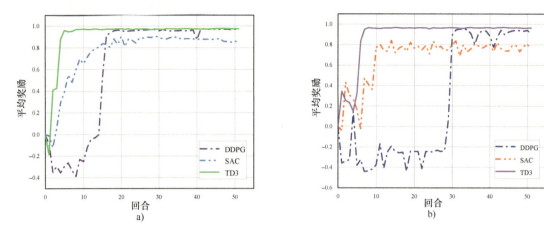

图 10.22　横向核心控制器奖励函数收敛效果

10.7　实践项目：基于强化学习的小车爬坡

本项目基于 OpenAI 推出的强化学习实验环境库 gym 库（http://gym.openai.com/）中的 MountainCar-v0 设计，如图 10.23 所示。

图 10.23　MountainCar 环境示例

在该项目中，汽车放置于一维轨道之上，位于两座山峰之间的山谷位置。汽车的目标是驶向右侧山峰上的旗帜位置。但是，汽车的动力系统不足以使其一次性从山谷驶上山顶，因此需要对小车来回施加向左或向右的驱动力使其在左侧山峰上积累势能，再配合汽车本身的动力驶上右侧山顶。

在每个时刻，智能体可以对小车施加3种动作，分别是向左的驱动力、向右的驱动力或者是不施加力。智能体施加驱动力的方向和小车的水平位置会决定下一时刻小车的速度。

本项目采用近端策略优化（Proximal Policy Optimization，PPO），是对策略梯度（Policy Graident）的一种改进算法。PPO的核心精神在于，通过一种被称为Importance Sampling的方法，将Policy Gradient中on-policy的训练过程转化为off-policy，即从在线学习转化为离线学习，某种意义上与基于值迭代算法中的经验回放（Experience Replay）有异曲同工之处。通过这个改进，训练速度与效果在实验上相较于Policy Gradient都具有明显提升。关于PPO的具体介绍详见10.5.2节。

下面是算法模型设计及训练过程。本项目配套有视频讲解，可用微信扫一扫课程空间码获取。

1. 相关库导入

需要安装并导入0.12.1版本的gym库，建议最好不要安装版本过新的gym库，最新版本部分环境、函数等都会有变动，并不完全兼容。此外，关于Paddle的部分库、函数等，可以在Paddle官方API文档查看用法。

```
pip install gym==0.12.1
```

```
import argparse
import pickle
from collections import namedtuple
from itertools import count
import time
```

微信扫一扫，即可获取项目代码

```
import os, time
import numpy as np
import matplotlib.pyplot as plt


import gym
import paddle
import paddle.nn as nn
import paddle.nn.functional as F
import paddle.optimizer as optim
from paddle.distribution import Normal, Categorical
from paddle.io import RandomSampler, BatchSampler, Dataset
from visualdl import LogWriter
```

2. MountainCar 环境建立

通过gym库建立MountainCar环境并建立记忆库，记忆库包含state、action、action_prob、

reward、next_state。具体定义代码如下:

```
# Parameters
env_name = 'MountainCar-v0'
gamma = 0.99
render = False
seed = 1
log_interval = 10

env = gym.make (env_name) .unwrapped
num_state =env.observation_space.shape[0]
num_action =env.action_space.n


env.seed (seed)
Transition =namedtuple ('Transition', ['state', 'action', 'action_prob', 'reward', 'next_state'] )
```

3. 网络结构定义

PPO 的网络分为 actor 网络与 critic 网络;actor 网络负责接收状态输入,输出各个动作的概率;critic 网络负责观察状态输入并对 actor 给出的动作进行打分。Actor 网络有两层:第一层输入参数维度为状态数量,输出参数维度为 128,激活函数是 ReLU;第二层输入参数维度为 128,输出参数维度为动作数量,激活函数是 Softmax 函数。Critic 网络也有两层,第一层输入参数维度为状态数量,输出参数维度为 128,激活函数是 ReLU,第二层输入参数维度为 128,输出参数维度为 1,对应给 actor 的动作打分。网络定义代码如下:

```
class Actor (nn.Layer):
    def __init__ (self):
        super (Actor, self).__init__ ()
        self.fc1 = nn.Linear (num_state, 128)
        self.action_head = nn.Linear (128, num_action)

    def forward (self, x):
        x = F.relu (self.fc1 (x))
        action_prob = F.softmax (self.action_head (x), axis=1)
        return action_prob
```

```
class Critic (nn.Layer):
    def __init__ (self):
        super (Critic, self) .__init__ ()
        self.fc1 = nn.Linear (num_state, 128)
        self.state_value = nn.Linear (128, 1)

    def forward (self, x):
        x = F.relu (self.fc1 (x))
        value = self.state_value (x)
        return value
```

4. PPO 模型设计

项目采用 namedtuple ('Transition', ['state', 'action', 'action_prob', 'reward', 'next_state']) 的方式收集数据集：

1) 构造一个 class RandomDataset (Dataset) 的类，便于后续使用 for index in BatchSampler (sampler = RandomSampler (RandomDataset (len (self.buffer))), batch_size=self.batch_size, drop_last=False) 的方式来采样收集的数据，并循环迭代了 self.ppo_update_time 次，这样就实现了一次采样的数据；选择 minibatch 大小分批次训练神经网络，完成多次迭代。

2) 用 action_prob = paddle.concat ([action_prob[i][int (paddle.index_select (action, index)[i])] for i in range (len (action_prob))]) .reshape ([-1, 1]) 来选择动作概率，用 paddle.clip (ratio, 1-self.clip_param, 1 + self.clip_param) * advantage 来截断 advantage。而演员网络的损失为 action_loss = -paddle.min (surr, 1) .mean ()，评论家网络的损失为 value_loss = F.mse_loss (Gt_index, V)。

具体实现代码如下：

```
# init with dataset
class RandomDataset (Dataset):
    def _init_ (self, num_samples):
        self.num_samples = num_samples

    def _getitem_ (self, idx):
        pass

    def _len_ (self):
        return self.num_samples
```

```python
class PPO():
    clip_param = 0.2
    max_grad_norm = 0.5
    ppo_update_time = 10
    buffer_capacity = 8000
    batch_size = 64
    ##初始化参数
    def __init__(self):
        super(PPO, self).__init__()
        self.actor_net = Actor()
        self.critic_net = Critic()
        self.buffer = []
        self.counter = 0
        self.training_step = 0
        self.writer = LogWriter('./exp')

        clip = nn.ClipGradByNorm(self.max_grad_norm)
        self.actor_optimizer = optim.Adam(parameters = self.actor_net.parameters(), learning_rate = 1e-3, grad_clip = clip)
        self.critic_net_optimizer = optim.Adam(parameters = self.critic_net.parameters(), learning_rate = 3e-3, grad_clip = clip)

        if not os.path.exists('./param'):
            os.makedirs('./param/net_param')
            os.makedirs('./param/img')
    #选择动作
    def select_action(self, state):
        state = paddle.to_tensor(state, dtype = "float32").unsqueeze(0)
        with paddle.no_grad():
            action_prob = self.actor_net(state)
        dist = Categorical(action_prob)
        action = dist.sample([1]).squeeze(0)
        action = action.cpu().numpy()[0]
        return action, action_prob[:, int(action)].numpy()[0]
```

第10章 强化学习理论及自动驾驶应用实践

```python
#评估值
    def get_value (self, state):
        state = paddle.to_tensor (state)
        with paddle.no_grad ():
            value = self.critic_net (state)
        return value.numpy ()

    def save_param (self):
        paddle.save (self.actor_net.state_dict (), './param/net_param/actor_net'+ str (time.time ()) [:10] +'.param')
        paddle.save (self.critic_net.state_dict (), './param/net_param/critic_net'+ str (time.time ()) [:10] +'.param')

    def store_transition (self, transition):
        self.buffer.append (transition)
        self.counter += 1

    def update (self, i_ep):
        state = paddle.to_tensor ([t.state for t in self.buffer], dtype="float32")
        action = paddle.to_tensor ([t.action for t in self.buffer], dtype="int64").reshape ([-1, 1])
        reward = [t.reward for t in self.buffer]
        # update: don't need next_state

        old_action_prob = paddle.to_tensor ([t.action_prob for t in self.buffer], dtype="float32").reshape ([-1, 1])

        R = 0
        Gt = []
        for r in reward [::-1]:
            R = r + gamma * R
            Gt.insert (0, R)
        Gt = paddle.to_tensor (Gt, dtype="float32")
        # print ("The agent isupdateing....")
        for i in range (self.ppo_update_time):
```

```
                for index in BatchSampler ( sampler = RandomSampler ( RandomDataset ( len
( self. buffer ) ) ), batch_size=self. batch_size, drop_last=False):
                    if self. training_step % 1000 == 0:
                        print ('I_ep {}, train {} times'. format (i_ep, self. training_step) )
                        self. save_param ( )

                    index = paddle. to_tensor (index)
                    Gt_index = paddle. index_select ( x = Gt, index = index ) . reshape
( [-1, 1] )

                    # V = self. critic_net (state [index] )
                    V = self. critic_net (paddle. index_select (state, index) )

                    delta = Gt_index-V
                    advantage = delta. detach ( )
                    # epoch iteration, PPO core!!!
                    action_prob = self. actor_net (paddle. index_select (state, index) )   #
new policy
                    action_prob = paddle. concat ( [ action_prob [i]   [int (paddle. index_
select (action, index)     [i] ) ] for i in range (len (action_prob) ) ] ) . reshape
( [-1, 1] )

                    ratio = (action_prob / paddle. index_select (old_action_prob, index) )
                    surr1 = ratio * advantage
                    surr2 = paddle. clip (ratio, 1-self. clip_param, 1 + self. clip_param) * ad-
vantage

                    # update actor network
                    surr = paddle. concat ( [surr1, surr2], 1)
                    action_loss =-paddle. min (surr, 1) . mean ( )    # MAX->MIN desent
                    self. writer. add_scalar ('loss/action_loss', action_loss, self. training_step)
                    self. actor_optimizer. clear_grad ( )
                    action_loss. backward ( )
                    self. actor_optimizer. step ( )
```

```python
        # update critic network
        value_loss = F.mse_loss(Gt_index, V)
        self.writer.add_scalar('loss/value_loss', value_loss, self.training_step)
        self.critic_net_optimizer.clear_grad()
        value_loss.backward()
        self.critic_net_optimizer.step()
        self.training_step += 1

    del self.buffer[:]    # clear experience
```

5. 训练主函数

```python
def main():
    agent = PPO()
    for i_epoch in range(1000):
        state = env.reset()
        if render: env.render()

        for t in count():
            action, action_prob = agent.select_action(state)
            next_state, reward, done, _ = env.step(action)
            trans = Transition(state, action, action_prob, reward, next_state)
            if render: env.render()
            agent.store_transition(trans)
            state = next_state

            if done:
                if len(agent.buffer) >= agent.batch_size: agent.update(i_epoch)
                agent.writer.add_scalar('Steptime/steptime', t, i_epoch)
                # print("Number of steps to achieve the goal: {}, Steptime: {} ".format(t, i_epoch))
                break


if __name__ == '__main__':
    main()
    print("end")
```

经过近 1000 个回合的训练可以看出，每次小车冲上右侧山峰旗帜处所花的时间相较于最开始得到了大幅度的减小，实际上模型在 100 个回合以内就基本已经收敛，后续训练对模型改进并不多。训练结果如图 10.24 所示。

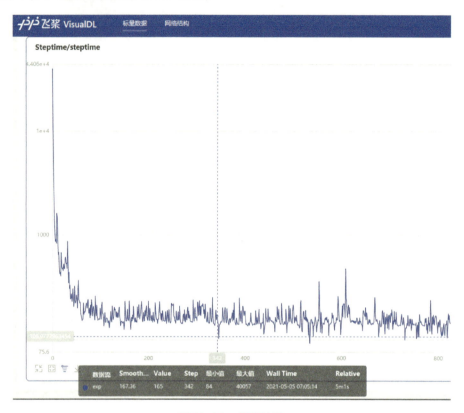

图 10.24　训练结果

1. 在强化学习中，探索和利用是一对巨大的矛盾，你认为如何才能在探索新策略与利用已知策略之间掌握最佳平衡？

2. 奖励函数在强化学习中起到重要作用，你认为要设计一个好的奖励函数需要注意哪些方面，如何才能避免奖励函数对行为的误导？

3. 深度强化学习中的神经网络是否有必要设计得较为复杂？

4. 在部分连续性环境中，会出现奖励稀疏的问题，请问如何能够通过设计奖励函数或者模型来解决这种问题？

5. 强化学习中普遍有奖励延迟的问题，请问采用何种手段可以有效解决奖励延迟问题？

参 考 文 献

[1] 36氪研究院. 2023年中国自动驾驶行业研究报告［R/OL］.（2023-02-08）［2023-12-08］. https：//36kr. com/p/2121344275515525/.

[2] 王建，徐国艳，陈竞凯，等. 自动驾驶技术概论［M］. 北京：清华大学出版社，2019.

[3] 朱雅姝，刘碧波. 人工智能在自动驾驶研发中的应用［R］. 北京：资本市场与公司金融研究中心，2023.

[4] 清华大学计算机系-中国工程科技知识中心. 2018自动驾驶与人工智能研究报告（前沿版）［R/OL］.（2019-01-10）［2023-12-08］. https：//www. aminer. cn/research_report/5c35ca975a237876dd7f127c?download=true&pathname=selfdriving-new. pdf/.

[5] 谭铁牛. 人工智能的历史，现状和未来［J］. 求是，2019（4）：39-46.

[6] 蔡自兴. 人工智能及其应用［M］. 北京：清华大学出版社，2020.

[7] 邱锡鹏. 神经网络与深度学习［M］. 北京：机械工业出版社，2020.

[8] WINNER H. Introducing autonomous driving：An overview of safety challenges and market introduction strategies［J］. at-Automatisierungstechnik，2018，66（2）：100-106.

[9] BOUKERCHE A，MA X. Vision-based autonomous vehicle recognition：A new challenge for deep learning-based systems［J］. ACM Computing Surveys（CSUR），2021，54（4）：1-37.

[10] WAN L，SUN Y，SUN L，et al. Deep learning based autonomous vehicle super resolution DOA estimation for safety driving［J］. IEEE Transactions on Intelligent Transportation Systems，2020，22（7）：4301-4315.

[11] KUUTTI S，BOWDEN R，JIN Y，et al. A survey of deep learning applications to autonomous vehicle control［J］. IEEE Transactions on Intelligent Transportation Systems，2020，22（2）：712-733.

[12] JEONG Y N，SON S R，JEONG E H，et al. An integrated self-diagnosis system for an autonomous vehicle based on an IoT gateway and deep learning［J］. Applied Sciences，2018，8（7）：1164.

[13] ZHU Z，HU Z，DAI W，et al. Deep learning for autonomous vehicle and pedestrian interaction safety［J］. Safety science，2022，145：105479.

[14] HUI F，WEI C，SHANGGUAN W，et al. Deep encoder-decoder-NN：A deep learning-based autonomous vehicle trajectory prediction and correction model［J］. Physica A：Statistical Mechanics and its Applications，2022，593：126869.

[15] GÜLTEKIN Ö，CINAR E，ÖZKAN K，et al. Multisensory data fusion-based deep learning approach for fault diagnosis of an industrial autonomous transfer vehicle［J］. Expert Systems with Applications，2022，200：117055.

[16] KUUTTI S，FALLAH S，BOWDEN R，et al. Deep learning for autonomous vehicle control：Algorithms，state-of-the-art，and future prospects［M］. London：Morgan & Claypool Publishers，2019.

[17] NARAYANAN S，CHANIOTAKIS E，ANTONIOU C. Shared autonomous vehicle services：A comprehensive review［J］. Transportation Research Part C：Emerging Technologies，2020，111：255-293.

[18] KOOPMAN P，WAGNER M. Challenges in autonomous vehicle testing and validation［J］. SAE International Journal of Transportation Safety，2016，4（1）：15-24.

[19] FAYYAD J，JARADAT M A，GRUYER D，et al. Deep learning sensor fusion for autonomous vehicle perception and localization：A review［J］. Sensors，2020，20（15）：4220.

[20] 钟义信. 人工智能：概念·方法·机遇［J］. 科学通报, 2017（22）：2473-2479.

[21] 张新钰，高洪波，赵建辉，等. 基于深度学习的自动驾驶技术综述［J］. 清华大学学报（自然科学版），2018, 58（4）：438-444.

[22] 唐晓彬，沈童. 深度学习框架发展综述［J］. 调研世界, 2023,（4）：83-88.

[23] 于佃海，吴甜. 深度学习技术和平台发展综述［J］. 人工智能, 2020（3）：6-17.

[24] 胡越，罗东阳，花奎，等. 关于深度学习的综述与讨论［J］. 智能系统学报, 2019, 14（1）：1-19.

[25] 段续庭，周宇康，田大新，等. 深度学习在自动驾驶领域应用综述［J］. 无人系统技术, 2021, 4（6）：1.

[26] 金立生，韩广德，谢宪毅，等. 基于强化学习的自动驾驶决策研究综述［J］. 汽车工程, 2023, 45（4）：527-540.

[27] 宫久路，谌德荣，王泽鹏. 目标检测与识别技术［M］. 北京：北京理工大学出版社, 2022.

[28] 甄先通，黄坚，王亮，等. 自动驾驶汽车环境感知［M］. 北京：清华大学出版社, 2020.

[29] 焦海宁，郭濠奇. 深度学习与智慧交通［M］. 北京：冶金工业出版社, 2022.

[30] 崔洁茗. 基于激光雷达和鱼眼相机融合的无人驾驶感知技术研究［D］. 北京：北京航空航天大学, 2021.

[31] 宗孝鹏. 基于强化学习的无人车避障策略研究［D］. 北京：北京航空航天大学, 2018.

[32] 夏启. 基于强化学习的无人驾驶车辆轨迹跟踪控制研究［D］. 北京：北京航空航天大学, 2022.

[33] 梁经国. 面向矿区自动驾驶的路面状态感知方法研究［D］. 北京：北京航空航天大学, 2023.

[34] 胡超伟. 基于车载单目视觉的障碍物实时检测算法研究［D］. 北京：北京航空航天大学, 2019.

[35] 陈昱伊. 自动驾驶汽车基于轨迹特征的车道换道行为预测研究［D］. 北京：北京航空航天大学, 2020.

[36] ZOU Z, CHEN K, SHI Z, et al. Object detection in 20 years：A survey［J］. Proceedings of the IEEE, 2023, 111（3）：257-276.

[37] VIOLA P, JONES M. Rapid object detection using a boosted cascade of simple features［C］//Proceedings of the 2001 IEEE computer society conference on computer vision and pattern recognition. CVPR 2001. Kauai, HI：IEEE, 2001, 1：I.

[38] DALAL N, TRIGGS B. Histograms of oriented gradients for human detection［C］//2005 IEEE computer society conference on computer vision and pattern recognition（CVPR05）. San Diego, CA：IEEE, 2005, 1：886-893.

[39] FELZENSZWALB P, MCALLESTER D, RAMANAN D. A discriminatively trained, multiscale, deformable part model［C］//2008 IEEE conference on computer vision and pattern recognition. Anchorage, AK：IEEE, 2008：1-8.

[40] GIRSHICK R, DONAHUE J, DARRELL T, et al. Rich feature hierarchies for accurate object detection and semantic segmentation［C］//Proceedings of the IEEE conference on computer vision and pattern recognition. Columbus, OH：IEEE, 2014：580-587.

[41] GIRSHICK R. Fast r-cnn［C］//Proceedings of the IEEE international conference on computer vision. Santiago, Chile：IEEE, 2015：1440-1448.

[42] REN S, HE K, GIRSHICK R, et al. Faster r-cnn：Towards real-time object detection with region proposal networks［J］. Advances in neural information processing systems, 2015, 28：1497-1506.

[43] HE K, ZHANG X, REN S, et al. Spatial pyramid pooling in deep convolutional networks for visual

recognition [J]. IEEE transactions on pattern analysis and machine intelligence, 2015, 37 (9): 1904-1916.

[44] LIN T Y, DOLLÁR P, GIRSHICK R, et al. Feature pyramid networks for object detection [C] //Proceedings of the IEEE conference on computer vision and pattern recognition. Honolulu, HI: IEEE, 2017: 2117-2125.

[45] REDMON J, DIVVALA S, GIRSHICK R, et al. You only look once: Unified, real-time object detection [C] //Proceedings of the IEEE conference on computer vision and pattern recognition. Las Vegas, NV, USA: IEEE, 2016: 779-788.

[46] LIU W, ANGUELOV D, ERHAN D, et al. Ssd: Single shot multibox detector [C] //Computer Vision-ECCV 2016: 14th European Conference, Amsterdam: Springer International Publishing, 2016: 21-37.

[47] LIN T Y, GOYAL P, GIRSHICK R, et al. Focal loss for dense object detection [C] //Proceedings of the IEEE international conference on computer vision. Venice: IEEE, 2017: 2980-2988.

[48] LAW H, DENG J. Cornernet: Detecting objects as paired keypoints [C] //Proceedings of the European conference on computer vision (ECCV). Munich: Springer, 2018: 734-750.

[49] TIAN Z, SHEN C, CHEN H, et al. Fcos: Fully convolutional one-stage object detection [C] //Proceedings of the IEEE/CVF international conference on computer vision. Seoul: IEEE, 2019: 9627-9636.

[50] CARION N, MASSA F, SYNNAEVE G, et al. End-to-end object detection with transformers [C] // European conference on computer vision. Cham: Springer International Publishing, 2020: 213-229.

[51] 黄鹏, 郑淇, 梁超. 图像分割方法综述 [J]. 武汉大学学报（理学版）, 2020, 66 (6): 519-531.

[52] YEN J C, CHANG F J, CHANG S. A new criterion for automatic multilevel thresholding [J]. IEEE Transactions on Image Processing, 1995, 4 (3): 370-378.

[53] KHAN J F, BHUIYAN S M A, ADHAMI R R. Image segmentation and shape analysis for road-sign detection [J]. IEEE Transactions on Intelligent Transportation Systems, 2011, 12 (1): 83-96.

[54] TREMEAU A, BOREL N. A region growing and merging algorithm to color segmentation [J]. Pattern Recognition, 1997, 30 (7): 1191-1203.

[55] ACHANTA R, SHAJI A, SMITH K, et al. SLIC superpixels compared to state-of-the-art superpixel methods [J]. IEEE Transactions on Pattern Analysis and Machine Intelligence, 2012, 34 (11): 2274-2282.

[56] BOYKOV Y Y, JOLLY M P. Interactive graph cuts for optimal boundary region segmentation of objects in N-D images [C] //Proceedings Eighth IEEE International Conference on Computer Vision. New York: IEEE, 2001: 105-112.

[57] MATHERON G. Random Sets and Integral Geometry [M]. New York: Wiley Press, 1975.

[58] HOLLAND J H. Genetic algorithms and the optimal allocation of trials [J]. SIAM Journal on Computing, 1973, 2 (2): 88-105.

[59] LIU H H, CHEN Z H, CHEN X H, et al. Multiresolution medical image segmentation based on wavelet transform [C] // 2005 IEEE Engineering in Medicine and Biology 27th Annual Conference. New York: IEEE, 2006: 3418-3421.

[60] SAHA P K, UDUPA J K. Relative fuzzy connectedness among multiple objects: Theory, algorithms, and applications in image segmentation [J]. Computer Vision and Image Understanding, 2001, 82 (1): 42-56.

[61] LONG J, SHELHAMER E, DARRELL T. Fully convolutional networks for semantic segmentation [C] // Proceedings of the IEEE conference on computer vision and pattern recognition. Boston, MA, USA: IEEE

Press, 2015: 3431-3440.

[62] RONNEBERGER O, FISCHER P, BROX T. U-net: Convolutional networks for biomedical image segmentation [C]//Medical Image Computing and Computer-Assisted Intervention-MICCAI 2015: 18th International Conference, Munich: Springer International Publishing, 2015: 234-241.

[63] BADRINARAYANAN V, KENDALL A, CIPOLLA R. Segnet: A deep convolutional encoder-decoder architecture for image segmentation [J]. IEEE transactions on pattern analysis and machine intelligence, 2017, 39 (12): 2481-2495.

[64] CHEN L C, PAPANDREOU G, KOKKINOS I, et al. Deeplab: Semantic image segmentation with deep convolutional nets, atrous convolution, and fully connected crfs [J]. IEEE transactions on pattern analysis and machine intelligence, 2017, 40 (4): 834-848.

[65] CHEN L C, ZHU Y, PAPANDREOU G, et al. Encoder-decoder with atrous separable convolution for semantic image segmentation [C]//Proceedings of the European conference on computer vision (ECCV). Munich: Springer, 2018: 801-818.

[66] LI Y, GUPTA A. Beyond grids: Learning graph representations for visual recognition [J]. Advances in neural information processing systems, 2018, 31: 9245-9255.

[67] CHEN Y, ROHRBACH M, YAN Z, et al. Graph-based global reasoning networks [C]//Proceedings of the IEEE/CVF conference on computer vision and pattern recognition. Long Beach, CA: IEEE, 2019: 433-442.

[68] WU T, LU Y, ZHU Y, et al. GINet: Graph interaction network for scene parsing [C]//Computer Vision-ECCV 2020: 16th European Conference, Glasgow: Springer International Publishing, 2020: 34-51.

[69] VASWANI A, SHAZEER N, PARMAR N, et al. Attention is all you need [J]. Advances in neural information processing systems, 2017, 30: 6000-6010.

[70] HAN K, WANG Y, CHEN H, et al. A survey on vision transformer [J]. IEEE transactions on pattern analysis and machine intelligence, 2022, 45 (1): 87-110.

[71] SUTSKEVER I, VINYALS O, LE Q V. Sequence to sequence learning with neural networks [J]. Advances in neural information processing systems, 2014, 27: 3104-3112.

[72] HE K, ZHANG X, REN S, et al. Deep residual learning for image recognition [C]//Proceedings of the IEEE conference on computer vision and pattern recognition. Las Vegas, NV: IEEE, 2016: 770-778.

[73] 曹仰杰, 贾丽丽, 陈永霞, 等. 生成式对抗网络及其计算机视觉应用研究综述 [J]. 中国图象图形学报, 2018, 23 (10): 1433-1449.

[74] MAO X, LI Q, XIE H, et al. Least squares generative adversarial networks [C]//Proceedings of the IEEE international conference on computer vision. Honolulu, HI: IEEE, 2017: 2794-2802.

[75] ISOLA P, ZHU J Y, ZHOU T, et al. Image-to-image translation with conditional adversarial networks [C]//Proceedings of the IEEE conference on computer vision and pattern recognition. Honolulu, HI: IEEE, 2017: 1125-1134.

[76] ZHANG H, GOODFELLOW I, METAXAS D, et al. Self-attention generative adversarial networks [C]// International conference on machine learning. Long Beach Convention Center, Long Beach: PMLR, 2019: 7354-7363.

[77] BUSHRA S N, SHOBANA G. A Survey on Deep Convolutional Generative Adversarial Neural Network (DC-GAN) for Detection of Covid-19 using Chest X-ray/CT-Scan [C]//2020 3rd International Conference on In-

telligent Sustainable Systems (ICISS). Hotel Arcadia, Coimbatore: IEEE, 2020: 702-708.

[78] HE L, ZONG C FU, WANG C. Driving intention recognition and behaviour prediction based on a double-layer hidden Markov model [J]. Journal of Zhejiang University SCIENCE C, 2012, 13 (3): 208-217.

[79] PALAZZI A, SOLERA F, CALDERARA S, et al. Learning where to attend like a human driver [C] // 2017 IEEE Intelligent Vehicles Symposium (IV). Los Angeles, CA: IEEE, 2017: 920-925.

[80] YE N, ZHANG Y, WANG R, et al. Vehicle trajectory prediction based on Hidden Markov Model [J]. 2016, 10 (7): 3150-3170.

[81] HUANG L, GUO H, ZHANG R, et al. Capturing drivers' lane changing behaviors on operational level by data driven methods [J]. IEEE Access, 2018, 6: 57497-57506.

[82] ALAHI A, GOEL K, RAMANATHAN V, et al. Social lstm: Human trajectory prediction in crowded spaces [C] //Proceedings of the IEEE conference on computer vision and pattern recognition. Las Vegas, NV: IEEE, 2016: 961-971.

[83] FERNANDO T, DENMAN S, SRIDHARAN S, et al. Soft + hardwired attention: An lstm framework for human trajectory prediction and abnormal event detection [J]. Neural networks, 2018, 108: 466-478.

[84] WILLIAMS N, WU G, BORIBOONSOMSIN K, et al. Anticipatory lane change warning using vehicle-to-vehicle communications [C] //2018 21st International Conference on Intelligent Transportation Systems (ITSC). Maui, HI: IEEE, 2018: 117-122.

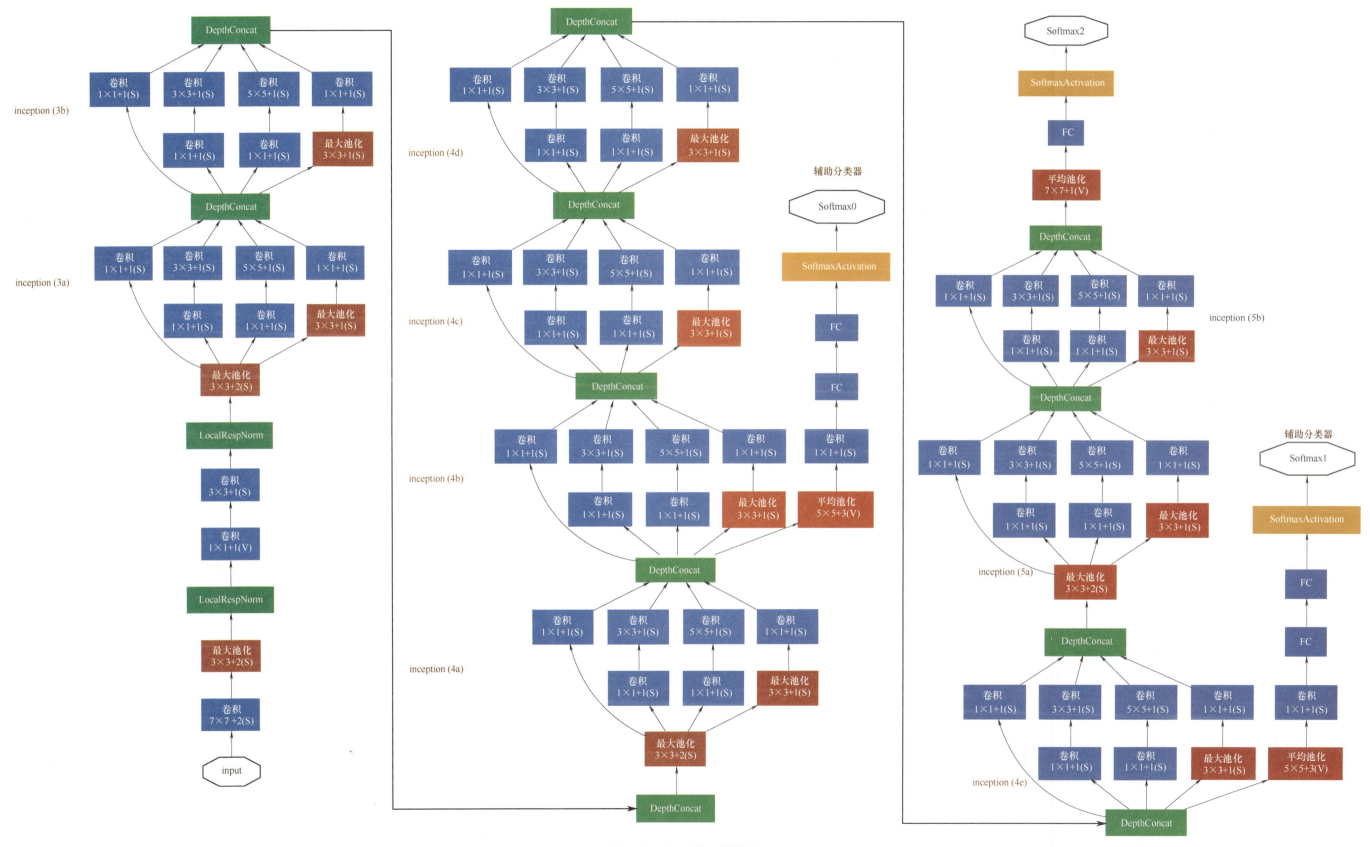

图 3.19　GoogleNet 模型结构